国家出版基金项目
NATIONAL PUBLICATION FOUNDATION

大時代書系

主编◎厉以宁 艾丰 石军

中国新型城镇化理论与实践丛书

中国
新型城镇化概论

中国新型城镇化理论与实践丛书

编委会

总 序

2012 年 11 月，中国共产党第十八次代表大会提出，中国要推进“新型城镇化”。

2013 年 12 月，中共中央召开了新中国成立以来的第一次城镇化工作会议。

2014 年 3 月，中共中央、国务院印发了《国家新型城镇化规划（2014—2020 年）》。

我国进入了新型城镇化重要时期。

习近平同志在中央城镇化工作会议上的讲话指出，推进新型城镇化是解决农业、农村、农民问题的重要途径，是推动区域协调发展的有力支撑，是扩大内需和促进产业升级的重要抓手，对全面建成小康社会、加快社会主义现代化具有重大的现实意义和深远的历史意义。李克强同志多次强调，新型城镇化是现代化的必由之路和必需之策。

到目前为止，成功实现工业化、城镇化进而达到现代化的发达国家，人口加起来总共约 10 亿。如果到 21 世纪中叶，中国城镇化率达到 80%，转移人口将达到 12 亿左右，超过发达国家的人口总和，其规模之宏大和问题之复杂，在世界城镇化历史上是空前的。顺利完成中国城镇化，堪称中国历史发展的奇迹，也是世界发展史上的奇迹。

顺利推进新型城镇化，关键在于理论和实践的结合。它包括几个层次：

一是掌握城镇化的基本规律。

二是找到中国城镇化的特殊规律。

三是认识新型城镇化的内涵和要求。

四是根据以上认识，作出相应的决策，包括战略、规划、政策和措施。

五是在实施过程中，根据实践经验不断深化认识和改进操作。新型城镇化是一个新事物，没有现成的套路可以照搬，必须在理论和实践的结合中，不断前进。

本着为新型城镇化作出一份贡献的宗旨，特编辑出版了这套“中国新型城镇化理论与实践丛书”。

一、世界城镇化进程基本规律

世界城镇化已经有了260年的历史，贯穿了人类社会工业化和现代化的整个历程。其内在基本规律可以概括如下：

城镇化的基本矛盾是要素整合和空间配置的关系。社会生产力的发展靠要素整合，而要素整合离不开空间配置。要素整合和空间配置的互动互促，是城镇化的实质。

（一）六个要点

由此基本矛盾派生出城镇化基本规律的六个要点：

一个根据。劳动生产率。人类社会进步的基本动因是劳动生产率提高。工业靠人口的城镇聚集提高劳动生产率，农业靠减少农村人口提高劳动生产率。这是城镇化的基本根据。

二力协调。工业的拉力和农业的推力。农村人口转移是靠一拉一推实现的。而且，拉力和推力必须协调，二力不协调就会出现问题。

三个要素。人、业、地是城镇化的三个基本要素。人是核心，业是支撑，地是载体。所谓城镇化就是恰当运作这三个基本要素，以达到社会进步的目的。

四类主体。政府、企业、居民、智库。城镇化是这四类主体协作参与的社会工程。在发挥市场配置资源的决定性作用和更好地发挥政府作用的原则下，由政府统领，这四类主体各就各位、各尽所能、互相协作、形成合力，才能顺利推进城镇化。

五种杠杆。资源、资金、技术、文化、谋略。这些杠杆要素在城镇化的实施中，分别起着依托、融合、提升、活力、统筹的作用。

一个成果。现代化城镇体系建设。城镇体系包括宏观体系、中观体系、微观体系。城镇体系也包括实体体系、关系体系、文化体系。

（二）五项原则

分析世界各国城镇化经验教训，可以总结出五项原则：

1. **有序原则。**城镇化基本按照“地点转换，职业转换，身份转换”的顺序进行。

2. **同步原则。**城镇化进程要与产业支撑同步发展。

3. **渐进原则。**城镇化是一个自然发展过程，不可操之过急。

4. **匹配原则。**城镇化的模式要与国情相匹配。

5. **持续原则。**城镇化进程要可持续，城镇发展要可持续。

六个要点和五项原则，可以成为对城镇化规律的基础性认识。

二、中国城镇化历程

中国城镇化的伟大历史进程已经清晰地展现在我们眼前。

过去65年，中国城镇化走过了曲折发展的道路。

1. **新中国成立初期10年。**新中国成立初期10年，城镇化启动，城镇化率从1949年的10.6%提高到1957年的15.6%。

2. **1958—1978年。**1958年以后进入停滞期，到1978年，城镇化率达到17.9%。20年的时间城镇化率只提高2.3%，城镇化速度年均0.1%。

3. **改革开放以后至2013年。**改革开放以后，我国城镇化进程明显加快，到2013年已上升到53.7%，年均城镇化速度在一个百分点以上。城镇常住人口从1978年的1.7亿增加到2013年的7.3亿，城市数量从193个增加到658个，建制镇从2173个增加到20113个。京津冀、长三角、珠三角三大城市群初步形成，西部和东北地区城市焕发出新面貌。

目前，我国城镇化正处在城镇化率 30%～70%的中期阶段，城镇化率为 53.7%，如果按户籍人口计算，城镇化率只有 36%左右，低于发达国家 80%以上的平均水平，也低于类似发展中国家 60%的平均水平。

4. **展望未来。展望未来，还有非常艰巨的任务。**《国家新型城镇化规划（2014—2020 年）》提出的目标是，到 2020 年，城镇化率达到 60%左右，户籍人口城镇化率达到 45%左右。

还可以设想，到 2030 年，城镇化率达到 70%左右，而后再用 20 年，即到 2050 年，城镇化率达到 80%左右，同时做好相应的调整和提高工作。

这就是说，新中国的城镇化将走过 100 年的历程，新中国成立 100 周年，将是中国城镇化基本完成之时，也是中国现代化程度达到中等发达国家水平之日，两者基本重合。

三、中国城镇化特色

如何理解中国城镇化的“特色”？

（一）在“大反差”的条件下进行

基于国情，中国城镇化是在“大反差”的条件下进行的。

1. **人口。**“总量多”和“人均少”之间的大反差。“人均少”往往形成硬制约。如我国 GDP 总量世界第二，但人均 GDP 排名在世界 80 名左右；耕地总量占国土面积的 13.5%，但人均耕地 1.4 亩，是世界平均水平的 40%。

2. **区域。**不同区域之间在自然环境、经济发展、人口聚集等方面的大反差。由黑河到腾冲划出的所谓“胡焕庸线”，东南侧占全国 43.18%的国土面积，集聚全国 93.77%的人口，产出 95.7%的 GDP。西北一侧占 56.82%的国土面积，集聚全国 6.23%的人口，产出 4.3%的 GDP。

3. **城乡。**城乡二元结构形成的大反差。劳动生产率方面，农村人口占全国人口将近一半，而农业的 GDP 贡献率只有 10%左右；农村居民和城镇居民购买力之比是 1∶3；城乡二元体制。

4. **城镇。**大城市、特大城市和中小城市、小城镇之间的大反差。大城市急剧膨胀，中小城市、小城镇容量不足。

5. **经济。**落后农业国的起点和现代化目标之间的大反差。面临传统工业化补课和现代化赶超的双重历史任务。飞船早已上天，还有几千万人没有解决温饱问题。

（二）中国城镇化任务艰巨复杂

从国际比较看，中国城镇化任务非常艰巨复杂。

1. **转移人口总量大。**过去65年，城镇常住人口增加5.6亿，到城镇化基本完成时，累计转移农村人口12亿之众。这个数量是人类总人口的1/6。

2. **区域发展不平衡。**目前我国东部城镇化率为62.2%，中部城镇化率为48.5%，西部城镇化率为44.8%。三个不同区域城镇化所处阶段和面临的问题很不相同。由此出现了世界少有的区域人口大流动的现象。

3. **城镇模式多样化。**我国有人口稠密的地方，也有地广人稀的地方；有城镇密集的地方，也有城镇稀疏的地方。人均土地、人均资源、人均GDP的巨大差异，必然形成城镇模式上的多样化。中国各地各类城镇应该采取的模式可以说囊括了世界各国的各种模式。

4. **时间跨度比较长。**中国基本完成城镇化需要100年左右的时间。在世界各国中，这个时间跨度是比较长的，也是世界人口最多的国家城镇化所必需的。

5. **国际影响很深远。**在世界经济全球化的今天，世界最大的发展中国家的城镇化，其影响和意义必然超越国界。外国经济学家把中国城镇化看成推动21世纪世界经济发展的两大引擎之一，是有道理的。中国城镇化和世界经济发展的互动，成为必然。

（三）城镇化进程中存在的六个“滞后”

立足当前，必须正视城镇化进程中存在的六个“滞后”。

1. **城镇化滞后于工业化。**我国第二和第三产业增加值占GDP的比重达到90%，而城市人口和农村人口的比例是54∶46，城镇化率低于同等工业化水平的国家。

2. **人口城镇化滞后于土地城镇化。**城镇化过程存在着重“物的城镇化”，轻“人的城镇化”的倾向。城市结构松散，占地过多，城镇用地增长快于人口容纳增长。

3. **城市建设滞后于城镇化速度。**城市基础设施、公用服务设施、城镇住房建设远不适应城镇人口增长。

4. **身份转换滞后于职业转换。**我国目前的城镇化率，按户籍人口计算是35%，按常住人口计算是53%，相差18个百分点。这意味着有2亿多农民工有待市民化。

5. **文化建设和生态建设滞后于实体建设。**城镇化中历史文化传承问题没有很好地解决，城镇的文化特色、地方特色、民族特色正在消失。城镇的环境污染越来越严重。

6. **城市管理滞后于城市发展。**城镇管理体制、城镇管理经验、城镇管理人才都还不适应城镇化的快速发展。

六个“滞后”说明，依靠劳动力廉价供给推动城镇化快速发展的模式难以持续，依靠粗放式消耗土地等资源推动城镇化快速发展的模式难以持续，依靠公共服务非均等化压低成本推动城镇化的模式不可持续。

四、“五位一体”的新型城镇化目标

所谓新型城镇化，就是落实科学发展观，体现工业化、城镇化、信息化、农业现代化“四化协调”和经济建设、政治建设、文化建设、社会建设、生态文明建设“五位一体”的城镇化。

具体来说，就是以人口城镇化为核心，以城市群为主体形态，以综合承载能力为支撑，以体制机制创新为保障，促进产业发展、就业转移和人口集聚相统一，走出一条以人为本、四化协调、集约高效、布局优化、生态文明、文化传承的中国特色的新型城镇化道路。

新型城镇化是基于中国城镇化的规律、适应新形势的要求、针对现存的主要问题提出来的。

可以用“三八原则”和“三五要点”具体解读新型城镇化。

（一）新型城镇化的“三八原则”

所谓“三八原则”即是：

1. **正确处理八个方面关系。**一是空间：正确处理城乡之间、不同区域之间、城镇之间、各类城区之间的关系；二是产业：正确处理产业发展和城镇化进程之间的关系和第一次产业、第二次产业、第三次产业之间的关系；三是要素：正确处理人、业、地、钱等各种要素之间的关系；四是居民：正确处理各种居民之间的关系，特别要保证不能损害农民的利益，逐步实现公共服务均等化；五是文化：正确处理传承和创新的关系，把现代化和历史文化传承统一起来；六是模式：正确处理统一和多样的关系，各个城镇既要遵循国家统一规划，又要从实际出发作出选择；七是进程：正确处理速度和质量的关系，新型城镇化必须注意条件匹配、质量优先；八是主体：正确处理政府、企业、居民之间的关系，正确处理“有形的手”和“无形的手”的关系，按照“政府引导，多方参与”的原则推进城镇化。

2. **符合八条基本标准。**一是城乡一体；二是以人为本；三是经济繁荣；四是城建现代；五是布局合理；六是文化发展；七是社会和谐；八是绿色低碳。

3. **运用八条操作要领。**一是以人口为核心；二是以产业为支撑；三是以环境做定位；四是以城建做载体；五是以土地为依托；六是以资金做杠杆；七是以制度做配套；八是以改革为动力。

强调以改革为动力，用改革的方法解决城镇化中遇到的各种问题很重要。处在社会转型期的中国，必须通过全面深化改革，克服思维、制度、体制、政策等方面不适应城镇化的制约和障碍，才能保证城镇化的顺利进行。

（二）新型城镇化的“三五要点”

所谓“三五要点”即是：

1. **抓住五个难点问题。**一是农民工市民化问题；二是土地问题；三是城镇住房和公共服务问题；四是资金问题；五是历史文化传承问题。

2. **抓住五个战略重点。**一是重视产业发展和城镇化互动。我国是发展中国家，经济建设是中心，经济发展是城镇化的支撑，城镇化是经济发展的结果，又必须促进经济持续发展。二是重视"城乡一体化"。在我们这样的农业大国，正确解决农村、农业、农民问题，在城镇化中占有特殊重要的地位。不能走牺牲"三农"的城镇化歧路。三是重视"就近城镇化"。充分发挥中小城市和小城镇的作用，就近转移人口，才能解决城镇人口容量问题、巨量人口流动问题和各类城镇人口分布严重不平衡的问题。中国把世界通行的"城市化"概念改为"城镇化"，就是出于这种考虑。四是重视现代化城镇体系建设。在宏观体系、中观体系、微观体系三个层次中，实施"中观突破"策略，把城市群建设作为城镇化的主体形态。五是重视"五位一体"。

在我们这样的发展中国家，城镇化进程中最容易出现的片面性是：重城镇建设，轻社会建设，不能及时解决新出现的城市"二元结构"问题；重经济效益，轻生态建设，不能及时解决环境恶化的问题；重现代化赶超，轻文化传承，不能很好解决文化建设问题；重实体建设，轻制度配套，不能适应城镇化管理的新要求。"五位一体"是根治这些病症的良药。

3. **抓住五种基本手段。**一是制定科学的系统的城镇化规划；二是建立"政府引导，多方参与"的运行机制；三是强化城镇化的法治保障；四是建立新型城镇化的评价体系；五是执行区别对待、分类指导的工作方针。

五、关于丛书出版

近年来，在党和政府的倡导下，我国一些党政机关、社会团体、研究机构、领导干部、专家学者和企业家，对新型城镇化已经做了很多研究，出了不少成果；国家立法机关和政府部门也在积极制定相关的规划，出台了不少相关政策和措施。新型城镇化已经出现了上下关注、多方献策的大好局面。特别是中央城镇化工作会议的召开和《国家新型城镇化规划

(2014—2020 年)》的发布，进一步明确了新型城镇化工作的方向和要求。

这些都为本丛书的编辑出版创造了良好的条件。

我们这套“中国新型城镇化理论与实践丛书”，意在强调理论和实践的结合，并希望能够通过丛书这种形式，集思广益、博采众长，集中归纳，突出重点，达到在认识上便于全面把握，在操作上又容易借鉴的目的。

本套丛书由三部分组成。

第一分册《中国新型城镇化概论》，是丛书的总论部分，全面论述了新型城镇化相关各个方面的基本问题。

第二分册到第五分册，是专论部分，分别就城乡一体化、人口问题、土地问题、资金和财税问题，做专门论述。

第六分册到第十分册，是实践操作部分，从全国选取不同类型的新型城镇化案例，每册对一个重点案例进行评介。

丛书采取开放形式，随着时间的推移，可能不断有新的分册加入。

鉴于新型城镇化的复杂性，社会上多有不同意见的讨论。本丛书提供的只是“一家之言”。如果本丛书能够对我国新型城镇化有所贡献，对新型城镇化的决策者和参与者有所帮助，那就是编者和作者最大的希望和欣慰了。

本丛书是艾丰经济发展研究院的一个重点策划项目，由于涉及内容广泛，篇幅比较浩大，有多位领导同志、专家学者和企业界朋友积极参与包括组织协调、讨论撰写、出版推广等各方面的工作。在此，主编者代表发展研究院向他们表示感谢。

目录
Contents

导 言

一、为什么要写这本《中国新型城镇化概论》

《中国新型城镇化概论》是整个丛书的第一分册。

为什么要写这本《中国新型城镇化概论》？新型城镇化是一个复杂艰巨且综合性很强的系统工程。要顺利地推进新型城镇化，首先要在理论上有一个全面认识，把握其规律性，才能拥有预见性和主动性，避免盲目性和片面性。

国内外关于城镇化的各类著作和文章可以说已经是汗牛充栋。近年来，中国的学者、研究机构和实际工作者，对中国城镇化，对中国新型城镇化，也做了大量的卓有成效的研究，在理论上有许多建树。但是，对那些事务繁忙的实际工作者来说，编写这本《中国新型城镇化概论》仍有必要。概论者，一个是“概括”，争取能够把与城镇化相关的主要的、重大的理论问题和基本对策问题，都概括进来。一个是“概要”，对专业性问题不做详尽论述，而侧重于提纲挈领，抓住要点。有了“概括”，便于读者全面理解和把握城镇化问题。有了“概要”，便于读者阅读、消化和应用。这两点，都是实际工作者所需要的。

本书在综合大量材料的基础上，作出一些新的归纳，也提出一些新的观点，在一定程度上形成了自己的论述体系。在此过程中，参考和引用了一些作者的材料和观点，为了叙述和阅读方便，都没有注明出处，请给予理解和谅解。

作为一家之言，奉献给读者，如果有一定的参考价值，我们就很欣慰了。不当之处，也欢迎批评指正。

二、内容导读

为了便于读者阅读，特对本书内容做一个简要导读。

全书分为七章，采用由虚到实、由远而近逐步递进的逻辑结构。这七章的逻辑关系，即构成了本书的基本结构。

“中国新型城镇化”这一概念可以分解为三个层次：第一个层次——城镇化；第二个层次——中国城镇化；第三个层次——中国新型城镇化。本书的论述，就是按照这三个层次逐步展开和深入的，而重点是第三个层次。

第一章，城镇化的基本规律。这一章是对一般“城镇化”的论述，阐述的是任何国家城镇化都要遵守的基本规律，也介绍了世界各国城镇化的经验教训。把这个问题搞清楚了，深入探讨中国新型城镇化才有了共同的理论语言。

第二章，中国城镇化的基本特点。这一章是对“中国城镇化”的论述，从两个角度阐述中国城镇化的特点：一个角度是中国城镇化的国情条件；另一个角度是新中国城镇化的历程。认识这一横一纵两个方面，有助于把握中国城镇化在一般城镇化基本规律基础上的特殊规律。

第三章，新型城镇化的基本认识。这一章是对“中国新型城镇化”的论述。中共十八大提出了新型城镇化，中国城镇化进入了新的发展阶段。“新”在哪里？本章从理论内涵、基本规范、新形势下的重要意义三个方面做了论述。

第四章，新型城镇化的重点课题。认识到“新”之所在之后，就要从实际出发，研究和阐述新型城镇化面临的重点问题。本章提出了五个重点课题，即农民工市民化问题、土地问题、城镇住房问题、资金和财税制度问题、历史文化传承问题。

第五章，新型城镇化的战略重点。如果说，第三章和第四章阐述了对新型城镇化的认识问题，那么，本章就深入到认识和实践结合的问题。战略是认识和实践的结合部。中国新型城镇化战略必须把握五个重点：注重产业发展和城镇化互动、注重“城乡一体化”、注重“就近城镇化”、注重农村新社区建设、注重构建现代化城镇体系。

第六章，新型城镇化的实施推进。在认识清晰、战略明确的基础上，新型城镇化还必须靠恰当的实施推进才能顺利实现。本章提出，实施推进必须抓住六个要点：科学编制系统规划、正确发挥政府的作用、合理组织推进力量、建立健全评价体系、切实强化法治保障和区别对待分类推进。

第七章，新型城镇化研究总结。集中列出了本书的主要观点，以及从哲学角度提出的“新型城镇化方法论”。该部分是本书内容和价值的集中体现，也为习惯于“快餐式”阅读的读者了解本书内容提供了便利。

第一章

城镇化的基本规律

城镇化规律的基本点

国外城镇化经验借鉴

一个城市发展的不可持续，有的是自身产业结构原因，有的是资源枯竭原因，有的是自然环境变化原因，有的是经济地理变化原因，有的是行政环境变化原因。无论什么原因，都要求在城镇建设中，从一开始就要注意持续发展的问题，要能够立足现在，预见未来。

第一节
城镇化规律的基本点

一、城镇化的基本矛盾

城市是人类社会政治、经济、文化中心，是社会人口、社会活动、人际交往、科技发展、物流集散、信息传播的集聚地，是社会财富的集聚地，也是影响、辐射和带动人类整个社会的核心。城市是人类文明的综合成果，又给人类文明发展以巨大的推动力。

（一）世界城镇化的进程

城市古已有之，但近现代意义上的城市，则是随着近代世界工业革命而出现和发展的。从1750年算起，世界城镇化的进程至今已经有260多年的历史。

1. 城镇化进程经历的三个阶段

一个国家的城镇化进程，大体分为三个阶段：城市化率在30%以下为初级阶段；城市化率在30%～70%间为中期阶段；城镇化率在70%以上为后期阶段。

早期实现城镇化的国家，都是早期实现工业化的发达国家。第二次世界大战以后，发展中国家也开始推进城镇化。1945年全世界城市化率为27%，到目前已经超过51%。从整体看，目前世界城镇化还处在中期阶段，但出现了一些新的特征。例如，城市规模增大的趋势很明显，城市群的地位将更加突出，预计未来一二十年间，500万～1000万人口的城市将从30个上升到48个，千万人口的城市将从19个上升到27个。这些巨型城市将主要出现在亚洲、拉丁美洲和北美洲。

2. 对城镇化的不同看法

对于城镇化，学术界曾经存在着不同的看法。

乐观论者认为，任何国家的城市都是现代社会产业和信息集聚的中心，是财富的源泉，是创新的发动机。城市里繁华的街道、耸立的高楼、丰富多彩的文化，是人们实现梦想的天堂。悲观论者认为，发展中国家根本没有能力应付快速增长的城市人口，城市化是一个“公共地悲剧”。20世纪70年代以前，乐观论者占主流地位，70、80年代以后，许多发展中国家出现了“城市病”和“城市危机”，悲观论者占据了优势地位。进入90年代以后，由于信息化的发展和经济全球化的发展，许多城市问题有了解决的办法，乐观论又占了上风。其实这只说明城镇化是一把“双刃剑”，在这个历史进程中，需要谨慎从事。

从世界城镇化历史中得出的共识是：城镇化是实现现代化的应有之义和基本之策。没有城镇化的现代化是不可思议的。

（二）要正确处理六个层次的关系

城镇化并不是单纯地“造城”，它至少包括要正确处理六个层次的关系：

第一个层次，正确处理城乡之间的关系；

第二个层次，正确处理城镇建设和产业发展之间的关系；

第三个层次，正确处理城镇各类居民之间的关系；

第四个层次，正确处理城镇与城镇之间的关系；

第五个层次，正确处理城镇发展与环境生态之间的关系；

第六个层次，正确处理城镇实体和城镇管理之间的关系。

通过城镇化，整个社会将发生经济结构和社会结构、生产方式和生活方式、运行机制和管理模式的根本性改变。

尽管城镇化是一个经济性强、社会性强、政治性强、专业性强、综合性强的复杂而庞大的系统工程，但仍然有规律可循。抓住了它的主要矛盾，即掌握了它的基本规律。

(三) 正确处理要素整合和空间配置的关系

城镇化的基本矛盾是要素整合和空间配置的关系。

1. 要素整合

所谓“要素整合”是以人为核心的各种产业要素的整合。要素整合始终是经济学研究的主体方向。无论是市场经济学、数量经济学、质量经济学、企业管理学，研究的都是要素整合。马克思发现了劳动力、劳动工具、劳动对象三要素的整合，界定了生产力，又发现了资本要素和这些要素的整合关系，界定了生产关系，于是创立了“马克思主义政治经济学”。

2. 空间配置

所谓“空间配置”是以土地和环境为基础的空间安排和利用。任何要素整合，虽然都是数量的整合和质量的整合，但落实下来，都离不开一定形式的空间配置。空间配置问题是由工业化而被突出出来的。工业产业、工业企业的要素整合必须采取聚集形式的空间配置，这种聚集形式的空间配置只能以城镇为载体进行，于是促进了城镇化的发展。

二、城镇化规律的六个要点

要素整合和空间配置的互动互促是城镇化的全部内容，并由此派生出城镇化基本规律的下述六个要点。

(一) 一个根据：劳动生产率

1. 劳动力转移的根据是劳动生产率

城镇化首先是农村劳动力转移到城镇。为什么会发生这种转移呢？道理很简单，近代工业造就了传统农业无法比拟的极高的劳动生产率，因而获得了极高的经济效益。这必然导致农业劳动力向工业劳动力的转移。城市是工业企业聚集的地方，于是必然出现劳动力从农村向城镇的转移。劳动力向城市转移越多，整个社会的劳动生产率就越高，经济和社会的发展因此而加速。

这种转移也离不开农业劳动生产率的提高。一个社会能够有多少人从事非农产业，首先取决于农业能养活多少人。如果农业劳动生产率很低，农民生产的粮食和农产品只能养活自己和家小，农村人口向城市人口的转移也是不可能的。

工业化达到一定程度之后，特别是生产自动化普及之后，传统的制造业劳动力也富余出来了。这些富余劳动力转移到哪里？不可能再回到农村，城镇化恰好为城市聚集了大量的人口和大量的企业，这就为第三产业的发展造就了前提和良好条件。于是，城镇化在促使第一产业的劳动力转向第二产业之后，又促进了第二产业的劳动力向第三产业转移。

以上说的都是劳动力转移的根据是劳动生产率。

2. 对于劳动生产率要有清晰的认识

社会发展取决于社会生产力的发展，生产力发展水平最重要的体现就是劳动生产率。因此，劳动生产率决定了社会的发展。

整个社会劳动生产率的提升，是通过两个方面实现的。一个方面是靠每个产业劳动生产率的提升；另一个方面则是靠劳动力的流动，从较低生产率产业向较高生产率产业的转移。

社会划分为第一次产业、第二次产业、第三次产业。如果劳动生产率比较低的第一次产业占用了过多的劳动力，而劳动生产率较高的第二次产业、第三次产业劳动力不足，那么，整个社会的劳动生产率怎么会提高呢？

城镇化就是通过劳动力从农村和农业向城市和二、三产业的转移，实现不同产业之间劳动生产率的均衡。它既是城镇化要实现的目标，又是城镇化成熟度的标志。从已经完成城镇化的美国看，约1%的农业劳动力贡献了约1%的GDP，约20%的制造业劳动力贡献了22%的GDP，约79%的服务业劳动力贡献了77%的GDP。美国的劳动力分布比例和其GDP贡献率基本相当。这说明它的城镇化是成功的。

从全球统计看，37%的劳动力集中在农业生产领域，对GDP的贡献率只有6%。从中国的统计看，占全国人口46%的农村人口，占全国35%的农村劳动力，对GDP的贡献率为11%，说明中国的城镇化水平不够高。

3. 我国“三农”问题的关键就在农业劳动生产率

中国的农业生产问题，不是农产品生产总量低，也不是单位面积产量低，而是农业劳动生产率低。

劳动生产率是一个分数，它的分子是这个产业的总体贡献，分母是从事这个产业的劳动力总数。过去强调分母不动，只着眼于增加分子。我国粮食总产量十连增，单位面积产量也达到世界高水平了。但平均每个农业劳动力只耕种两三亩地，人均产出量很少，劳动生产率就低很多了。澳大利亚是世界小麦出口大国，其小麦亩产不过100多公斤而已，但它每个家庭农场平均拥有2000亩耕地，它的劳动生产率很高。在中国需要让大家明白一个简单的道理：“让农民富起来的唯一办法就是减少农民”。减到哪里去？减到城市去。这就是城镇化。

如果按照目前11%的农业的GDP贡献率用11%的劳动力完成，就需要从35%的劳动力剥离出24%的劳动力。全国24%的劳动力是1.8亿人。农业劳动力由2.7亿减少到8500万，非农业劳动力增加到6.5亿。现在城镇里常住的农民工是2.3亿，还需要再有1.6亿农民工进城。

4. 劳动力的合理配置是提高资源配置效率的重要内容

在经济学中，资源配置效率和生产效率是两个不同的概念。

生产效率是指企业的投入与产出之比。投入增加的百分比大于产出增加的百分比，则意味着生产效率的下降。反之则是提高。

资源配置效率与此不同。资源配置效率是表示某个单位或某个企业对资源利用和配置状况的指标，资源配置得当，不仅资源配置效率提高了，生产效率也会提高。对宏观经济来说，资源配置可能更加重要，因为在资源总量为既定的条件下，资产配置不当，给国民经济造成的损失往往更大，而且在资源配置已经形成格局之后，要纠正偏差可能要付出更大的代价。城镇化实际上就是以劳动力配置为核心的各种资源的重新配置。

通过以上阐述，我们可以得出的结论是：劳动生产率是理解城镇化的一把钥匙，提升劳动生产率是推进城镇化的关键。离开这个根据或忘掉这个根据，将会走上邪路和弯路。

（二）二力协调：推力和拉力

城镇化是两个力同时作用的结果。一个是农业的推力和农村的释放力；一个是工业的拉力和城市的容纳力。一推，一拉，一放，一容，才能实现这种转移。而且在推力和拉力之间，释放力和容纳力之间必须协调，不能严重失衡。

1. 工业的拉力和城市的容纳力处于主导地位

从世界各国城镇化的实际进程看，工业化发挥着决定性的作用。城镇化进展早晚和进展速度，决定性的原因是工业化的情况。

城镇化较早的国家，都是工业化较早的国家，它们的城镇化过程比较长，一般在七八十年到上百年，这就使这种拉力能够按照比较自然的过程发挥作用，拉力和推力之间容易协调。

拉美和加勒比海地区城镇化过程中出现的问题，就是拉力和推力之间的不平衡造成的。农业的衰败迫使大量的农民进城，不是推力而是逼迫，2010 年中美地区城镇化率达到 82.8%，高于欧洲 72.7%的水平和北美 82.0%的水平，但工业的拉力不够，许多人失业，使他们长期陷入“中等收入陷阱”。

之所以说工业化处于主导地位，不仅是因为工业化可以提高工业的拉力，增强城市的容纳力，还可以用工业武装农业，推动农业现代化，提高农业的推力和农村的释放力。

2. 拉力和推力必须协调

农业的推力和农村的释放力处于保障地位。“民以食为天”，农业是国民经济的基础。农业劳动生产率的提高是人口从农村转移到城镇的基础条件。农业和农村的推力和释放力不足，这种转移难以顺利进行，更难以持续进行。

拉力和推力必须协调。新中国成立以来的城镇化历史清楚地反映了这个“二力协调”规律。新中国成立初期，由于国家大力推行工业化方针，工业发展需要劳动力，城市人口增加得很快。到1958年以后，三年自然灾害加上人民公社体制的问题，造成粮食和农产品严重减产，粮食供应出现危机，于是出现了20世纪60年代初期被迫实行“职工返乡”和“干部下放”，“文革”中又搞“知识青年上山下乡”。之所以出现这种“逆城镇化”现象，主要是农业出了问题。

改革开放以后，工业的拉力增大了；同时，农村“包产到户”普遍推行，1984年我国粮食产量创造了历史最高纪录，农业的推力也加大了。于是，出现了农民离开农业去办乡镇企业，也出现了越来越多的农民工进城务工。拉力加推力，两者对接，这就造成了我国城镇化加速进程。

3. 工业的拉力和城市的容纳力并不等同

除拉力和推力的协调之外，还必须注意释放力和容纳力的协调。工业的拉力主要是解决从农村转移出来的人口的“就业”问题，城市的容纳力主要是解决农村新转移来的人口的“安居”问题。安居的条件比就业的条件要复杂艰巨得多。“职业转换”还不等于“身份转换”。城镇容纳力不足是中国目前城镇化过程中面临的一个重要问题。在城镇常住但还没有户口的农民工，只是“半城镇化”。

推力和释放力大于拉力和容纳力，就会出现“过度城镇化”，拉力和容纳力小于推力和释放力，也会出现“滞后城镇化”。两者必须匹配。

（三）三个要素：人、业、地

城镇化涉及诸多要素：人口、产业、土地、环境、资源、资金、城建、住房、就业、户籍制度、社会管理、公共服务等。

其中三个基本要素是：人、业、地。

人是核心；业是支撑；地是载体。

1. 为什么说“人是核心”

从经济史角度考察，城市无非是三种主要起源，即政治中心起源说，文化中心起源说，经济中心起源说。不管什么情况，人口变化始终占据核心地位。近代开始的城镇化，则更是随着工业化进程带来人口集聚的结果。

（1）人是城镇化的核心内容和标志。

农村人口向城镇转移，向城镇聚集，在城镇从事工业和商业，农村人口减少，城市人口增加，这就是城镇化。所以，人们用来衡量城镇化程度的指标——城镇化率，就是城镇人口占全部人口的比重。

只有城市建筑增加，没有人口集聚的城市是“空城”或“死城”，没有人口转移的城镇化，是虚假的城镇化。

（2）城镇化的作用是依托人这个核心要素而发挥的。

劳动力是生产力中最活跃、最核心的要素。城市工业所需要的大量劳动力，只能从农村的劳动力转移而来。没有这一条，所谓工业化和城镇化，只能是纸上谈兵。

人在城镇的聚集，又促进了第三产业的发展。在农户分散的农村，所谓服务业，都由家庭主妇承包了，人口分散很难建立大型商场和公共服务、公共娱乐场所。

人口集聚是城市集约效应的基础。物流、信息流的畅通，社会交往和交易成本的降低，都是以人口集聚为基础的。

（3）城镇化中遇到的问题大都是围绕人发生的。

就业问题、住房问题、公共服务问题、交通拥堵问题、环境污染问题、社会治安问题，都是围绕人发生的。一些欧洲国家因实行高福利政策而导致债务危机，也是围绕人而发生的。

当然，说到根本，城镇化的最终目的是为了人的幸福。

人的问题是城镇化的核心问题。在整个城镇化的过程中，要始终关注和抓住这个核心不放。

2. 为什么说“业是支撑”

（1）“业是支撑”表现在两个方面。

微观方面，城镇化首先要解决转移到城镇的绝大多数人口的就业问题。“就业”是“人”和“业”的结合，主导面是“业”。没有足够、适当、持续发展的产业，就没有足够、适当、持续发展的就业岗位。

宏观方面，城镇的发展是需要产业支撑的。产业不发展，城镇就失去了活力。人们说，“先有市，后有城”。市就是指经济。没有活力的城镇谁愿意投资呢？谁愿意待下去呢？产业不发达，缺少税源，政府没有足够的财政收入，政府怎么支撑城镇建设、公共服务等方面的支出呢？

（2）发展城镇产业必须注意三点。

一是城镇产业的发展，不仅需要规模，更需要市场竞争力。

二是城镇产业的竞争力必须建立在比较优势的基础上。比较优势的形成，靠客观条件，也靠主观努力。

三是产业支撑应该具有持续性。城镇存续时间非常长，甚至是永续存在的。因此，产业支撑必须是持续的。资源性城镇在这个方面的问题尤其突出。

所以，城镇化中“业”的问题，并不是单纯的产业问题，而是城市经济发展战略问题。

3. 为什么说“地是载体”

城镇经济学是“数量经济学”、“质量经济学”，再加上“空间经济学”。没有空间配置的改变，就没有城镇化。土地则是空间的载体。没有土地就没有空间。

（1）土地是特点突出的资源。

土地最基本的特点就是刚性。一个国家的国土，一个地方的土地，数量是固定的，质量也是基本固定的，都不可改变。

土地还有以下几个特点：一是质量差异性。山脉、沙漠、丘陵、平原、森林、耕地，这些不同的土地，质量差异很大；二是用途差异性。不同质量的土地适合用作不同的用途。平原适于农业，草原适于牧业，森林适于林业等；三是区位差异性。区位差异又往往是与自然环境和经济发展差异联系在一起的；四是价值差异性。在市场经济条件下，土地的价值和价格，不仅与土地质量、位置有关，而且与用途相关；五是所有制差异性。土地所有制随各国社会制度的不同而不同。我国城镇土地是国有制，农村土地是集体所有制。

(2) 土地利用包含着三个矛盾。

一是宏观和微观的矛盾。例如我国18亿亩耕地红线，这是宏观的界限。具体到一个地方，更多考虑的是当地的需求，对守住红线似乎并不直接负有责任，但如果众多的微观主体对宏观状况都不负责任，宏观的红线也难以守住。

二是眼前和长远的矛盾。地方政府为了突出本届政绩，无节制、无计划地大量出让土地，以致后来的政府既无地可卖，又无地可用，遗留下城镇持续发展难以克服的困难。

三是数量和效益的矛盾。只考虑城区面积的扩大，不考虑单位土地面积的人口容纳度和经济效益的产出率。一些地方甚至出现了利用地价低廉的机会大搞所谓“圈地运动”，造成大片的闲置地和撂荒地。

这三方面的矛盾因土地的不可增减的刚性，而变得尖锐。

(3) 人、业、地三个基本要素是紧密关联的。

没有人口的向城镇转移，无所谓城镇化；没有产业发展的支撑，这种转移也不可能进行；没有相应数量的土地作为基本承载体，便是空中楼阁。从实际出发，实现人、业、地三要素的协调，使之成为有机的运行整体，防止任何一个要素脱离其他两个要素而单项冒进。这就是城镇化健康发展的最重要的关键所在。

(四) 四类主体：政府、企业、居民、智库

参与城镇化进程的有四类主体。

1. 政府

包括中央政府和地方各级政府。

城镇化是复杂的社会工程，只有政府，既有责任和义务，又有权力和能力，担负起统筹这个社会工程的角色。

世界各国城镇化的历程证明，政府起着重大乃至决定性影响。最早实

现城镇化的欧洲，因为其经历的时间较长，操作比较从容，总体看，政府定位和作用是比较恰当的，所以，它的进程比较顺利。美国是联邦制，政府比较放任，相应地出现了城市结构比较分散、城市占地过多、有的城市产业单一等问题，留下了不少后遗症。拉美国家则是由于政府缺位，措施失当，出现了“过度城镇化”的问题。

政府，包括中央政府和地方政府，地方各级政府又包括省、地、市、县、镇各级政府。中央政府和地方政府具有双重关系。一重关系，地方政府是中央政府的下级，是中央政府政策的执行者，中央政策靠地方政府来落实。另一重关系，地方政府是地方利益的代表者，当全局利益和局部利益不一致的时候，中央政府和地方政府之间便可能发生一定程度上的博弈。实现中央政府和地方政府的一致性，保证发挥中央和地方两个积极性，在如此复杂的城镇化过程中尤其重要。

2. **企业**

包括当地企业，外地企业和外国企业。

企业是市场主体。城镇化要依托市场经济运行，就必须有企业积极参与。

这种参与有广义和狭义之分。从广义来说，城镇化要发展经济，发展第一次产业、第二次产业、第三次产业，都离不开发展企业。所以我国各地都大力搞招商引资。从狭义来说，城镇化必然要搞城市建设，这些项目无论谁投资，无论是什么性质，都需要企业参与。这就要求企业必须具备足够的实力和资质，而且要有社会责任感，能够自觉地把经济效益和社会效益统一起来。

近年来，我国在城镇化的过程中，已经出现了一些由政府牵头、政府和企业共同参与的一些大型城镇化项目，有力地推进了当地的城镇化，取得了很好的效果。本丛书的其他分册将介绍其中成功的案例。这里不再赘述。

3. **居民**

包括城市居民和农村农民，也包括处于过渡态的农民工，总之应包括全体公民。

从总体和长远来说，所有公民都应该是城镇化的受益者，也只有这样的城镇化才是成功的城镇化。这里必须注意三点：

其一，居民整体是分成不同的人群的。最大的区分是城市原有居民、农村原有居民和处于过渡态的农民工。他们的根本利益是一致的，但也会有不同的利益矛盾。城镇化必须注意协调各类群体之间的关系。

其二，城乡居民的主体地位应该得到保证。人是城镇化的核心。但在运行中，居民可能被边缘化，失去主体地位，不能表达和实现自己的意愿，不能维护自身的利益，面对有权的政府和有钱的企业，他们可能只是一群听凭他人支配的“被城镇化”的角色。城镇化必须尊重居民的意愿，要以居民的利益为根本。

其三，居民的权益必须有法律做保障，对强势的政府和企业要有法律上的约束，一旦居民利益受到损害，他们能够以法律为依据，去“据法力争”。

4. 智库

城镇化各个方面和全部过程，都会涉及许多专业性和学术性问题，这就需要诸多学术机构——智库来研究、来参与。

强调智库的作用，也是为了防止城镇化的决策和推进过程中的主观随意性，提高科学性。

总之，政府、企业、居民、智库四类主体，由政府牵头，互相协调，彼此合作，形成合力，共同推动，城镇化才能健康顺利发展。

（五）五种杠杆：资源、资金、技术、文化、谋略

依靠什么运作城镇化？主要是五种杠杆。

1. 资源

资源是依托性杠杆。这里说的资源，包括自然矿产资源、自然环境资源、地理区位资源、产业基础资源、劳动力资源、历史文化资源等。资源是一个地方的城镇定位、城镇模式、比较优势、发展道路的基础根据。

任何一个地方的城镇化，必须首先研究自己的资源状况，明确自己的资源优势和资源制约，才能找准方向。

2. 资金

资金是融通性杠杆。在一定意义上说，资金是最重要的杠杆，既是启动性杠杆，又是联结各种要素的杠杆。发展产业需要资金，城市建设需要资金，公共服务需要资金。没有资金，城镇化运转不动。

资金问题包括三个方面：资金来源、资金使用、资金效益。

资金来源包括政府投入、企业投入、居民投入；包括本地资金和外来资金。资金使用包括投入方向和力度。方向不对，力度不当，都会发生失误。资金效益是指资金循环，资金投入和资金补偿之间，资金投入和城镇化效果之间都要形成良性循环。资金链断裂，城镇化难以持续。

资金杠杆和土地要素一样，是城镇化过程中的难点和重点，一定要研究好、解决好。

3. 技术

技术是质量性杠杆。技术这个杠杆运用得如何，将决定城镇化的水平。技术水平不高，产业将难以发展和获得比较好的经济效益，城市建设也将难以达到现代化水平。最关键的是三个方面的技术：制造技术、能源技术、信息技术。其中，能源技术和能源结构还没有被广泛注意。离开这一条，能源短缺和环境污染将难以解决。

4. 文化

文化是灵魂性杠杆。城镇不仅是物质文明的成果，也是精神文明的成果。没有文化的城市，是没有灵魂的城市。城市文化包括实体文化和意识文化，包括历史文化传承和现代文化创新。每座城市，都应该有自己的城市传统、城市精神、城市习俗，都有自己的人际交往特点和人的个性，都有值得骄傲的非物质文化遗产。这样的城市才有自己的性格。如果城镇化以后，所有的城镇都丢失了自己的传统和特色，从建筑到民风都是“千人一面”，那将是城镇化的最大的失败。

多样性是美好的基本属性。现在，人类在为保护生物多样性而奋斗，为保护人类文化多样性而努力，为建立各国社会制度多样性而呼吁。在城镇化进程中，也应该以建设多样化城镇为目标。

5. **谋略**

谋略是统筹性杠杆。城镇化不能在自发的状态下进行，必须有正确的谋略作指导。没有正确的谋略，上述四个杠杆也用不好。

既要有长期的基本谋略，也要有近期的应对谋略。既要有意识形态的谋略，也要有转化为法律、法规、制度和战略、策略、政策的谋略。谋略是智慧，是决定城镇化成败的主观决定性因素。

（六）一个成果：现代化城镇体系

城镇化成果主要体现在现代化城镇体系建设上。

1. **深刻认识城镇的本质：六个“统一”**

城镇体系是人类共同创造的最伟大的杰作。它是个绝妙的东西，包含着六个“统一”。

一是大规模和高密度的统一。

城镇的聚集效应不仅表现在城镇的规模越来越大，还表现在城镇的密度越来越高。城镇的集约效应依靠恰当的规模和密度。过大和过小，过高和过低，将产生负面效应。

二是复杂性和简单性的统一。

从总体看，城市是复杂的，人流、物流、信息流，眼花缭乱，错综复杂。但从实际运行看，交换、交易、交往，由于空间的压缩和结构的优化，都变得简单，因而降低了社会成本。

三是聚集性和扩散性的统一。

城市主体具有凝聚力，但同时它又具有扩散力和辐射力。

四是流动性和稳定性的统一。

高频率、大规模、多方向的流动使城市充满活力。但是，这种流动又建立在稳定的基础上。城市的位置和个性是稳定的，城市的产业是稳定的，城镇中可以找到的单位是稳定的，可以建立的联系是稳定的。正是这种稳定造就了流动的可能性，提升了流动的质量和效益。

五是“匿名性”和“知名性”的统一。

在现代城市中，人与人之间往往是陌生的，邻居都可能多年不说一句话，但正是城市活动造就了当代世界的诸多的“知名”——名城、名企、名牌、名人……

六是地域性和全球性的统一。

任何城市都是地域的。但任何城市都是通过各种网络与世界相通的。地域性和世界性的交互影响是城市的重要特点。

城镇如此奥妙，是非常值得我们认识、理解和发挥的。

2. 全面认识城镇的内涵

完整的城镇体系，包括三种存在：

一是实体存在，即我们可以直接看见的城镇实体。

二是制度存在，即规范城镇运行的各种制度。

三是意识存在，即适应城镇化的文化意识和人的素质。

这三种存在是相辅相成、有机统一的。

3. 特别重视城市群

过去人们认为城市都是单个的、单层的，完全和行政区划重合的，而“城市群”的概念则告诉人们，现代城市的形态应该是多层次的、多单元的、多主体的，并不完全和行政区划相重合的。如果说原来的城镇只是注意各种要素的集聚效应的话，那么城市群则同时注意到了各个城镇的集聚效应。

城镇是随着工业革命的进展而发展的。第一次工业革命，造就了工厂集中、高楼林立的大城市；第二次工业革命，造就了城市郊区的繁荣和若干大城市群；第三次工业革命已经敲开世界的大门，由于互联网的出现和推广，“集中规模型”正在向“分散型规模”转变，城镇的形态必然发生重要的变化。传统的城市化主要是聚集，那么，现在则必须把聚集和扩散结合起来。信息化和交通的发展，城镇之间的联系变得密切和容易。城镇内的分工，需要和可能转变成为城镇间的分工。城市群的优势在于使众多的城镇找到自己恰当的定位，各个城镇之间更能做到优势互补、互相协作、共同发展，也可以破解大城市独自发展带来的“大城市病”。

现在，人们已经把城市群建设作为城镇化的主体形态。

4. 关注现代化城镇体系

所谓“城镇体系”，是指由若干各有特色的城镇组成的城镇网络整体。全国的城镇网络，是宏观城镇体系，城市群是中观城镇体系，一个城镇形成自己的微观城镇体系。

衡量城镇体系有三个层次的标准：

第一个层次，城乡关系如何——是“一体”还是“二元”？

第二个层次，城城关系如何——是合作互补，还是同质竞争？

第三个层次，自身体系如何——是否规划合理、产业发达、管理科学、环境友好？

第二节 国外城镇化经验借鉴

从1750年英国工业革命开始，世界城镇化已经有260多年的历史。这是一个始终没有停顿的历史进程，目前世界城镇化率已经达到51%。这又是一个发展很不平衡的历史进程，有的国家早已完成了城镇化，有的国家正在城镇化，也有少数国家可以说还没有真正开始城镇化。

研究近现代世界城镇化历史，可以发现，城镇化是与工业化紧密相关的，甚至可以说是工业化的一个结果。早期实现城镇化的国家，都是早期实现工业化的发达国家。英国是第一次工业革命的发源地，工业化的同时开始城镇化。1850年世界城镇化水平为6.4%，而英国已经达到50%。到1950年，世界城镇化率达到29%，英国城镇化率已经达到82%，美国达到64%。目前，英国城镇化率达到92%，比利时97%，澳大利亚86%，荷兰88%。日本的城镇化率1920年为18%，1955年为58%，2000年为79%。

第二次世界大战以后，全世界范围内更广泛地开始了工业化进程，世界城市化率从1945年的27%提高到2008年的50%。

世界城镇化是一个多种模式的进程。各个国家城镇化的情况和效果也不同。有的比较成功，有的有一些失误，有的走了弯路。

世界城镇化所包含的经验教训极其丰富，这里只能做一个简要的概括和分析。

一、世界城镇体系的多样性

我们首先看到的是各国城镇体系的多样性。

（一）人口密度的多样性与城镇化模式

城镇化模式首先受到人口和土地，特别是人口和土地关系的制约。人均占有土地多少的差别，决定了不同国家选择不同的模式。

1. 第一种模式

人均占有土地少的国家，土地紧缺，节约用地成了刚性的要求，于是选择了人口密度比较高的集约型城镇化模式。

西欧属于这种模式。到2005年，西欧城市化率达到76%，城市占地18.1万平方公里，占国土总面积达到16.6%。城市人口密度比较高。

日本更属于这种类型。2005年，它的城市化率达到66%，城市占地10.4万平方公里，占国土面积的28.6%。城市占地比重高于西欧，而人均城市用地只有1235平方米，远远低于其他发达国家的水平。

2. 第二种模式

人均占有土地比较多的国家，土地比较广阔，节约用地的要求不那么苛刻，于是形成了人口密度不太高的分散型城镇化模式。

北美洲（美国、加拿大）属于这种模式。2005 年，北美的城市化率达到 81%，城市用地为 89.6 万平方公里，仅占国土总面积的 4.8%。人均城市用地为 3300 平方米，高于其他发达国家水平。

大洋洲（澳大利亚和新西兰）更属于这种类型。2005 年，大洋洲的城镇化率达到 70%，城市用地 5.1 万平方公里，仅占国土总面积的 0.6%。

3. 第三种模式

介于两者之间的模式。以北欧和南欧为代表。2005 年北欧（丹麦和芬兰）和南欧（意大利、西班牙）的城市化率达到 84%和 66%，城市用地分别为 18.5 万平方公里和 19.6 万平方公里，占国土总面积的 9.6%和 15.1%。人均城市用地为 1953 平方米和 1957 平方米。

在这三种模式中，我们看到城市用地占国土面积的四条线：5%上下一条线（北美、大洋洲），10%上下一条线（南欧和北欧），20%上下一条线（西欧），30%上下一条线（日本）。而人均城市用地数量则正好与此相反。

这种分类只是一种抽象性的概括和比较，在实际当中，人口的集聚不仅和土地数量，而且和土地的质量是密不可分的。在研究人口和土地的关系时，必须特别注意人口和可以有效使用土地之间的关系，而不是笼统的国土面积。

（二）城市布局的多样性

按照城镇在国土上分布的均衡性，大致可以分为四类。

1. 国土面积不大，区域差别不大的国家

这类国家国土面积不大，区域差别不大，城市的分布比较均衡。欧洲的国家大体如此。例如英国有以大伦敦市为代表的六大城市群。

2. 国土面积辽阔，区域差别小的国家

这类国家国土面积辽阔，但区域差别逐渐缩小，城市的分布逐步达到均衡。美国最早发展起来的是大西洋海岸的地区，后来开发西部，沿太平

洋海岸也发展起来了，形成了比较均衡分布在东部、中部、西部的三个城市带：东北部从波士顿沿大西洋到首都华盛顿的大都会连绵带，中部五大湖周围芝加哥到匹兹堡的大都会连绵带，西部太平洋沿岸包括洛杉矶、旧金山的大都会连绵带。

3. 国土面积辽阔，区域差别较大的国家

这类国家国土面积辽阔，区域差别比较大，城市的分布不均衡。例如俄罗斯，欧洲部分和亚洲部分差别很大，两个地区城市的数量和规模的差别很大。

4. 国土面积不太大，城市分布集中的国家

这类国家国土面积不太大，但城市分布集中。如日本城市人口高度集中，形成了东京城市圈、大阪城市圈、名古屋城市圈。

（三）城市结构的多样性

城市结构主要是指一国内大、中、小城市和小城镇之间的结构关系。按照城市结构，大致可以分为四类。

1. 城市人口主要集聚在大城市的国家

英国以大城市为主，大城市人口占城市人口的50%以上。美国也是以大城市为主的国家。

2. 大城市很少，以中小城市为主的国家

法国除巴黎以外，大都是中小城市，形成“一城独大”和中小城市星罗棋布的特征。

3. 以中小城市和小城镇为主的国家

德国没有超大型城市，中小城市和小城镇多，却分布均匀，生活在小城镇里的居民比重很大。

4. 城市人口高度集中在少数甚至一两个大城市的国家

墨西哥城集中了全国的多数人口，成为世界上最大的城市之一。匈牙利全国500万人口，有300万人集中在布达佩斯。

世界各国城镇体系的多样性，是由各国自然条件、经济条件、历史条件的多样性制约而形成的。世界城镇化“有通行的原则，没有同样的产品”。

二、城镇化进程的不同类型

城镇化是一个进程。衡量这一进程的水平和健康程度，主要依靠工业化水平和城镇化水平的同步关系作为标准。

城镇化进程的状况大致可以分为如下几种类型：

1. 高水平同步城镇化类型

工业化水平和城市化水平都比较高，而且两者同步发展。那些经济发达国家，如欧美的美国、英国、法国、意大利、德国、加拿大等，也包括亚洲的日本、韩国等，都属于这种类型。

2. 过度城镇化类型

所谓“过度”，是指城镇化水平超出工业化水平，两者不同步。拉美地区的国家，如阿根廷、委内瑞拉、巴西、哥伦比亚、墨西哥等，亚非的马来西亚、菲律宾、阿尔及利亚、土耳其、南非等，属于这种类型。这种状况的出现，与工业化发展不够有关，更与城镇化进程失控或措施失当有关，是城镇化进程不健康的状态。

3. 滞后城镇化类型

所谓“滞后”，是指城镇化水平滞后于工业化水平，两者不同步。由于种种原因，工业化进展比较迅速，而城镇化速度和水平与工业化相比却是落后的。城镇化滞后，成了这些国家经济发展的最大制约之一。中国应该属于这种类型。中国的制造业在全世界已经占据重要地位，中国的经济总量已经位列世界第二，但中国的城镇化水平，即使按照常住人口而不是按户籍人口计算，也刚刚超过50%，与世界城镇化平均水平相当，与同等工业化水平国家相比偏低。

4. 低水平同步城镇化类型

工业化水平比较低，城镇化水平也比较低，两者在低水平上同步。亚非许多发展中国家，如印度、印度尼西亚、泰国、巴基斯坦、孟加拉国、斯里兰卡、埃及、苏丹、尼日利亚、加纳等，属于这种类型。工业化和城市化水平虽然同步，但它们同时停留在低水平上，说明经济和社会发展存在的问题较多，工业化需要做更大的努力，城镇化也不能说是健康的。

三、如何评估城镇化水平

（一）分清三个概念

在研究和评价世界各国城镇化的时候，必须分清几个不同的概念。这些概念包括：

1. 城镇化时间

主要是指一个国家实现城镇化历史年代和时间跨度——由开始城镇化到基本完成城镇化的时间。

2. 城镇化水平

即通常说的“城镇化率”。它表示的是城镇人口占总人口的比重。城镇化率表示一个国家在城镇化的进程中走到了什么阶段。30%以下的城镇化率表示这个国家还处在初期阶段，30%～70%是中期阶段，70%以上是后期阶段。

3. 城镇化速度

一般是指城镇化率每年提高的百分点。从世界各国的实践经验看，超过一个百分点，即为高速度。

这三个概念互相联系，但不可混同。

（二）从三个概念看发达国家城镇化历史进程

让我们用这三个概念研究一下发达国家城镇化的历史进程。

1. 英国城镇化最早

从 1750 年算起，大约经过 100 年的时间，到 1850 年城镇化率达到 50%。而所有西方发达国家这时的城镇化率却只有 11.4%。又经过了 100

年，到1950年，这些国家的城镇化率才达到52%。此后又经过了几十年，才达到了现在的城镇化的水平。可以说，发达国家城镇化的时间跨度很长。就一个国家看，这些国家的城镇化一般要走过70～100年以上的历程。时间最短的日本，也在60年以上。

2. 发达国家城镇化速度并不快

19世纪中期到20世纪中期这100年，发达国家城镇化率提高了40个百分点，平均每年提升的速度是0.4个百分点。就单个国家城镇化进展最快时期的速度看：

英国，1805—1877年，年均增长0.67%。

德国，1835—1912年，年均增长0.55%。

美国，1848—1945年，年均增长0.45%。

法国，1919—1956年，年均增长1.2%。

日本，1946—1973年，年均增长0.96%。

这就是说，这些国家城镇化的最快速度一般都在一个百分点以下，只有法国例外。

用我们提出的三个概念概括：发达国家城镇化开始得最早，经历的时间最长，目前城镇化率最高，但速度并不是最快，甚至可以说速度较慢。在一定意义上说，它们的这种“文火慢炖”、“慢工出细活”的方式，虽有其历史原因和条件，但客观上对保证城镇化质量起着重要作用。

对比发达国家，再看看一些发展中国家在城镇化中出现的问题，大多与城镇化的速度过快有关。由于发展中国家是后发展国家，城镇化起步都比较晚，在这方面也急于赶上发达国家，加快速度就成了可以理解的选择。欧洲依托发达的工业和在世界经济体系中的优势，城市人口从40%提高到60%，用了50年时间，经济不发达的拉美却只用了25年，出现“过度城镇化”的种种弊端，自然就是在所难免的了。

分清城镇化水平、城镇化时间跨度、城镇化进展速度这三个不同的概念，对我们正确评估城镇化状况和确定城镇化战略很重要。起步晚的国家，为了缩短时间跨度，加快速度是必要的，但并不是越快越好，关键在

“度”的把握。要根据基本国情、工业化进程和经济发展程度，根据城镇化的不同阶段，把握和调整城镇化的速度。

四、发达国家城镇化的经验教训

应该说，发达国家的城镇化基本上是成功的。这一点无须再加以论证。这里我们要集中关注一点：这些国家都是实行市场经济最早的国家，在市场经济条件下，政府应该在城镇化中起到怎样的作用，是很值得观察和研究的问题。

（一）西欧的城镇化

以西欧为代表的“政府调节下的市场主导型”城镇化，中间虽然也经历了社会矛盾尖锐的时期，但总体上还是比较成功的。政府的引导和调节比较到位，又充分发挥了市场的作用。城市布局合理，规模适当，城乡关系也比较协调。当然这些国家在发展中得益于世界各地殖民地的支撑。

（二）美国的城镇化

美国的城镇化是“政府放任式”的城镇化。美国的政治体制决定了城市规划和管理属于地方性事务，联邦政府调控手段薄弱，造成了自由放任，因此付出了高昂的代价。其突出的表现是过度郊区化，城市不断低密度向外蔓延，城市建设无序。空间和社会结构性问题日益突出，城市交通拥挤，环境恶化，住房紧张。1970 年美国郊区人口超过中心城市人口，也超过了非都市区人口。这样的城市化，造成了土地资源浪费严重，资源能源消耗量大，经济成本居高不下，生态环境破坏愈演愈烈，也加大了贫富差距。

底特律这座城市的破产，是美国城镇化问题的一个表现。底特律的产业过分单一，20 世纪 50 年代末 60 年代初，曾是全球最大的汽车制造中心，拥有福特、通用、克莱斯勒总部，城市扩展成为上万平方公里的大都会。但是，这种单一的产业使城市抵御危机的能力不足。20 世纪 70 年代石油危机以后，日本汽车占领美国市场，底特律江河日下，30 多年内流失了 75%的制造业岗位。进入 21 世纪以后，汽车制造业持续不景气，房地产业泡沫破裂，三大汽车公司中两个申请破产保护，底特律失业率超过 16%，人口从 185 万人下降到 89 万人。

其他城市亦是如此，新奥尔良，城市规划有严重缺陷，忽视环保。费城，在城市之间的同质化竞争中被边缘化。奥兰多，出现房地产泡沫。斯托克顿，过度扩张、政绩工程导致破产。哈姆莱，成为世界著名的纽约贫民窟。由此我们可以看出放任式的城镇化，联邦政府与州政府关系松散，对城镇化规划和指导权力有限；城市各自为政，造成恶性竞争；地方政府受党派的短期利益左右，政策措施缺乏连续性。毫无疑问，政府放任式城镇化的教训值得汲取。

（三）韩国的城镇化

在亚洲，韩国的城镇化比较成功。韩国城市化率 1960 年为 28%，1970 年为 50%，1985 年达到 77.3%，1987 年达到 78%，现在城市化率接近 90%。大致说来，完成城镇化只用了 30 多年的时间。在如此快速的城镇化过程中，之所以没有发生严重的偏差和弊端，除了韩国国土面积不大、人口不算太多的客观条件之外，一个重要原因就是政府发挥了恰当的引导和调节作用。

五、发展中国家城镇化的经验教训

（一）发展中国家与发达国家城镇化的区别

发展中国家与发达国家城镇化有很大区别。首先是城镇化的经济基础和城镇基础不同。发达国家的城镇化是在经济发展到一定水平的基础上起步的，是在本国工业增长、农业不断进步的基础上推进的，基本上是一种自然的、渐进的演变过程，并逐渐形成了结构合理、功能协调的城市体系和城乡一体化的格局，城镇化推动了经济和社会的进一步发展。

发展中国家在近代的历史中，多数曾经沦为发达国家的殖民地或半殖民地，城市不是建立在自身的工业化的推动力和支撑力的基础上，而是为了满足发达国家占领这些国家的市场而建立和发展的，它的功能也主要是方便宗主国和殖民地之间的贸易，原有的城市建设也往往缺乏规划而畸形发展。

同时，许多发展中国家为了尽快赶上发达国家，大都采取了快速推进城镇化的方针和政策，一般要比发达国家城镇化的速度快得多。这就呈现了“基础薄弱，快速发展”的特点，由此带来了种种问题和弊端。拉美、加勒比海和非洲大部分国家属于这种类型。工业化水平不高，而且城市里的工业主要是外国投资企业，民族工业很薄弱，就业机会不足；同时，传统农业没有得到改造，农业不发达，大量农民盲目进城，贫困人口迅速增加，出现了许多贫民窟。这些国家的城市化率已经与发达国家接近甚至超过，但经济水平却很低。这就是典型的“过度城市化”。

拉美国家从20世纪中叶起，城镇化进入快车道，城市人口激增。经过30多年的时间，城镇化率从1950年的41%，提高到1980年的64%，此后继续以每10年提高8%的速度增长。到2010年，拉美城镇市人口占总人口的79%，成为全世界城镇镇化率最高地区之一。这些国家的城镇化造成了人口过分集中在少数大城市和特大城市，也造成了这些城市在全国经济总量中占有过大的比重。2010年世界超大城市排名中，墨西哥城（人口2770万）、圣保罗（人口1980万）、布宜诺斯艾利斯（人口1470万），分别排在城市人口榜的第2、5、17位，在城市GDP排名中处在第8、21、16位。其中墨西哥尤为突出。墨西哥人口1.04亿，国土面积195.8万平方公里，人均GDP 6790美元。墨西哥城占国土面积0.2%，却集中了全国20%的居民，创造了1/3的全国GDP。

（二）发展中国家城镇化的问题

过度城镇化和人口过分向少数特大城市集中，带来种种问题。

一是城市无力满足外来人口的就业、住房、医疗、教育、交通运输等基本需求，造成大量人口居住在贫民窟，犯罪率居高不下，导致社会不稳定。

二是贫富差距急剧扩大。拉美基尼指数一度超过0.58，出现了“一个城市，两个世界”的现象。

三是城市环境恶化。空气质量恶化，垃圾成灾，水源污染，交通堵塞。

四是这种情况又必然阻碍了经济发展。例如巴西，1967—1974年，经济曾以年均增长10.1%的速度发展，创造了“巴西奇迹”。20世纪70年代末，巴西城镇化率达到67.4%。但进入90年代，在人均GDP达到6000多美元以后，巴西进入了低速增长阶段，有4年的负增长。人们把这种现象称为“中等收入陷阱”。

（三）发展中国家城镇化的教训

拉美国家城镇化的教训，使人们懂得：

1. 工业化和经济发展是健康城镇化的根本动力和支撑

超越工业化水平，搞“过度城镇化”、“快速城镇化”，往往事与愿违。

2. 农业的发展是健康城镇化的重要基础

不能靠农业的萧条逼迫农民进城，而是靠农业生产率的提高，解放农民进城。

3. 建立合理的城镇格局是健康城镇化的重要目标

在工业化进程中，往往是大城市首先突破，人们集中向大城市聚集便成为自发的难以控制的趋势，必须注意防止这种趋势的片面发展。

4. 社会协调发展是健康城镇化的基本要求

城镇化不仅仅是经济问题，必须把它当成涉及政治、经济、社会、文化和生态的综合性问题，加以认识和解决。

5. 健全的市场体系和恰当的政策导向是城镇化健康发展的保证

影响发展中国家的城镇化的因素，虽有国际贸易体系和政治秩序的外部因素，但根本原因还是本国体制和政策方面的因素。

六、城镇化的几条基本原则

从世界各国城镇化的经验教训中，可以总结如下几条推进城镇化的基本原则。

（一）有序原则

城镇化，农村人口转移为城市人口，存在由三个环节组成的有序链条，可称为“元链条”。

第一个环节是“地点转换”，由农村转换到城里。

第二个环节是“职业转换”，由农业转换到工业或非农职业。

第三个环节是“身份转换”，由农民转换成市民。

这个链条，是城镇化的基本要素、基本过程和基本要求。

这三个环节是有顺序的。没有地点转换，不可能职业转换；没有职业转换，不可能有身份转换。

这三个转换实现的条件是不一样的。实现地点转换比较容易，或者农业发展，或者农业破败，或者政策放开，都可以促成地点转换。职业转换就比较难了，最主要的条件就是工业发展，城里有足够的就业岗位。工业的持续发展，并不是很容易的。身份转换就更难了，至少具备城镇住房和公共服务条件。

这个链条显示出有序的必要，城镇化的顺利进行是靠这三个环节的顺利衔接。许多发展中国家，“地点转换”促成了，但“职业转换”没有解决好，出了问题。发达国家城镇化早期，“职业转换”解决了，但“身份转换”没有解决好，工人的福利待遇很低，造成社会动荡。

（二）同步原则

所谓“同步”就是城镇化的进程要与城镇化的条件同步。

这里说的“同步”，不是“同等”，也不是“同速”，而是按照一定比例关系的同步，是城镇化的水平和城镇化的条件的协调。

城镇化的进展必须与经济发展同步，必须与工业化和农业现代化同步。也就是说，城镇化的速度，必须和经济发展速度相协调，不能孤立单方面发展。有的专家测算，GDP 的增长速度和城镇化率提升速度，两者之比，应该在 10∶1 上下比较稳妥。

同步原则对发展中国家尤其重要。最容易发生的问题是超越条件出现“过度城镇化”。拉美国家城市人口达到总人口的78%时，工业人口却没有超过35%。发达国家和发展中国家的城镇化率差距缩小的速度明显快于经济水平差距缩小的速度。1950年，发达国家城市化率为52%，发展中国家为18.1%。2005年，发达国家城镇化率为74.1%，发展中国家为42.9%。有人预测，到2030年，发达国家城镇化率将达到81%，发展中国家可能达到56%。

除了“率”的问题，还有一个“量”的问题。发展中国家虽然城市化率低，但由于总人口基数大，城市人口数量超过发达国家两倍多。2005年，全世界人口最多的20个城市，15个在发展中国家。到2030年，全世界千万人口以上22个大城市，将有17个属于发展中国家。如此数量巨大的人口进入城市，是当年发达国家城镇化时也没有遇到的问题。因此，对发展中国家来说，注意城镇化条件，注意同步原则更加重要。

（三）渐进原则

城镇化必须坚持“量力而行，循序渐进”的原则。

城镇化不是设计出来的，实质上是自然而然的成长过程。从国际经验看，城镇化的中期阶段，特别是在城镇化率从40%达到60%的时期，是矛盾多发期，急躁从事往往会激化矛盾。

城镇化之所以必须是渐进的，是因为：

城镇化的支撑——工业化和经济发展只能是逐步提升的，有时甚至是曲折的、波澜起伏的；

城镇化的基础——农业现代化只能是逐步实现的；

城镇化的物质载体——城镇建设是逐步建成的；

城镇化的公共服务——各种保障体系是需要国家逐步筹措财力的；

城镇化的制度——各种改革措施是需要逐步推出的。

总之，面对这样一个复杂的系统工程，只有采取渐进的原则，才能避免关系失调、矛盾激化，酿成社会动荡。

最近，欧洲一些国家出现的情况给了我们一个警示：必须注意“福利刚性”。这些国家多党轮流执政，每个党派为了给自己拉选票，都在提高公共福利上做文章，不顾福利支出和福利政策能增不能减的刚性，违背了循序渐进的原则，造成了寅吃卯粮，国家债务越来越多，以至爆发债务危机。

（四）匹配原则

所谓匹配，就是城镇化模式、城镇化道路与本国国情相匹配。

城镇化道路是一个多样化的道路。每个国家进行城镇化的时候，首先面临的是自己道路的选择。选择的基本原则就是匹配原则。没有一个适用于一切国家的道路，只有适合自己国家的道路。和自己国情相匹配的道路，就是适合自己的道路。盲目照搬照抄外国的经验和道路，即使这个经验和道路在别人国家是成功的，但是，原封不动地拿到自己的国家来，未必可行，未必成功。发展中国家与发达国家相比，更有其经济基础和发展历史的特点，完全照搬发达国家的经验也是行不通的。借鉴而不照搬，匹配而不先验，这一点必须明确。

（五）持续原则

持续原则讲的是两个持续，第一个持续是城镇化进程的持续。关键是城镇化和经济社会发展的良性互动。拉美国家陷入了“中等收入陷阱”，城镇化道路变得难以持续。

更重要的是第二个持续，即城镇发展的可持续。城镇和企业不同，虽然也讲“百年企业”、“百年老店”，实际上，只有少数企业可以做到，大量企业生命周期很短，但这并不影响经济的发展。城镇则不同，一个城镇一旦建成，应该永远存在下去，永远兴旺下去。

一个城市发展的不可持续，有的是自身产业结构原因，有的是资源枯竭原因，有的是自然环境变化原因，有的是经济地理变化原因，有的是行政环境变化原因。无论什么原因，都要求在城镇建设中，从一开始就要注意持续发展的问题，要能够立足现在，预见未来。

第二章

中国城镇化的基本特点

中国城镇化的国情条件

新中国城镇化的历程

2013 年 12 月 12 日至 13 日，在北京召开了中央城镇化工作会议。国家主席习近平和国务院总理李克强都在会上作了报告。这是新中国成立以来，第一次专门研究和部署城镇化工作的最高级的工作会议。它鲜明地标志着对中国城镇化规律的深刻认识和全面把握，中国城镇化进入了一个新的阶段。

第一节
中国城镇化的国情条件

要走有中国特色的新型城镇化道路，必须首先搞清楚中国城镇化的基本国情条件。

一、人口条件：人口众多，分布不均

（一）人口众多

人口众多，是中国人口条件的第一个特点。

2011 年公布的第六次人口普查结果：

全国总人口：1370536875 人，即 13.7 亿人。

2013 年，我国大陆总人口为 136072 万人。

中国是世界第一人口大国。

中国人口是美国的 4.438 倍，是英国的 22.321 倍，是日本的 10.877 倍。

中国人口仍然呈现增长的趋势。据有关课题组研究，预测到 21 世纪中叶，将达到 15 亿人，将占人类总人口的 1/5。

人口的数量是一个基础性的条件。同样一个比率，遇到如此巨大的基数，绝对量就会变得很不相同。当它作为乘数的时候，绝对量就会变得很大；当它作为除数的时候，绝对量就会变得很小。

可以与美国作一个比较：美国人口密度是 33.2 人/平方公里，中国 142 人/平方公里，是美国的 4 倍多。而美国人均土地 48.8 亩，中国是 10.9 亩，只相当于美国的 1/5。美国人均耕地 8 亩农用地 20.3 亩，中国 1.5 亩，只相当于美国的 1/5。美国人均城镇用地 1095.2 平方米，中国

105.5 平方米，只相当于美国的 1/10。

我国 GDP 总量已经跃居到世界第二位，但如果用人口作除数，人均 GDP 的排名就降到 80 位左右。

以城镇化率说，提高一个百分点，其绝对量就是 1400 万人口进城，相当于一个中等国家的人口。

（二）人口区域分布不平衡

人口区域分布不平衡，是中国人口条件的第二个特点。

1935 年，地理学家胡焕庸从黑龙江的黑河到云南腾冲按 45 度角画一条线，被称为“胡焕庸线”。这条线把中国划成两个大的区域，与 400 毫米降水量线重合。线东南以平原、水网、丘陵、喀斯特和丹霞地貌为主，自古以农耕为经济基础。线西北，人口密度低，是草原、沙漠和雪域高原的世界，自古是游牧民族的天下。

“胡焕庸线”首次揭示了中国人口的区域分布规律。按照胡焕庸当时的计算，东南侧以 36％的土地养活了 96％的人口，西北侧以 64％的土地，养活了 4％的人口。人口密度之比为 42.6∶1。

这就是说，中国存在着自然环境、人口密度、经济发展差异极大的两个区域。两个区域的城镇化模式和进程不能“一刀切”。

如果按照通常使用的东部、中部、西部划分，2010 年的人口普查表明，东部 10 省，人口 50883 万人，与 2000 年相比，比重上升 2.41 个百分点。中部 6 省人口 35851 万人，比重下降 1.08 个百分点，西部 12 省 36226 万人，比重下降 1.11 百分点，东北 3 省人口 11013 万人，比重下降 0.22 个百分点。东部地区人口已占全国总人口的 37.98％。这说明，人口向东部集聚的趋势是明显的。

不同区域的城镇化率也有很大差别。以 2009 年的数字计算，东部是 57.0％，中部是 44.3％，西部是 39.4％。

（三）农村人口众多

农村人口众多，是中国人口条件的第三个特点。

2010年人口普查，居住在城镇里的人口665575306人，占总人口的49.68%，居住在农村的人口674149546人，占总人口的50.32%。2013年，城镇化率53.7%，城市人口7.3亿。

城市人口超过农村人口，给人们带来了假象，似乎农村人口的转移的大头已经解决了。一定要看到，从真正实现城镇化的角度，中国农村需要转移出多少人口，有三笔账还要算：

第一笔账，目前7.3亿城市常住人口，其中有2.3亿农民工还没有变成真正的市民。如此巨大数量的农民工市民化，是一个十分艰巨的任务。

第二笔账，按照城镇化率达到70%测算，农村至少还需要转移出2.5亿人口。

第三笔账，按照城乡劳动生产率均等的成熟城镇化测算，目前我国第一产业占GDP的11%左右，即使不考虑将来比重还会减少，农村只需要1.5亿人口。这就是说，还需要有5亿多人口转移到城镇。

即使以2010年人口普查为基点，中国完成城镇化，也需要从农村转移6.2亿人口到城镇。如果以1978年城市人口1.7亿为起点，中国完成城镇化，共需从农村转移出人口12亿。这个人口数量大约等于所有发达国家人口数量的总和，是世界总人口的1/10。

（四）人口在各类城镇之间的分布不够均衡

人口在各类城镇之间的分布不够均衡，是中国人口条件的第四个特点。

改革开放以来，我国城市迅速发展。目前共有各类城市657个，比1978年增加2.4倍。建制镇近两万个，比1978年增加了7.9倍。其中100万～200万城镇人口的城市83个，增加了3.4倍，200万以上城镇人口的城市36个，增加了2.6倍。

但中国城镇人口的分布在各类城镇之间不够均衡。大城市人口急剧膨胀，人满为患。2010年年底第六次人口普查，全国地级以上城市常住外来人口，不包括流动的外来人口，总量为1.4亿。其中，50个大城市，外来常住人口为1.1亿人，占全国总量的80%。上海、深圳、北京、东莞、广州、苏州、佛山、天津、成都、温州10个城市，又占了其中的43.2%。

中小城市和小城镇，人口集聚力度不够。我国大多数县城和小城镇的人口数量都比较少。县级城镇人口平均7万人，小城镇人口平均不到1万人。

人口在各类城镇分布不均衡，是目前城镇化进程中存在的问题，也是进一步推进城镇化的潜力所在。今后的城镇化，按照再需要转移5亿农村人口计算，都进100万人口以上的大城市，需要新建50个这样的城市，中国没有这么多的地方可以新建这样大的城市了。但是，如果2000多个县，每个县城人口增加10万人，就可以再容纳2亿人，2万多个小城镇，每个小城镇增加1.5万人，就可以再容纳3亿人。问题就迎刃而解了。

二、土地条件：人均量低，耕地短缺

（一）适宜城镇发展的土地资源比较匮乏

中国城镇化土地条件特点之一是，从总体看，我国适宜城镇发展的土地资源比较匮乏。

中国国土面积960万平方公里。其中，33.33%是山地，26.04%是高原，9.09%是丘陵，18.75%是盆地，平原仅占11.98%。

按海拔高度分类：海拔1000米以上的地区占57.89%。一类宜居土地只占总面积的19%，全国水土流失面积360万平方公里，每年沙漠化面积达到2400平方公里。生态脆弱地区占国土面积已经达到55%。

与此同时，我国土地利用效率偏低。

从农业用地比重看，美国农用地占国土总面积的41.7%，中国只占13.5%。

英国、法国、荷兰等国人口密度都比中国高，但人均可利用农用地面积都超过中国，因为它们那里平原多，雨水充足。

土地短缺成为焦点。争地现象严重：工业和农业争地，城镇和农村争地，生产生活和生态争地。

（二）不同区域之间，国土宜居条件相差很大

中国城镇化土地条件特点之二是，不同区域之间，国土宜居条件相差很大。

一般将我国国土分为三部分，东部、中部、西部。其实还有东北部。

东部省份：北京、天津、河北、上海、江苏、浙江、福建、山东、广东、海南，10个省市。

中部省份：山西、江西、安徽、河南、湖北、湖南，6个省。

西部省份：内蒙古、广西、重庆、四川、贵州、云南、西藏、陕西、甘肃、青海、宁夏、新疆，12个省区市。

东北省份：辽宁、吉林、黑龙江，3个省。

海拔500米以下的地区是比较宜居的地区，这类地区面积占本区域总面积的比例，东部、中部、西部之间相差很多，东部为76.6%，中部为48.1%，而西部只有5.9%。西部地区土地面积为545万平方公里，占国土面积的56.77%，但其中一半是不适宜人类居住的高原、丘陵、沙漠、戈壁。耕地只占全国耕地面积的23.7%，宜农的耕地面积只占本区域面积的7.3%。

土地承载力不平衡。因气候、交通、发展程度等，东侧和西侧经济总量的比重大约在94∶6的关系。各省、各地区的承载力也有很大不同。

（三）人均耕地面积少

中国城镇化土地条件特点之三是，人均耕地面积少。

中国耕地总面积为18亿亩，人均1.4亩，是世界平均水平的40%。

中国耕地面积是美国的22.3%，而人均耕地面积是美国的7.3%。从1950年到2000年，美国因为城市蔓延，占用农用地104.6万平方公里，仅这部分就相当于中国耕地总量的80%之多。

由于耕地较少，中国有一个“18亿亩耕地红线”。严守这个红线，即中国耕地再不能少于这个数目，是我国的重要国策。

三、淡水条件：严重不足，南多北少

（一）平均淡水资源总量低

中国多年平均淡水资源总量为28124亿立方米，排名世界第五，次于巴西、俄罗斯、加拿大、印度尼西亚。但按人均2340立方米说，则是世界上占有量最低的国家之一，是世界平均水平的1/3，美国的1/4。由于人口的增长，到2005年，人均水资源进一步下降，降到2147立方米/人。

（二）淡水资源分布不均衡

淡水资源不仅少，而且分布不均衡。北方水资源可获取量仅为南方的1/6。北方人口占全国52%，用水量仅为全国的14%。华北地区人口占全国的1/3，但水资源只占全国的6%。

（三）100多个城市严重缺水

中国的近700个城市，其中有400多个城市缺水，100多个城市严重水短缺。地下水消耗的速度快于补充的速度。海河流域地下水水位下降90米，北京地区地下水水位下降100～300米。

西北部地区水资源更加缺乏，降雨量仅为100～200毫米/年，为华南地区的1/10。

水资源是城市存在和发展的最重要的条件，是刚性需求。随着城镇化的进展，水资源的需求会越来越大。

城镇化首先要靠工业化，工业化就需要大量的工业用水。1980年到2005年，我国工业用水，从460亿吨增加到1290亿吨，占社会全部用水量的比重从10%提高到23%。因为我国工业还处在粗放阶段，单位GDP用水量是韩国的6倍，日本的10倍。

城镇化以后，居民家庭的用水量要快速增加。一户城市居民要比一户农民的用水量要大得多。2005年我国家居用水量为680亿吨，是1980年280亿吨的两倍半，占比从6%提高到12%以上。

一个城市所需的其他资源，大都可以从外面运入，只有水，只能“就

地取水”。水资源是对一个城市发展的最重要的刚性制约。所以，世界上几乎所有的大城市都是临河而建的。我国北方一些大城市，缺乏这个条件。天津虽然有海河，但海河缺水，海水倒灌。北京旁边虽有永定河，但这是一条“无定河”，后来又成了常年的干河。所以，天津只能靠“引滦入津”解决问题，北京只能靠“南水北调”解决问题。

四、经济条件：二元结构，区域差异

中国城镇化的经济条件，最重要的是认识两个问题：

（一）城乡二元结构问题

一说到“城乡二元结构”，一些人以为就是户籍制度问题，仿佛只要放开了城市户口，城乡二元结构就消失了。其实，城乡二元结构实质是历史、经济、体制、社会、政策等诸多方面的综合性产物。

城乡二元结构首先是旧中国留下来的“遗产”。半殖民地半封建的旧中国，本身就是一个城乡二元结构的国家。封建土地制度造成农业和农村的衰败，外来的帝国主义国家为便于从中国掠夺财富，进行不平等贸易，在沿海所谓开放口岸建立了若干近代城市。这时的城乡关系，不仅是二元的，甚至是对立的。

新中国成立以后，政治制度改变了，城乡的政治关系改变了，但城乡二元结构并不能在短时间随之改变。这是因为：

城乡二元结构存在的核心原因是工业和农业、城市和乡村之间劳动生产率的差别。1978 年，中国的城镇化率只有 17.9%，占全国人口 80%多的农民“搞饭吃”，发达国家只有 3%～5%甚至更少的人干这件事，可见农业劳动生产率之低。经过改革开放 30 多年的努力，这种状况有了很大的改变，但城乡之间劳动生产率的差距仍然很大。可以这样算一笔粗账：**目前，46%的人口在农村，第一产业占 GDP 的比重为 10%；54%人口在城镇，二、三产业占 GDP 比重 90%。两者相比，按人口计算，农村人口的劳动生产率只相当于城市人口劳动生产率的 1/8 左右。差距仍然相当巨大。**

多年来，城市居民可支配收入与农民纯收入之比都在 3∶1 以上。

城乡二元结构存在的制度原因是城乡之间的体制差别。城里人一部分是政府机关和事业单位的工作人员，是“吃皇粮”的。大部分人在工商企业就业，收入较高，且有社会保障。而农村的经济体制，原来受“大锅饭”影响，农民的劳动积极性很低；改革开放以后，改成“包产到户”，积极性提高了，但超小的生产规模，使农民难以和国内外市场接轨，难以实现农业现代化。

城乡二元结构存在的社会原因是公共服务的差别。城市里的市民，享受着教育、医疗、就业、退休、养老等公共服务。但在很长时间里，国家没有能力把这种公共服务延伸到农村，农民只能在其所在的集体经济中获得这种服务，水平很低。同时，几乎所有的重要的教育、医疗、文化、娱乐等机构都在城里，农民远远不能和市民同等享用。

城乡二元结构存在还有政策上的原因。新中国成立以后，国家采取了工农产品价格“剪刀差”的政策，即工业品价格比较高，农产品价格比较低，既保证了全国人民的吃饭穿衣，又为工业发展提供资金。显然，农民为国家工业化做出了巨大贡献。直到 21 世纪，这个政策才有根本性的转变，提出了工业反哺农业、城市反哺农村。

城乡二元结构是中国城镇化的出发点，历史形成的问题，只能靠历史发展来解决。

（二）区域发展不平衡问题

改革开放以来，我国实行了东部、中部、西部“梯度发展”的战略，东部沿海地区首先快速发展起来了，东西部差距进一步拉大。21 世纪初，提出“西部大开发”战略，西部发展提速，但还没有改变经济发展水平差距较大的状况。

“胡焕庸线”是 1935 年提出来的，经过 65 年之后，2000 年，中国科学院国情小组，重新按照这条线做了数字分析，结果是人口分布比例与当年变化不大，东南侧的人口密度是 273 人/平方公里，西北侧的人口密度是 13 人/平方公里，人口密度东南侧是西北侧的 21 倍。线两侧经济差距很大。东南侧占全国 43.18%的国土面积，集聚全国 93.77%的人口，同时产出 95.70%的 GDP。西北一侧占 56.82%国土，集聚全国 6.23%人口，产出 4.3%的 GDP。这就是说，面积小于西北侧 13%的东南侧，GDP 总量却是西北侧的 22 倍。这说明，这种大反差，不仅没有缩小，反而加大了。

从全国看，经济最发达的是京津冀、长江三角洲、珠江三角洲。这三个地带以 2.8%的国土面积，聚集了 18%的人口，创造了 36%的国内生产总值，吸引了 80%的外商直接投资，实现了 75%的国际贸易。

经济发展不平衡的情况即使在一个省内部也是存在的。以经济最发达的广东省而论，粤北地区和珠江三角洲地区之间，经济发展就存在着很大的差距。在四川省，以成都为中心的成都平原地区，与其他地区相比，经济发展水平就要高得多。

第二节
新中国城镇化的历程

中国的城市在历朝历代都有发展。

北宋以后，城市的发展一般说来是平稳的，沿海沿江沿大运河，有一些城市发展起来了，虽然历经战乱，但和平统一的年份仍居多数，所以城镇中的手工业和商业都比较兴盛。加之人口转移也相对自由，所以城镇居民一直在增多。

在清朝后期东北开禁后，山东人、河北人不断迁移到东北地区，愿意迁入东北城镇落户的，听其自愿。愿意在农村购地、垦荒、建房、种粮种菜的也由他们自行决定。此外，陕西、山西、甘肃农民“走西口”，相当一部分进了内蒙古的城镇。

不过，总的说来，农村仍是绝大多数居民的居留地区，这种情况一直维持到 1949 年以前。

新中国成立以后，走过了有中国特色的城镇化历程。

1949 年，我国城镇化率为 10.64%，经过 64 年，到 2013 年达到 53.7%。

1978 年我国城镇化率为 17.9%，城镇人口 1.7 亿。经过 30 多年，2013 年城镇化率为 53.7%，城市人口 7.3 亿，城市新增人口 5.6 亿。

发达国家城镇化率从 20%提升到 50%，分别用了 60 年到 100 年的时间，我国仅用了 30 多年时间。

我国农村人口 1995 年达到峰值——85947 万人，随后逐年减少，21 世纪减少的数量占 75%左右。

64 年来，新中国的城镇化走过了曲折的路。

一、城镇化的两个时期

64 年来，中国经历了两种经济体制。前 30 年的计划经济体制，后 30 多年逐步转变为市场经济体制。城镇化也经历了相应的两个时期。

（一）新中国成立至 1978 年

新中国成立，确立了社会主义计划经济体制，并开始了大规模的工业建设，城镇化进程也随之开始。1958 年，中国对全国户籍制度进行了重大的调整，城镇居民户籍和农民户籍分开，于是城乡二元结构制度化了，把广大农民牢牢地束缚在各个人民公社管辖的土地上。这个时期的城镇化，不可避免地带有计划经济体制的显著特点。

1. 城乡权利不均等

比如产权方面，以住房为例，城里的土地是国有的，但祖传的房屋，业主有产权，居民新购的房屋也有产权。然而，农村的土地是集体所有的：祖传的房屋，业主没有产权，农民新建的房屋也没有产权。在择业方面，农民被认为有地可种，处于“充分就业状态”，如果想到工地去做工，或外出谋生，都必须得到生产队、生产大队或人民公社的同意。农民生产什么，向哪里销售，也必须经过层层批准，否则就是违法违规。在产品供应方面，农民靠自给自足，城镇户籍的居民有定期的粮票、油票、肉票、鸡蛋票的供应。在公共服务方面，人均教育经费、医药卫生经费、文化经费、社会保障经费等，城市居民都多于农民。

2. 人口转移不自由

计划经济体制下城乡之间的人口转移要严格地遵照政府实施的配额进行管理。工业生产和城市建设需要来自农村的青壮年劳动力，主要依靠计划招工指标配额的下拨，掌握配额制定和按配额挑选劳动力的干部，享有特殊的权力。

3. 计划内的人口转移与自发性的人口流动并存

由于计划招工配额有限，同时也出现了非计划的人口自发转移。但自发转移的去向与计划招工的去向有明显区别，贫困地区的农民主要流向计划经济统治较薄弱的地区，如内蒙古、黑龙江、新疆、云南、吉林等农业劳动力供给不足的省份和自治区，以及山西、内蒙古、黑龙江、陕西等采矿劳动力供给不足的省份和自治区。还有一些来自贫困农村的青年妇女到大中城市去寻找家庭服务工作，或到医院去做护工。

（二）1978 年改革开放以后

1978 年改革开放以后，随着逐步建立市场经济体制，城镇化的特点也发生了重大变化。

1. 农民有了流动的自主权

农村改革的成功，家庭联产承包制解放了农村劳动力，农民可以自主地走向城镇，尽管也还有经济上的风险，却没有了政治风险，而且再不受国家招工指标的限制。于是，大量的农民从农村转移到城镇。

2. 农民主要流向经济发达的城镇

改革开放后，城镇工业、商业迅猛发展，城镇有了空前的劳动力需求，特别是一些大城市的需求更旺，于是农民进到大中城市可以获得就业岗位。即使劳动报酬不高，但与农村相比，收入还让人比较满意，这就使他们可以长期住下来。

3. 对农村人口转移的认识逐步到位和深化

随着改革的深化和经济的发展，人们逐步认识和承认农村劳动力转移对中国经济发展的巨大贡献。无论是采矿业、建筑业、制造业、物流业、商业、服务业，甚至近郊的种植业、养殖业，每一个行业都显示了农民工的巨大作用，中国经济快速发展，农民工功不可没。于是，把农民进城称为“盲流”的说法消失了，人们更多从尊重和爱护的角度关心农民工这个群体，并由此引发了对城镇化的深入思考。

中国城镇化两个时期的对比表明，经济体制对中国城镇化进程具有最重大的影响力。今后必须在全面深化改革中，继续推进城镇化。

二、新中国城镇化发展的几个阶段

（一）第一阶段，1949 年至 1957 年，城镇化起步阶段

这个时期，从经济角度看，国家主要是做了三件事。

第一件事，大规模的解放战争过后，全国进行了稳定社会、恢复经济的工作。

第二件事，开始了社会主义工业化。苏联援助的 156 项工程开始兴建。

第三件事，进行了全国性的社会主义改造运动，即所谓“三改”：农村合作化运动、私营工商业公私合营运动、手工业合作化运动，到 1956 年基本完成。

经过这三件事，社会稳定，经济欣欣向荣，成千上万的农村劳动力进入城市，投入到工业生产。这个期间，城市数量由 1949 年的 120 个增加到 1957 年的 176 个。城市人口剧增，城市化率从 1949 年的 10.64%，提高到 1957 年的 15.6%，每年提高 0.6%。

（二）第二阶段，1958 年至 1965 年，城镇化波动阶段

1958 年，党中央提出“多快好省建设社会主义的总路线”、“大跃进”、“人民公社”，即所谓“三面红旗”。“大跃进”主要是“以钢为纲”的工业大跃进，1958 年全民大炼钢铁，提出了完成 1070 万吨钢铁产量的目标，

土高炉、小高炉遍及城乡。“大跃进”带动了超高速的工业化进程和城镇化进程。1959 年，城镇人口增加 1650 万，城镇人口比上一年增长了 15.4%，城镇化率提高了 2.2 个百分点。

但在 1958 年农村实现“公社化”过程中，发生了“一平二调”、“共产风”的错误倾向，严重挫伤了农民的生产积极性。更严重的是，1959 年、1960 年、1961 年遇到了连续的严重自然灾害，这就是所谓“三年困难时期”。这个期间，粮食和所有农产品产量都大幅度下降，不能满足农民自身的需求，更不能满足城市人口的需求。在这种情况下，不得不用行政手段大量压缩城市人口，搞了城市“职工返乡”和“干部下放”。1961 年到 1963 年，压缩城市人口 2600 多万，城市化率由 1960 年的 20.7%，下降到 1964 年的 16.6%，出现了一个大回落。

（三）第三阶段，1966 年至 1978 年，城镇化停滞阶段

“文化大革命”十年，政治动乱、社会动乱，经济发展受到严重影响。这个期间，还发生了“知识青年上山下乡”运动，大批城里年轻人到农村去，可谓“逆城镇化”。由此，城镇化陷入了基本停滞状态。1966 年城镇化率 17.86%，到 1978 年为 17.92%，12 年时间仅提高了 0.6%。

（四）第四阶段，1979 年至 1999 年，城镇化平稳发展阶段

改革开放以后，四个因素促进了城镇化的发展。一是农村家庭联产承包责任制的推行，随着农民积极性和生产率的提高，许多农村劳动力被解放出来，他们需要进城找工作；二是 20 世纪 80 年代初，在“无农不稳，无工不富”的思想指导下，乡镇企业的兴起，大批农民走进了乡镇；三是经济基本制度的改革，促使大量民营企业的出现和发展，城市就业岗位迅速增长；四是对外开放以后，众多中外合资企业和外资企业的出现，促使了城市劳动力需求的增加。

在这四个因素的作用下，城市化加快了步伐。城市化率由 1978 年的 17.9%提高到 1999 年的 34.78%，年均增长 0.79%。

（五）第五阶段，2000 年至 2012 年，城镇化快速发展阶段

进入 21 世纪以后，三个因素促进了我国经济和城镇化的快速发展。一

是通过20多年的经济改革，社会主义市场经济体系初步建立和完善，市场机制发挥了越来越大的作用；二是21世纪初，中国加入世界贸易组织，国际贸易和国际经济合作迅猛发展；三是在1993年国家成功的宏观调控的基础上，继续实施了恰当的宏观调控和正确的政策。所以，这个阶段的大多数年份，国民经济都是保持着10%以上的增长速度。

经济快速发展带动了城镇化快速发展。我国城镇化率从1999年的34.78%，提高到2012年的52.57%，达到世界平均水平。改革开放以来，我国城镇化率平均年提高1.02个百分点，速度已经不慢。2000年以来，平均年提高1.36个百分点，速度进一步加快了。大城市人口的增长尤为迅猛，当今世界人口最多的30个城市，中国有4个——上海、北京、广州、深圳。

（六）第六阶段，从2013年开始，进入新型城镇化阶段

21世纪第一个十年过后，人们发现，我国城镇化的外部条件和内在动力已经发生了深刻的变化。

一是全球经济不再平衡，产业格局调整，越来越多的发展中国家进入工业化和城镇化发展阶段，全球的市场争夺、资源供求矛盾和环境压力加剧；

二是随着国内农业富余劳动力减少和人口老龄化程度提高，劳动力供应形势有所变化，经济发展的资源环境瓶颈制约日益加剧；

三是户籍人口与外来人口公共服务差距造成的城市内部二元结构矛盾日益凸显；

四是过去靠高投入、高消耗、高排放的工业化、城镇化模式难以为继，必须走以质量提升为主的转型发展之路。

在这种新形势下，2012年，中国共产党第十八次代表大会提出，工业化、城镇化、信息化、农业现代化要同步发展，要以“四化协调”的指导思想进一步推进城镇化。

于是，中国城镇化进入了一个新的发展阶段，可以称为“新型城镇化阶段”。可以预见，中国的城镇化将走上更加健康发展的道路。

三、对中国城镇化历程的评估

从1949年新中国成立算起，到2013年为止，中国城镇化已经走过了64年的历程。回顾这个漫长的历程，我们可以得出如下几点认识。

(一) 中国城镇化的历史进程反映了城镇化的基本规律

城镇化在任何国家都不能离开经济发展孤立地进行，中国也不例外。从中国城镇化的历程看，凡是经济发展比较顺利、经济发展比较快的时候，城镇化也比较顺利，比较快；凡是经济发展不顺利、甚至停滞的时候，城镇化的进展也会不顺利，乃至停顿和倒退。

城镇化又是工业化进展和经济发展的基础动力。我们有理由说，没有20世纪80年代中期以后农村劳动力大量进城，中国劳动力优势便无从谈起，中国经济30多年的持续快速发展也成为不可能。

(二) 中国城镇化走过了曲折的道路

已经走过的上述五个阶段，存在着波动阶段和停滞阶段。这两个阶段的时间跨度，从1958年到1978年。也就是说，中国城镇化处于低谷的时间长达20年之久，占整个历程的1/3左右。

这个曲折，主要是“左”的政治路线引起的经济停滞和社会动荡造成的。职工返乡、干部下放，实际上都是不得已而为之的事情。由此可以得出一个重要的认识，路线和政策的正确与否，对城镇化的影响极大，经济发展是如此，城镇化也是如此。

(三) 对中国城镇化现状要有一个正确评估

从城镇化程度，即城镇化率——城市人口所占比重来看，中国城镇化处在滞后的状况。在20世纪70年代，我国工业增加值已经超过农业增加值；而我国城镇人口增长速度超过农村人口增长速度，则是90年代以后的事情；城市人口超过农村人口，则是2011年的事情。

目前我国的城镇化率，即使按城市常住人口计算，也才达到53%多，略高于世界平均水平，不仅低于同等工业发展水平的国家，也低于许多工业化水平较低的国家。提高城镇化的程度，仍然是我国面临的一项迫切的战略任务。

近些年城镇化速度大大提高，改革开放以来，我国城镇化率平均年提高 1.02 个百分点，从 2000 年以来，平均年提高 1.36 个百分点，已经进入世界城镇化中最高速度之列。在这种情况下，必须重视城镇化质量。大量农民工还没有市民化、城市建设落后、公共服务落后、相关制度和政策不完善、城市管理水平不高等问题，说明中国目前的城镇化还处在一个低水平上，亟须提高质量。

城镇化程度低，城镇化速度高，城镇化水平低，这三点的结合才是对中国城镇化现状的全面评估。不能只说一点，而忽略其他。这种“一高两低”的状况，应该是我们今后城镇化决策的重要依据。

（四）中国城镇化正处在艰巨复杂的中期阶段

城镇化率从 30%到 70%为城镇化的中期阶段。世界各国的经验证明，中期阶段是城镇化最艰巨、最复杂的阶段，是各种矛盾集中突现和互相交织的阶段。当前，我国正处在中期的后半段。

城镇化的中后期阶段，其最显著的特点是需要大量的资金。前期，农民工进城，除了工业投入之外，原则上不需要资金，而是创造 GDP。但中后期要逐步实现农民工市民化，无论是城市住房建设和基础设施建设，还是提供足够的公共服务，都需要大量的资金。

从全面来看，我国农业现代化正在起步，工业化的任务也没有完成，经济转型的任务艰巨，区域经济发展不平衡，城市建设经验不足，城乡各类人群和城市各类人群之间矛盾突出，国际环境不断变化有时恶化，再加上时代进步提出的许多新要求和新课题，在这种情况下，搞好城镇化绝非易事，必须以“治大国若烹小鲜”的态度，周密策划，审慎实施，积极稳妥地推进。

四、城镇化进程中存在的问题

从总体看，目前中国城镇化进程中存在的主要问题是六个“滞后”。

（一）城镇化滞后于工业化

2012年，我国第二次和第三次产业增加值占GDP的比重达到90%，第一次产业占10%左右，是9∶1的比例关系。这个比例是一个基础根据，按理想的城镇化标准，城乡人口的比例，非农和农业就业的比例，应该大体和这个比例相当。

但按照这个比例衡量：我国城镇化率为53%，也就说，城市人口和农村人口的比例是54∶46，远远低于9∶1，农村人口仍然过多。

从就业劳动力来说，非农产业和农业产业就业的比例是65∶35，这个比例也远远低于9∶1的比例，说明农业就业的劳动力仍然过多。

（二）人口城镇化滞后于土地城镇化

城镇化过程存在着重“物的城镇化”、轻“人的城镇化”的倾向。城市结构松散，而不是紧凑和集约的，宽马路、大广场、新建城区、工业园区、开发区占地过多。人口密度偏低，耕地减少过快。城和业不匹配，有的地方出现空城、“睡城”。农民工市民化进程缓慢。这一滞后的结果，造成土地城镇化快于人口城镇化，城镇用地增长快于人口容纳增长。全国算总账，2000年到2010年，城镇用地增长61.6%，人口增长46.1%，相差15个百分点还多。

（三）城市建设滞后于城镇化速度

城市建设长远规划缺位，城镇空间布局不合理，城镇化模式比较粗放，城市基础设施、公用设施不配套。

城镇空间布局与资源环境承载能力不匹配。东部城镇密集区环境约束加剧，中西部资源环境承载能力较强的地区城镇化潜力有待发掘。

特大城市已经成为所谓“滞胀型城市”，“滞”是指交通拥堵、居住拥挤、秩序混乱，交通不畅、交往不畅，运营不畅。“胀”是指城市“摊大饼”式发展，市区越扩越大，占地越来越多，城市规模控制不住。与此同时，许多中小城市集聚产业和人口功能不足，潜力没有得到发挥。小城镇数量虽然很多，但规模小、服务功能弱。

城镇住房短缺，“安居”比“乐业”面临更加严峻的形势。除了住房数量不足的问题之外，更难解决的是房价问题。过高的房价，不仅使绝大多数的农民工买不起住房，就是原来城市里的低收入居民，也买不起住房。住房问题已经成了热点、难点问题。

（四）身份转换滞后于职业转换

我国目前的城镇化率，按户籍人口计算是35%，按常住人口计算是53%，相差18个百分点。这18个百分点是2.3亿人口。他们是已经进城完成了职业转换，但还没有完成身份转换的农民工。完成身份转换比完成职业转换要难得多。除了上述高房价、高房租他们难以承受之外，同时让他们能够享受均等的公共服务，既需要大量的资金投入，也需要大量的制度建设和组织协调工作。

（五）文化生态建设滞后于实体建设

城镇建设的现代化和历史文化传承的关系没有解决好，许多有文化价值的建筑物被拆除了，许多有历史记忆的村镇消失了。然而，如雨后春笋般拔地而起的各类新建筑、新工程，又缺少文化特色、地方特色、民族特色，“千城一面”的趋势很严重。诸多城镇的环境污染越来越严重，雾霾成了人们头疼的问题。

（六）城市管理滞后于城市发展

城镇化和城市建设存在的问题，除物质条件的制约外，城市管理水平不高也是一个原因。城市是一个复杂的系统，城镇化对中国政府、企业、民众还都是个新事物，没有足够的经验。所以，无论是理论、战略、制度、政策、人才都准备不足，具体的操作性的办法和经验就更显不足。

出现六个“滞后”，有客观方面的原因，也有工作上的原因。在农村和城镇的关系上、城和地的关系上、人和业的关系上、大中城市和小城镇的关系上、职业转换和身份转换的关系上，往往缺乏全面的认识和把握。有的地方，以“长官意志”的办法推进城镇化，出现了重速度、轻质量，重占地、轻人口，重规模、轻密度，重投资、轻消费，重经济、轻社会的

“五重五轻”情况，有的地方甚至出现了以行政命令盲目并村、强拆民居、损害农民利益的问题。

根据以上存在的问题，有的专家指出，继续推进城镇化，必须认识到三个“难以持续”：即依靠劳动力廉价供给推动城镇化快速发展的模式难以持续；依靠粗放式消耗土地等资源推动城镇化快速发展的模式难以持续；依靠公共服务非均等化压低成本推动城镇化的模式难以持续。这是很有道理的。

五、对城镇化认识和决策的回顾

人们的思想认识对城镇化有重大影响。在我国，对城镇化的认识，大体经历了这样几个阶段：

（一）第一阶段，基本没有城镇化概念

1948年中国共产党七届二中全会上，毛泽东提出，新中国成立以后，作为执政党要适应“由农村包围城市”到“由城市领导农村”的转变。从西柏坡进入北京的时候，他说这是“进京赶考”。那时虽然提出了城市问题，但在观念上并没有落实，还没有考虑到，所谓“城市领导农村”，并不是用现有的城市去领导现有的农村；还没有预见到，城乡结构将逐步发生根本性的变化。

“实现工业化”的概念一直是明确和强烈的。从新中国成立开始到今天，一直把工业化作为经济建设“强国富民”的最重大的任务，一以贯之。

“农业现代化”的概念也一直是明确的。解决好“三农”问题，从合作化，到公社化，再到改革开放后的“包产到户”，反反复复，曲折前进，有得有失，但一直作为各项工作中的重中之重。

但在很长时间内，“工业化”、“农业现代化”始终没有和“城镇化”联系起来。在所有的重要文件中几乎没有这个字眼。特别是经过三年困难时期全国缺粮的教训，使一些人害怕“吃商品粮”的人过多，害怕城里人过多，害怕农民进城过多，不自觉地产生了对城镇化恐惧的情绪。

（二）第二阶段，对城镇化存有顾虑乃至非议颇多

城镇化是按照客观规律必定发生的事情。改革开放后，20 世纪 80 年代初，农村改革成功，乡镇企业崛起。最初，几乎所有的中央部门对乡镇企业采取的是不支持以至反对的态度。他们给乡镇企业扣了三顶帽子："争原料、争市场、不正之风的来源"。乡镇企业顽强的生命力冲破了这种障碍，又有人给它划了一道限制：离土不离乡。农民不干农业了，也不要进城。这个限制没有能够奏效，20 世纪 80 年代中后期出现了农民进城的高潮。这时，对进城的农民又有了一个贬义的名称，叫作"盲流"。盲流者，盲目流入城市之人群也。社会舆论也是负面居多，把一个合乎规律的现象看成了违反规律的现象。

在农村，由于没有把乡镇企业的发展和城镇化联系在一起考虑，搞了"村村点火，处处冒烟"，布局很不合理，为以后的城镇化建设留下了后遗症。

（三）第三阶段，对城镇化重要作用的逐步发现

对城镇化的重要作用，实践在给人们上课。

1. 第一课，农民工进城

20 世纪 90 年代初，改革开放先行地区，沿海经济发达地区，随着制造业的发展，需要越来越多的劳动力，而当地有限的劳动力资源远远不能满足这个需求。那些经济还不够发达的地区，由农村改革解放出来的劳动力又没有出路。这两者的结合，推动了大量农民工涌入城市，特别是涌入沿海发达地区。经济发达的省份，欢迎农民工的到来，经济后发展的省份，也把农民工进城作为增加当地农民收入的重要举措来看待，许多地方由政府出面，组织农民工进城就业。

农民进城，不仅成了正当的行为，而且成为有利于城乡经济发展的最重要的举措之一。更多人认识到，所谓中国经济发展的"劳动力红利"，农民工是基础。"盲流"没人说了，"农民工"一词被广泛使用了。农民工的人数，包括长期的和临时的，大约有 3 亿人左右，成了中国社会一个新

的阶层，并被视为“弱势群体”，得到全社会的关注和同情。国家制定了相关的法律和政策，保护农民工的利益，连国家领导人都为农民工讨债，由此又延伸出“农民工市民化”的问题。当年农村的“包产到户”为全国上了一堂所有权和经营权“两权分离”的改革课，农民工又为全国上了一堂城镇化课。

2. 第二课，增加农民收入

20 世纪 90 年代中期，中央提出“增加农民收入”是农村工作的中心任务。为了促进农民收入的增长，中共十五大把实现“农业产业化”写进了中央文件。农业产业化的核心是把千家万户的农民和千变万化的市场连接起来。搞好农业产业化的关键是发展龙头企业。于是，在许多县城、小城镇和中心城市，出现了许多龙头企业，把城乡紧密地结合起来。可以说，这是以城乡一体化推进农业现代化和城镇化的一个创造。许多地方，实施了工业化、农业产业化、城镇化“三化一体”的战略，并作出了成效，特别是小城镇得到了空前的发展。

3. 第三课，扩大内需

1996 年，中国经济实现了“软着陆”，但经济发展遇到了一个新的问题——需求不足。在研究如何扩大内需的过程中，人们发现，农民的购买力只相当于城市居民的 1/3，农村居民购买力偏低，是影响内需扩大的重要原因。而提高农民购买力必须具备两个条件，一是收入提高；二是消费条件的改善。只有城镇化才能促进这两个条件的具备。这时一些学者提出了一个通俗的口号：“只有减少农民，才能富裕农民。”减少农民的基本途径就是城镇化。

1998 年中共十五届三中全会，把“小城镇大战略”、推进农村城镇化的指导思想写进了会议文件。世界各国通行的“城市化”概念，也被修订为“城镇化”概念，并把“扩大内需”的决策立体化：近期措施为积极财政政策，中期措施为信贷消费，而长期的根本性的措施则为推进城镇化。

2002 年，中共十六大作出了走中国特色城镇化道路的决策。

2007 年，中共十七大提出推进城镇化，实现城乡一体化。

至此，推进城镇化已经被确立为国家一级的重要战略。

4. 第四课，2008 年世界金融危机

21 世纪开始的前 8 年，由于国际市场的迅猛发展，外贸拉动力的迅猛增加，人们对城镇化的关注有所减弱。但 2008 年开始的世界金融危机，使经济转型和扩大内需再度成为中国经济持续发展的关键性的重要问题。

在思考这个问题的时候，人们发现，不仅扩大内需需要推进城镇化，提升工业化水平、加快农业现代化进度需要推进城镇化，改变国民经济一产、二产、三产结构，大力发展第三次产业需要城镇化，而且，现代城市建设中的诸多问题，30 多年城镇化快速发展积累的问题，特别是农民工市民化的问题，也需要更加关注城镇化。几乎所有的经济问题，包括一些重要的社会问题，都和城镇化有着不可分割的联系。

于是，2012 年，中共十八大进一步提出了工业化、城镇化、信息化、农业现代化“四化协调”的新型城镇化。

上述四个阶段，对城镇化，从没有认识，到有消极认识，到有局部认识，再到有全局性认识，经历了一个相当长的过程。

对城镇化的认识之所以比较难，是因为中国几千年来一直是一个以农立国、农业和农村为主体的国家，小农意识比较浓厚。

对城镇化的认识之所以比较难，还因为城镇化的综合性、融合性，因而呈现了一定的潜在性。它仿佛只是工业化和农业现代化的一个自然结果，无须单独加以注意。用产业分割、城乡分割的思维，往往只孤立地分别地研究工业、农业，城市、农村，而意识不到工业的问题可能在农业，农业的问题可能在工业，城市的问题可能在农村，农村的问题可能在城市，总不能把它们综合起来。就这种意义上说，城镇化意识的确立是思维方式转变的结果。

现在，国家把城镇化作为头等重要的战略加以推进，提出“新型城镇化”目标，我们应该承认，对城镇化，特别是中国城镇化和新型城镇化的认识，还有待于进一步深化，进一步系统化，还有许多重点、难点问题需

要研究解决。许多问题的解决，不仅要靠深入的理论和学术研究，更要靠在实践中不断探索和总结。这中间，处于决策岗位的领导干部和政府部门，担负着特别重要的责任，各种学术机构，也需要发挥自己应有的作用。

最重要的标志性事件，是2013年12月12日至13日，在北京召开了中央城镇化工作会议。国家主席习近平和国务院总理李克强都在会上作了报告。这是新中国成立以来，第一次专门研究和部署城镇化工作的最高级的工作会议。它鲜明地标志着对中国城镇化规律的深刻认识和全面把握，中国城镇化进入了一个新的阶段。

第三章

新型城镇化的基本认识

新型城镇化的理论内涵

新型城镇化的基本规范

新型城镇化是持续发展之路

对任何一个城镇来说，都要不断根据本身的发展状况和市场竞争态势的变化来调整结构，其中包括对现有支撑产业的结构调整，以及对前景作出判断。用“居安思危”这四个字来告诫城镇领导者和企业经营者，并不是没有意义的。一些经济繁荣的城镇出现大起大落的教训，值得记取。

第一节
新型城镇化的理论内涵

中国“新型城镇化”的理论内涵，是从三个角度界定出来的。

从世界城镇化的发展史看，中国的新型城镇化是现代化的城镇化，有别于发端于近代的传统城镇化。

从不同国别看，中国的新型城镇化是基于中国国情的城镇化，有别于其他国家的城镇化。

从中国城镇化发展进程看，新型城镇化是中国城镇化的新阶段，有别于过去时期的城镇化。

一、新型城镇化的理论定义

中共十八大为新型城镇化确立了理论内涵。

中共十八大把科学发展观写进了党章。推进新型城镇化，是贯彻科学发展观的重要战略性举措。同时，新型城镇化必须按照科学发展观的“以人为本，全面、协调、可持续”的原则进行。

中共十八大提出，走中国特色新型工业化、信息化、城镇化、农业现代化道路。人们称之为“新四化”。这个提法，第一次把城镇化和工业化、信息化、农业现代化并列，强调新型城镇化应该和工业化、信息化、农业现代化协调发展、同步发展。

中共十八大还提出，要经济建设、政治建设、文化建设、社会建设、生态文明建设“五位一体”地建设有中国特色的社会主义。这就要求，新型城镇化建设，不单纯是经济建设，而是涵盖这五个方面建设的综合性的系统工程。

所以，就理论内涵来说，新型城镇化是以科学发展观为指导，体现“四化协调”、“五位一体”的有中国特色的现代城镇化道路。

这也可以看作是新型城镇化的定义。它告诉了我们新型城镇化的指导思想，确定了新型城镇化的方向、内容、目标、途径、要求和方法。

新型城镇化“新”在哪里？这些理论内涵告诉我们，就“新”在这里。

对这些理论内涵，我们可以做进一步的解读。

二、以科学发展观为指导

科学发展离不开城镇化。城镇化是中国实现科学发展的重要组成部分。可以说，没有城镇化就不可能实现现代化。

同时，新型城镇化必须以科学发展为指导。科学发展涵盖的“以人为本”、“全面、协调、可持续”的原则，都是推进和实现城镇化的基本原则。

从“以人为本”的基本原则看，城镇化是实现中国梦的重大举措。而实现中华民族伟大复兴的中国梦，说到底是为了中国人民过上更加幸福的生活。人是城镇化的核心要素，推进城镇化不能见物不见人，应该既见物，更见人。城镇化的主体内容是人的就业和身份的转变，这个转变过程，同时也是造福人民的过程。因此，不能以牺牲人的利益，特别是农民的利益去推进城镇化。是否“以人为本”是衡量城镇化最基本的标准。

从“全面、协调、可持续”的原则看，“五位一体”的新型城镇化就体现了“全面”的原则，“四化协调”的新型城镇化就体现了“协调”的原则。中国经济和中国社会发展到了今天，只有坚持“全面、协调”的原则才能持续健康发展。中国的城镇化到了今天，也只有坚持“全面、协调”的原则，才能持续健康发展。

本书第一章第一节阐述的城镇化基本规律，无论是一个根据——劳动生产率；二力协调——工业的拉力和农业的推力；三个要素——人、业、地；四类主体——政府、企业、居民、智库；五个杠杆——资源、资金、技术、文化、谋略；一个成果——现代化的城镇体系，都包含着“全面、协调、可持续”的要求。今日之中国，用科学发展指导城镇化，推进城镇化，既是对城镇化基本规律的遵循，对世界各国城镇化经验教训的借鉴，又是依托中国实际，对城镇化理论和实践的新发展。

三、遵循“四化协调”原则

新型城镇化是协调同行的战略平台，新型工业化是协调同行平台的根本支柱，农业现代化是协调同行平台的战略堡垒，新型信息化是协调同行平台、支柱和战略堡垒提升水平的重要手段。在绘制新型城镇化路线图中，必须统筹考虑和安排“四化”同步发展，充分发挥新型城镇化的战略平台、新型工业化根本支柱、农业现代化战略堡垒和新型信息化重要手段作用。

(一) 城镇化要与工业化协调和同步

城镇化和工业化同步似乎是个老问题，是世界各国城镇化的共同经验。但是，中国的新型城镇化是在世界工业化新形势下进行的，如今的工业化又有了新的内容和要求。

第一次工业革命，是由煤炭作为能源主体的应用，蒸汽机的发明，带动整个工业的发展变化。第二次工业革命，是由石油作为能源主体的应用，电力的普及，带来了整个工业的发展变化。现在，世界正面临着第三次工业革命，这次工业革命是新能源和信息技术的结合，将引发整个工业的发展变化。

就中国来说，我们正在做第二次工业革命的补课，同时还必须赶上时代潮流，不失时机地开始第三次工业革命。就第三次工业革命来讲，世界各国，包括发达国家，都处在同一起跑线上，中国有可能走在世界前列。例如，光伏产业，中国光伏元器件的产量已经占全世界60%以上，是绝对的冠军。只要加大本国利用的力度，就会展现出世界瞩目的新局面。

所以，新型城镇化与工业化的协调和同步，包含着新的内容和新的要求。

（二）城镇化要与信息化协调和同步

信息产业的兴起和互联网的普及，主要是21世纪的事情，信息化当然是一个新课题。信息化首先改变了经济领域，改变了工业模式、商业模式和经济规则。

工业与手工业相比，它的优势首先在于规模效应。以往的工业主要是“集中型规模”，大企业集聚了很多工人，而且聚集在城市。商业也是集中型的，出现了许多大的商场和商业街。

以互联网和移动通信为载体的信息化，改变了空间关系，缩短了各种距离，降低了交易成本，过去的工业和商业的“集中型规模”正向“分散型规模”转变。网上购物迅猛发展，中小企业有了平等竞争的机会。信息化也必然扩展到城市建设和城市管理上，现代的城市管理应该是信息化的管理。

西方国家在实现工业化和城镇化的时候，现代信息技术还没有出现，我国则可以把信息化和城镇化结合在一起进行。新型城市群建设、“智能城市”建设，信息化在城市建设、公共服务和城市管理的广泛运用，都是新课题。

所以，新型城镇化与信息化协调和同步，包含着新的内容和新的要求。

（三）城镇化要与农业现代化协调和同步

农业劳动生产率的提高，在当今，就是实现农业现代化。

对农业现代化需要有新的认识和理解。过去，人们对农业现代化的理解，更多的是通过机械化、化学化、企业化改造农业，使之成为“农业工业”。现在来看，这样的现代化带来许多问题。例如，农业生产消耗大量石油能源，土地板结问题日益突出，农产品农药残留难以解决，生物多样性遭到破坏。所以，必须重新审视农业现代化的内涵。以自身生物链循环为主的传统农业模式，其特殊优势重新引起人们的关注。人们对农产品的需求水平也在提高，不再是仅仅填饱肚子，更要求享受和健康。于是，有机农业应运而生，并在世界范围内迅速发展。

据国际相关机构研究发现，1911 年，以传统农业为主的中国，每 1 公顷土地可以养活 5 个人，而以机械化、化学化为主的美国农业，需要 1.2 公顷土地才能养活一个人，相差 5 倍多。这个机构的统计还表明，2011 年，世界有机农业种植面积是总耕地面积的 0.86%，产值已经达到 630 亿美元。欧美发达国家的人主要消费有机农产品。

有机农业是农业现代化的重要方向。这就需要重新审视已有的农业观念：工业化的农业是不是农业发展的方向？美国的农业是不是所有国家农业发展的标杆？所有农产品是不是都是低价产品的代名词？第一产业产值在国民经济中的比重是不是越低越好？农业人口是不是越少越好？我们更要看到，城镇化并非仅仅是发展城镇，它的重要目标是实现城乡一体化。

所以，新型城镇化与农业现代化协调和同步，包含着新的内容和新的要求。

四、体现“五位一体”要求

新型城镇化必须是经济建设、政治建设、文化建设、社会建设、生态文明建设“五位一体”的城镇化。

（一）城镇化与经济建设

城镇化是经济建设方面的事，没有第一次产业、第二次产业、第三次产业的发展，就没有城镇化；没有经济的协调持续发展，就没有城镇化的持续健康推进。这个道理已为众人所了解。

（二）城镇化与政治建设

城镇化建设，国家和各级政府占据着统领全局的地位。国家的制度和政策、政府的行为和举措，对城镇化的顺利和健康地推进起着关键作用。城镇化既要遵守市场经济规律，又要发挥政府应有的作用，必须善于把“无形的手”和“有形的手”结合起来。而且，城镇化带来的经济变化、社会变化、文化变化，特别是社会阶层的变化，必然带来新的政治诉求，出现新的政治生态，必然提出政治建设的问题。

（三）城镇化与文化建设

社会的变化，必然要求文化的变化。传统的农耕文化，既不能适应城镇化中发展起来的城镇，也不适应城镇化中发展起来的现代化的农村。人的文化素质不高和不适应，将会成为城镇化顺利进行的巨大障碍。从城镇文化的发展到乡村文化的提升，城乡人口文化素质的建设和提升，成为迫切需要解决的问题。如果没有职业意识的树立，没有一定的素质技能，没有对城市运行规则的认同，农民即使进了城，也是难以适应的。毛泽东早就提出“严重的问题是教育农民”，指的便是个体农民向集体农民转变的文化适应问题。现在看来，还必须解决从传统农民向现代市民转变的文化适应问题。

（四）城镇化与社会建设

城镇化绝不仅仅是经济方面的事情。城镇化的直接内容是农村人口向城镇人口的转移。这个人口大转移，必然带来城乡人口结构的变化，人口结构的变化必然带来社会结构的变化，带来人与人的关系、各个阶层关系的变化，带来生活方式的变化。这就必然为社会建设提出了新的问题。

（五）城镇化与生态文明建设

在城镇化过程中，环境和生态面临着新的挑战。工业化的发展，本身就会带来对环境和生态的破坏。人口向城镇的集聚，尤其会产生新的环境和生态问题。人口分散的农村，一家一户的垃圾、废水，不会成为大问题，能源消耗中所产生的各种污染物的排放，也不会成为大问题。但在城镇中，几万户、几十万户、几百万户的垃圾和废水集中起来，各种能源消费所排放的污染物集中起来，对环境和生态的影响就十分巨大，解决这些问题就变得非常困难。我们提出“美丽中国”，在与大自然紧密结合的农村，中国之美丽，相对比较容易实现，在人工建设的“水泥森林”构成的城镇，相比是更难实现的事情。但没有美丽的城市，便没有美丽的中国。这就必然提出了生态文明建设的问题。这个道理已经被人们认识，但解决起来非常困难。

用“五位一体”的思想指导城镇化，才能避免任何一种片面性，才能协调城镇化进程中各个方面的联动关系，才能保证我国城镇化沿着有中国特色社会主义道路前进。

第二节
新型城镇化的基本规范

为把新型城镇化的理论内涵落到实处，使新型城镇化的基本要求更具可操作性，必须建立新型城镇化的基本规范。

基本规范包括“基本标准规范”和“基本操作规范”。基本标准规范解决做成什么样的问题，基本操作规范解决怎样去做的问题。

一、新型城镇化的标准规范

新型城镇化应该符合如下八条标准。

（一）城乡一体

城乡一体是新型城镇化的根本方向。

新型城镇化并不是单纯地解决城镇问题，通过城镇化要解决的是整个社会最大的结构问题，即城镇和乡村在产业、人口、社会等方面的结构和布局问题。其中，最核心的是调整城乡之间的关系，促成农业和农村人口向城镇和工业商业人口的转移，完成由传统农村为主体的社会向现代城镇为主体和主导的社会的转变，以达到城乡共同繁荣，共同进步。

在这个伟大的转变中，城镇要发生巨大的变化，农村也要发生巨大的变化。农村和农民不是被“化”没了，而是“化”精了，“化”高了，“化”强了，城乡“化”成一体了。

我国的新型城镇化吸取了早期西方发达国家城镇化和后来一些发展中国家城镇化的教训，针对目前我国存在的城乡二元结构问题，非常明确地强调了城镇化不应该走牺牲农村发展城镇的道路，必须走“城乡一体化”共同发展的道路。因此，评价新型城镇化搞得如何，不仅要看城镇建设发展得如何，还要看农业现代化和农村建设发展得如何，更要看城乡一体化的水平如何。

（二）以人为本

“以人为本”是新型城镇化的根本标准。

在新型城镇化过程中，人们使用了“人的城镇化”这个词语。新型城镇化不能见物不见人，必须把人口的转移、人们生产方式和生活方式的转变作为核心内容，既要追求 GDP 的增长，更要追求城乡人民幸福指标的提升，把城镇化和改善民生结合起来。离开了这一点，新型城镇化就失去了群众基础，也失去了最重要的意义，不能体现中国社会主义制度的优越性。

提出“以人为本”和“人的城镇化”，是对世界城镇化经验教训的借鉴。有些国家，农民放弃了土地，离开农村进了城，但成了无业游民，过着贫困的生活。这不是我们要的城镇化。

提出“以人为本”和“人的城镇化”，也是针对“重物轻人”城镇化偏向。有的地方城市面积扩大很多，高楼林立，马路很宽，楼堂馆所，富丽堂皇，十分奢华，但民生改善不多，许多居民依然住在棚户区或贫民窟。这不是我们要的城镇化。

提出“以人为本”和“人的城镇化”，也就更加明确了城镇化的主体内容、发展方向和解决问题的原则。城镇化必须解决的就业问题、住房问题、公共服务问题，都是人的问题。城镇化涉及的许多利益问题，土地流转问题，征用土地问题，房屋拆迁问题，城镇户籍问题，人口流动问题，农民工培训问题，留守老人和儿童问题等，都是人的问题。在城镇化过程中，切忌只见物不见人，那样许多问题都处理不好。

（三）经济繁荣

经济繁荣是新型城镇化的根本支撑。

必须把第一次产业、第二次产业、第三次产业的发展作为新型城镇化的支撑，同时，用推进城镇化促进产业的发展。产业的发展要具有足够的、持续的支撑力，力戒支撑力不足和产业单一、短期繁荣。产业发展和城镇化形成良性循环，是城镇化成败的关键所在，又是检验城镇化是否健康发展的基本标准。

（四）城建现代

城镇建设是新型城镇化的空间载体。

没有现代化的城镇建设，就没有新型城镇化。

格局合理、聚集集约、功能高效、宜业宜居、绿色低碳、持续发展，应该是现代化城镇建设的主要指标。

城镇建设，特别是城镇基础设施的承载能力，必须和城镇定位、功能、人口和产业的规模相匹配。

我国城镇化过程中出现了一个看似矛盾的现象，一方面，土地城镇化快于人的城镇化；另一方面，城镇化建设跟不上人口的增长。全国657个城市中，有2/3左右的城市在高峰时间出现交通拥挤现象。如何用较少的土地容纳更多的人口，提高城镇化建设水平是当务之急。

城镇建设一定要有科学规划，防止靠“长官意志”随意行事；一定要充分利用先进科学技术成果，努力提升城镇建设的现代化水平；一定要满足城镇的综合功能，包括经济功能、生产功能、生活功能、社会功能、文化功能、生态功能乃至它的政治功能；一定要传承历史，适应现在，容纳未来。

（五）格局合理

在宏观和中观城镇体系中，格局合理包括：城镇布局合理、大中小城镇结构合理、城市群定位合理、城镇之间关系合理。就城市群讲，有世界级城市群、国际性城市群、区域性城市群。不是所有城市群都要打造成世界级城市群。目前，人口过分向大城市和特大城市聚集，而中小城市特别是小城镇容纳度不够，是城镇化持续前进必须解决的问题。

就单个城镇讲，格局合理主要是定位合理和城镇结构合理。核心是定位问题。每个城镇，按其区位、性质、规模、优势、历史等因素，在整个城镇体系中，定位是不同的。就单个城市讲，按层级来讲，有世界级中心、国际级中心、国家级中心、区域级中心、本地中心，不是所有城市都可能做世界级中心。按特色来讲，有政治中心、经济中心、工业中心、商业中心、金融中心、文化中心、交通中心、旅游中心、创新中心等，一个城市不可能把所有中心囊括于一身。城镇结构主要是指一个城镇的空间结构，是单体式还是组团式，是单中心还是多中心。各种功能区的规模、位置和衔接，是城镇结构的基础性问题。

以北京为例，多年来它的城市发展始终在不断解决格局合理的问题。首先是城市定位，北京是首都，是政治中心、文化中心、国家交往中心、科技创新中心没有问题，但要不要做经济中心？特别是要不要做工业中心？所有的中心都要做，城市就不堪重负。所以，纺织厂要外迁，首钢要外迁。城市的结构矛盾也很多。大量的人口在郊区居住，而工作在市中心区，于是形成了大量的钟摆式的交通流量，造成道路拥挤。这些都是需要研究解决的城市格局的问题。

（六）文化发展

城镇是物质文明和精神文明的统一体。文化是城市的灵魂。“四肢发达，头脑简单”的城镇同样是没有活力的。一个城镇应该有自己的城市精神，有自己的特色文化，有自己的风俗人情，有自己特有的风貌。

对于城镇来讲，文化不是虚的，它是虚实的结合。城镇的建筑，从整体到个体，都是一个城镇文化的凝聚物和显现物。如果通过城镇化把全国的城镇都建设成“千城一面”，那将是城镇化最大的败笔。城镇建设一定要把文化传承和文化创新结合起来，特别要注意保护城镇的传统文化和传统风貌。如果让千年古都、千年古镇在城镇化中消失了，那就是“建设性的破坏”或“破坏性的建设”，那就是历史性的犯罪。

北京市提出了“爱国、创新、厚德、包容”的“北京精神”，是一个很有意义的创举。现在，许多城市为了树立自己的形象，打造城市品牌，也有的是为了发展当地的旅游事业，提炼出自己的广告语。需要在这个势头上更进一步，逐步打造自己的文化特色和文化体系。

城镇文化一定要发扬奋斗精神和创业精神。我国的许多城镇就是靠这种精神发展起来的。老一辈人“闯关东”、“走西口”，是创业精神，20世纪60年代，大庆油田和大庆市是靠创业精神发展起来的，改革开放以后，沿海许多城镇也是靠创业精神发展起来的。农民工进城也是凭着一股闯劲和一种创造精神。这种创业精神应当作为全民族的财富永久保持下去。不管城镇规模多大，建筑物多宏伟，景象多繁华，日子多宽裕，这种蓬勃向上的进取精神应该永远发扬。

一定要借鉴西方教训，防止用“福利主义”替代精神动力。欧洲一些国家的债务危机就是福利主义的恶果。不少人变懒了，躺在国家身上靠福利为生，即使拖垮政府也在所不惜，以致流行这样几句话：“平时泡病假，工资照拿，福利尽有，一到游行示威，反对削减福利，涌上街头，什么病也没有了。”没有创业精神的社会是衰老的社会。

（七）社会和谐

城镇化将引发社会结构重大而深刻的变革。整个社会，将由以传统农村为主的社会结构转变为现代城镇为主的社会结构。

这将引起多方面的变化。在农村，家庭既是生活基本单元，又是生产、社会、政治的基本单元。在城镇，家庭虽然仍然是生活基本单元，但失去了生产、社会、政治基本单元的功能。在农村，人口的集群大多以传统的氏族形成。在城镇，人口的集群则主要是以社区的方式实现。人口的集聚，不仅打破了姓氏家族，而且打破了职业和籍贯的界限。在农村，生活是家庭化的，除疾病之外，一切生活服务都靠家庭解决。在城镇，生活变得社会化，大部分生活服务要靠社会解决。在农村，人们的活动相对封闭，交往的范围较小、内容比较单纯，信息不那么快捷，但彼此都很熟悉。在城镇，人们的活动更加开放，交往的范围较大，内容比较庞杂，信息非常快捷，但彼此变得陌生。

城镇化的过程中将出现一些新的阶层。除了原有的城市居民，原有的农村居民，在一个相当长的时期内，将存在着由众多人口组成的非城非乡的农民工阶层和新城镇人口阶层。

城市社会将发生重大变化并出现许多新的问题。防止城市二元结构的出现，是一个值得注意的问题。

这些方面都要求在城镇化过程中，必须加强社会建设，改善社会管理，才能建成和谐社会。

（八）绿色低碳

中共十八大提出要加强生态文明建设，并提出“美丽中国”的口号。所有的城镇，都应该既是经济繁荣的“宜业”城镇，又是环境友好的“宜居”城镇。实现“美丽中国”从一定意义上讲，比实现“富裕中国”还要难。例如，首都北京，就经济发展水平可以说已经实现了“富裕北京”，但离“美丽北京”还有艰巨的历程。环境问题、生态问题，根源在于粗放的经济、粗放的管理，而且，环境和生态问题具有很强的连通性。一个区域解决了，其他区域没有解决，仍然不能算解决问题。北京把有污染的企业从城市中心区迁到郊区，甚至迁到其他城市，不仅周边的河北省的污染严重，而且北京的雾霾天气仍然有增无减。

环境和生态问题，必须从源头治理开始。例如，能源消费是最大的污染源头，而根源在于我国的一次能源消费主要是化石能源：煤炭和石油。大量的煤炭发电，数量激增的小轿车，消耗越来越多的化石能源的同时，也就排放出越来越多的污染物。即使“节能减排”的措施有效，单位能耗减少，但都不能改变能源消耗总量的增长。必须改变能源结构，必须逐步从以化石能源为主体的能源结构，改变为以可再生能源为主体的能源结构。实行新能源革命，用以光伏为代表的新能源替代化石能源，才是根本出路。习近平同志在北京调研讲到治理雾霾时，第一个就讲到“压减烧煤”。

二、“美丽中国”必须有“健康城镇”

健康城市是世界卫生组织于 1984 年提出的，健康城镇包括健康人群、健康环境和健康社会关系，有 10 条标准。

一是为市民提供清洁安全的环境。

二是为市民提供可靠的食品、饮水、能源供应，具有有效的清除垃圾体系。

三是通过富有活力和创造性的各种经济手段，保证市民在营养、饮水、住房、收入、安全和工作方面的基本要求。

四是拥有一个强有力的互相帮助的市民群体，其中各种不同组织能够为了改善城市健康而协调工作。

五是能够促使其市民一道参与制定涉及他们日常生活、特别是健康和福利的各项政策。

六是提供各种娱乐休闲活动场所，以方便市民之间的沟通和联系。

七是保护文化遗产并尊重所有居民的各种文化和生活特征。

八是把保护健康视为公共决策的组成部分，赋予市民选择有利于健康行为的权利。

九是做出不懈努力争取改善健康服务质量，并能使更多市民享受健康服务。

十是能使人们更健康长久地生活和少患疾病。

三、新型城镇化的操作规范

城镇化是硬件和软件结合的系统工程。要顺利推进城镇化，必须正确认识和处理各个相关要素的定位和各个要素之间的关系。

推进新型城镇化的操作规范应该包括如下要点。

（一）以人口为核心

城镇化核心内容是农村人口的城镇化，即农村人口转变为城市人口。

城镇化的水平是用人口在城镇的集聚程度来衡量的。人口的状况，包括数量和分布的状况，是城镇化模式选择的最主要的依据。城镇化的过程实际上是恰当处理各类人群之间关系的过程，而城镇化的最终目的是造福城乡人民。在城镇化的进程中，“人”的考虑应该始终处于核心地位。我国到2020年的城镇化任务，可以概括为三个“1亿人”的问题：1亿农业转移人口在城镇落户，1亿人口的城镇棚户区和城中村的改造，1亿人口在中西部地区城镇化。

（二）以产业为支撑

工业、农业、服务业的发展是城镇化的支撑。“兴业”才能“兴城”。“业”的水平和规模，决定了“城”的水平和规模。两者是互相匹配的关系。“兴城”又要有助于“兴业”，“城”的水平和规模也制约着“业”的水平和规模。两者是互动互促的关系。要使城镇化的过程成为两者不断良性循环的过程。

（三）以环境做定位

这里说的环境，应该包括自然地理环境、经济地理环境、人文历史环境，也包括和其他城镇相互关系形成的城镇群体环境。一个城镇只是整个城镇体系中的一员，必须根据自己所处环境提供的条件和要求，来确定自己的城镇定位、城镇模式、城镇特色以及具体的城镇化道路。

（四）以城建为载体

城镇建设是城镇化得以进行的最主要的物质条件，城镇建设的水平制约着城镇化的质量。城镇建设是城镇化的最主要的实体体现，城镇化必然带来大量的城镇的崛起和发展。新型城镇化的许多标准都要落实在城镇建设上。城镇建设又是城镇化的最主要的成果，而且是可以延续千秋万代的历史性成果。目前二三十年的城镇建设，将决定未来二三百年中国的面貌。城镇建设有自身的规律。城镇建设具有不可逆性、长期性、综合性的特点，城镇建设的操作比一般的产业发展更复杂、更具社会性，也更具专业性。只有靠“官”、“产”、“学”、“民”相结合，城镇建设才能搞好。

（五）以土地为依托

土地是构成空间的最基础的载体，没有土地便没有空间。城镇化虽然不能改变一个国家原有的土地状况，但它会促成土地用途、土地功能、土地所有、土地在城乡之间的配置等方面发生重大变化。

我国虽有广阔的国土，但适用的土地，特别是耕地，按人均水平看，十分短缺。我国现行的土地所有制与市场经济接轨还存在着诸多障碍。在城镇化过程中，不仅有城镇用地和农业用地在数量上的争夺问题，还有土地征用过程中在利益上的争夺问题。土地问题又涉及农民的根本利益。这就使土地问题成为城镇化进程中的焦点和难点问题，必须用心慎重地加以解决。

（六）以资金为杠杆

城镇化最关键的运作杠杆是资金。兴业靠资金，建城靠资金，公共服务靠资金。没有钱办不了事，办不成事。有资金才能启动城镇化，靠资金才能把城镇化的各种要素整合起来，运转起来。城镇化需要巨额资金，包括有直接经济回报的资金和没有直接经济回报的资金。

推进城镇化不仅必须解决“钱从哪里来，钱往哪里用”的问题，还要解决“钱由谁用，钱怎么用”的问题。政府要善于利用财政资金，通过市场机制，启动社会各方面的资金投入。

（七）以制度做配套

城镇化不仅是硬件的改变，同时必须有软件的配套。软件就是制度、政策、管理。户籍制度、土地制度、财税制度、教育制度、社会保障制度、社会管理制度等，这些都要做相应的改变，政府的城镇管理、市民的城镇意识都要加强。

在城镇化的进程中，大城市在一定程度上出现新的“城市二元结构”是难免的。北京就有两种“城中村”，一种是城市迅速扩张，市区把原来的一些农村包围起来了，但是还没有“消化”。一种是外地人口进入城市而形成的相对集中居住的地区，例如有“浙江村”之类的“城中村”。无论哪种“城中村”，其收入水平和居住条件都和城市主体形成强烈的反差。针对这种情况，必须有恰当的制度和政策，必须有恰当的社会管理，防止这种反差的发展和蔓延，并逐步妥善解决这些“城中村”的问题。

要加强城镇管理，特别要注意培养一批专家型的城镇管理干部。

（八）以改革为动力

城镇化是发展和改革的结合部，城镇化既是一个发展的过程，也是一个改革的过程。发展中遇到的问题，要用改革的方法来解决。改革又是一个探索创新的过程。因此，必须提倡从实际出发的创新精神。

第三节 新型城镇化是持续发展之路

对新型城镇化的重大意义必须有充分的认识。

新型城镇化是中国经济和社会持续发展之路。

李克强总理提出要打造“中国经济的升级版”。打造“升级版”的核心是经济转型。中国的经济转型实际上包括两个转型。一个是发展方式转型。从“高投入、高消耗、高排放，低产出、低效益”的粗放型经营，转变为集约型经营。另一个是发展模式转型。从过分依靠外贸拉动，过分依靠外延发展的“两外模式”，转变为主要靠内生动力和内涵提升的“两内模式”。

经济转型有很大难度，在转型过程中还要保持较高的发展速度，就更增加了难度。这中间，推进新型城镇化就是我国经济持续发展的根本之策。城镇化既可以产生对经济持续发展的巨大内需拉力，又可以产生对经济转型发展的巨大结构推力，还是我国继续拓展与世界各国合作的可靠平台。

中国城镇化的重大意义超出国界。世界有眼光的经济学家都看到了这一点。诺贝尔经济学奖获得者斯蒂格利茨曾预言：美国的技术革命和中国的城镇化是21世纪带动世界经济发展的“两大引擎”。

一、延续“劳动力红利”

分析我国经济过去30多年的持续快速发展，国内外的学者都把“劳动力红利”归结为一个重要原因。

所谓“劳动力红利”就是产业发展有足够充足的劳动力供应，而且劳动力成本比较低，素质也在不断提高。

“劳动力红利”是从哪里来的？中国人口众多是基础条件，城镇化是实现条件。如果众多的人口仍然像过去那样，被拴在农村，从事效率较低的农业，还有什么“劳动力红利”可言？正是因为城镇化的发展，大批的农村劳动力被解放出来，转到城镇从事以工业为主的各种非农产业，“劳动力红利”才得以实现。

1978年，我国城镇人口只有1.7亿，2013年达到7.3亿。城市人口增长主要是农村人口向城镇的转移，其数量至少5亿之众，而且主要是劳动力。这些农民工，已经成为城镇劳动力和工业劳动力的主体。通常说的“劳动力红利”，主要是指从农村转移出来的这些劳动力的红利。

更要看到，中国农村的劳动力有吃苦耐劳的传统，能够胜任各种艰苦的工作岗位；来自农村的大量建筑工人，风餐露宿、日晒雨淋，城镇里一座座楼房在他们的手中拔地而起；他们对薪酬要求的参照系是原来农村的低收入，因此要求不高，较低的收入也能高兴工作；中国的农民是聪明的，许多农民工素质提高很快，有的成了工作岗位上的骨干。

我们常说中国经济有三大优势：本土市场优势、劳动力优势、基础产业优势。劳动力优势主要是农民工优势。**“劳动力红利”主要是农民工红利，农民工红利主要是城镇化红利。人们常说“劳动力红利”，但忽略了这个红利的源头原来是城镇化。**

现在，国内外都有一些讨论，认为中国将丧失“劳动力红利”。他们的主要理由是工人和农民工的工资在提高，中国的劳动力成本已经高于东南亚的一些国家，中国产品的低成本优势将难以延续，外国投资的选择地将会转移。

应该说，这些情况是存在的。但是，它们必然导致中国“劳动力红利”的丧失吗？回答应该是否定的。中国“劳动力红利”并没有丧失，而且将会延续。作出这种判断的根据，至少有以下几点：

一是中国劳动力的数量巨大，世界上没有哪一个国家可以取代。

二是中国劳动力供应后备充足。中国目前的城镇化正处在中期阶段，即使按照2020年城镇化率达到60%计算，未来7年还将有1亿多农民进城。世界上没有其他国家拥有这样雄厚的后备人力资源。

三是“劳动力红利”的实现，不光是劳动力数量问题，还有素质问题和条件问题。中国的劳动力经过改革开放30多年来的锻炼，素质已经有了很大的提高。同时，随着中国企业的技术进步，劳动力的工作条件也有了很大的改变，人技结合会创造更高的效益。

总之，对于一个正处在城镇化中期的大国来说，以此断定它将要失去“劳动力红利”，恐怕为时过早。或者说，这种说法给我们的启示应该是更加重视城镇化，并搞好新型城镇化。

二、跨越“中等收入陷阱”

也有人在谈论中国可能陷入“中等收入陷阱”。这个问题也与城镇化密切相关。

（一）“中等收入陷阱”概念

所谓“中等收入陷阱”，是指一些后发展国家，在突破人均GDP 1000美元的“贫困陷阱”之后，很快进入人均3000美元的“起飞阶段”。但达到人均3000～6000美元之后，快速发展中积累的矛盾集中爆发，自身机制和体制的更新陷入临界，由于经济发展自身矛盾难以克服，再加上发展战略失误和外部冲击，经济增长回落或长期停滞。人们把这种情况称为“中等收入陷阱”。

世界银行《东亚经济发展报告（2006）》提出“中等收入陷阱”概念，被认为陷入“中等收入陷阱”的发展中国家有巴西、阿根廷、墨西哥、智利、马来西亚等国。这些国家2007年已经进入中等收入国家行列，但后来一直停留在这个水平上，不仅经济增长缓慢，而且有的国家一度出现了负增长。

这些国家陷入“中等收入陷阱”的原因是多方面的，但其中一个重要原因就是城镇化过程中的失误。以拉美为例，它们以农村和农业的衰败为代价搞城镇化，大量的农民被迫流入城市，这种“过度城市化”，造成城市就业困难，社会公共服务短缺，出现了大量生活无保障的无业游民，导致社会纷争和社会动荡，经济发展停滞。“中等收入陷阱”不是“中等收入”造成的，而是决策失误造成的；不是城镇化造成的，而是城镇化中的失误造成的。

（二）我国与陷入“中等收入陷阱”国家的不同

按照人均GDP计算，我国也已经进入了中等收入国家行列。提醒防止陷入“中等收入陷阱”，是有必要的。但对此要进行分析。

我国的情况与陷入“中等收入陷阱”的国家不同：

一是我国的制造业在世界上有较强的竞争力，通过城镇化输入到制造业的劳动力从低成本方面增强了这个竞争力，因此城镇里不缺乏就业岗位。

二是我国的城镇化不是以农村和农业的衰败为代价的，在城镇化的进程中，采取了“以城促乡，以工补农”的方针，农业同样得到了长足发展。农村的土地承包制度保持基本稳定，转移成为城镇人口的农民工在农村还有承包地。在社会公共服务体系还不健全的情况下，这些承包地成了农民工们最大的社会保障，假如在城里混得不好，还可以回到村里，不至于成为无业游民。

三是从工业化和城镇化的关系看，我国虽然存在着城镇化相对滞后的问题，但并不存在过度城镇化的问题，农民工进城主要是靠工业化的拉动，而不是农业破败硬把他们逼到城里来的。目前，城镇化的滞后更多表现为身份转换的滞后。这是城镇化的深化问题。

四是在城镇化的进程中，党和政府及时地提出了实现社会和谐的问题，其中特别提出关注农民和农民工的利益问题，并采取许多相应的措施。

展望未来，如果说中国确实面临“中等收入陷阱”的话，那么，跨越这个陷阱的最重要举措，就是积极稳妥地推进新型城镇化，而不是放弃和惧怕城镇化。

三、“扩大内需”的根本之策

1997 年经济“软着陆”之后，中央强调“扩大内需”的方针，并采取过三种类型的扩大内需的措施。一是短期措施积极财政政策，即政府加大基础设施方面的财政投入以扩大需求；二是中期措施信贷消费，银行不再只把钱贷给生产者，也贷给消费者，以扩大消费，并在住房信贷和汽车信贷方面实现了重大突破；三是长期措施推进城镇化，这是扩大内需的长远的根本性措施。

（一）如何看待城镇化与扩大内需的关系

对城镇化是否能够扩大内需，社会上有一些不同看法。

有的专家和机构认为，城镇化并不能扩大内需，特别是不能扩大消费需求。他们的主要依据是，改革开放以来，特别是进入 21 世纪以后，我国城镇化进入了快速发展阶段，但消费对经济的拉动率并没有增加，反而有所降低。

这些专家和机构提供的具体统计数字如下：我国城镇化率从 1978 年的 17.9%提高到 2009 年的 48.3%，同时最终消费率却由 62.1%下降到 48.5%。2009—2011 年，城镇化率从 48.3%提高到 51.2%，最终消费率却从 48.5%下降到 48.2%。1985 年，消费对经济增长的贡献率高达 85.5%，但此后一直在 35%～50%徘徊。由此，他们得出结论：我国城镇化对消费拉动的促进并不明显，甚至呈现负相关。

虽然这些数据是客观存在的反映，但这个结论是片面的。

首先必须看到，随着城镇化加快，消费总量在迅速增长。2002—2011年社会消费品零售总额的增长，见下表：

年份	社会消费品零售总额（万亿元）	年增长率（%）
2002	4.8	
2003	5.25	9.1
2004	5.95	13.3
2005	6.83	14.9
2006	7.91	15.8
2007	9.35	18.2
2008	11.48	22.7
2009	13.26	15.5
2010	15.69	18.3
2011	18.39	17.1

从2002年的4.8万亿元，增长到2011年的18.39万亿元，十年间增长约3.8倍，年均增速16%以上。也就是说，这期间，消费不仅没有萎缩，而且消费总量的增长是巨大的。

值得注意的是，在此期间，城乡之间消费增速在逐年缩小。城乡消费品零售额增长幅度差距由2002年的7.7个百分点，缩小到2011年的1个百分点之内。

那么，为什么消费总量增长而最终消费率和消费对GDP贡献率在一些期间内反而下降呢？这主要是因为我国在21世纪初加入世贸组织之后，引进外资和对外贸易迅猛发展。这就出现两个结果：一个结果是GDP每年以10%以上的速度迅速增长，总量迅速加大。在计算消费率的时候，消费额是分子，GDP是分母，虽然消费额在迅速增长，但由于分母增长比分子增长更快，所以消费率还会下降。另一个结果，拉动GDP增长主要靠外贸、消费、投资"三驾马车"，外贸增长比消费增长更快，导致外贸所占比重增长更快，消费所占的比重自然就下降了。在分析这些数字的时候，必须注意绝对量和相对比率的区别。相对比率下降并不代表消费量的下降和萎缩。还要补充一句，外贸的发展与城镇化提供了足够的劳动力密不可分。

（二）消费拉动力不足的主要原因

在肯定30多年来城镇化促进了消费拉动的同时，也应该正视目前我国消费的拉动力还不够，还有很大的提高余地。

从根本上说，我国消费拉动力不足，主要还是农民购买力偏低。2011年，我国人均消费支出为18750元，农民为5633元，城镇居民是农村居民的3倍左右。也就是说，三个农民的购买力才等于一个城镇居民的购买力。我国应该有多少人被划入这个消费水平的范围呢？按城镇化率52%计算，农民还有6亿多人。其实，2亿多没有成为市民的农民工，他们虽然在城镇里工作，但实际上还保留着农民消费习惯，停留在农民消费水平上。这就是说，占全国大多数的8亿人处于购买力偏低的状况，全国的消费拉动力自然就会显得不足了。

（三）制约农民购买力的因素

目前制约农民购买力有诸多因素：

一是土地城镇化快于人口城镇化。一些地方失地农民利益受损，制约了消费提高。

二是大量农民工由于体制原因不能真正融入城市。他们仍然以小农的方式进行消费。“城市的二元结构”限制了消费增长。

三是社会保障未能跟上城镇化步伐。社会保障不到位，助长了存钱买房、养老、防病的储蓄动机，削弱了应有的消费增长能量。

四是从根本上说，农民购买力不高主要是农民收入水平还不高。而增加农民收入必须提高农业劳动生产率，提高劳动生产率必须减少农民，只有城镇化才能减少农民。这是一个铁律。

四、城镇化是扩大消费拉动的根本之策

存在消费拉动力不足的问题，不是因为城镇化，更不是因为城镇化过

度，恰是因为城镇化水平还不够高。

（一）城镇化必将扩大消费需求

从长远看，城镇化必将扩大消费需求。

城镇化会提高城乡居民的收入，居民收入提高，社会消费力必然随之提高；城镇化将不断扩大农村消费领域，打破城乡消费界限，产品消费结构必将改变，产品消费领域将不断拓展；城镇化促成了城乡一体化的实现，城市的消费水平和消费习惯必然对农村消费产生巨大的影响，现代化的城市消费方式将引领传统农村消费方式不断升级，农村传统的消费方式和生活方式，也将成为城市人群的新的消费领域，农家乐的普遍发展就是一个例证。

除了产品消费的发展和升级之外，服务性消费更会有长足的发展。城市人口在医疗保健、交通信息、教育文化、餐饮娱乐、旅游休闲、婴幼看护、养老服务等生活性服务性消费将迅速扩展，农村人口在这些方面也一定向城镇看齐，整个国家的消费拉动力必然迅速增强。

总之，城镇化是扩大消费拉动的根本之策，这一点是确定无疑的。

（二）城镇化扩大了投资拉动

城镇化扩大内需，除了可以扩大消费拉动之外，还应该包括扩大投资拉动。在过去的三十多年中，城镇化对扩大投资拉动所起的作用非常明显。无论是GDP的迅速增长，还是外贸的迅猛增长，都是以制造业的迅速发展为前提和基础的，而制造业的发展必须有足够的劳动力支撑。正是以大量的农民工为代表的中国的廉价劳动力，吸引和支撑了大量的投资，包括国内投资和国外投资。因此，无论是外贸拉动还是投资拉动，都离不开城镇化进程中所提供的大量的劳动力。

城镇化是规模巨大、内涵深刻的社会变动，它必然启动和推动许多产业的发展，开拓巨大的投资空间。根据《促进城镇化健康发展规划（2011—2020）》预测，十年间城镇化将拉动40万亿元的投资需求。这可能还是一个比较保守的数字。

近年来房地产业迅猛发展就是一个集中表现。

人均住房面积，由 1978 年的 8.1 平方米提高到 2012 年的 37.1 平方米。城镇居民成套住宅面积占城镇住房总面积的比重，由 1985 年的 24%提高到 80%以上。

2011 年城镇新建住房 9.5 亿平方米，是 1978 年的 25 倍。

2012 年，房地产开发投资 7.2 万亿元，是 1998 年的 20 倍。

房地产开发投资占城镇固定资产投资的比重基本保持在 20%左右。

房地产增加值占 GDP 的比重由 1998 年的 4.07%提高到 2012 年的 5.6%。房地产业对 GDP 增速的贡献，一直在 1～2 个百分点。

这些数字清楚地说明，城镇化带动了房地产业的发展。房地产业的发展，不仅直接带动了住房的投资，也带动了相关产业的发展，特别是家电、家具、家装等产业的发展。

城镇化通过消费拉动和投资拉动，拉动着国民经济的发展。考虑到我国正处在城镇化中期，其扩大内需的潜力是非常巨大的。

总之，城镇化是扩大内需的根本之策，是改变“两外模式”的根本之策。这一点必须明确，不能模糊。

五、助推发展方式转型

城镇化同时也是实现经济发展方式转型的根本之策。

（一）城镇化将调整国民经济大结构

中国经济的“粗放”首先表现在经济大结构上。中国已经成了世界第二大经济体，经济总量很大，但人均 GDP 在世界上只处于中等偏下水平。一个根本的原因是从第一次产业、第二次产业、第三次产业在国民经济中的比重看，仍然是一个落后的经济结构。

目前，我国第一、二、三产的比重关系，说大数，是 1∶5∶4 的关系。第一次产业的比重只占 10%。47%的人口只创造了 10%的 GDP，人均 GDP 不高的最主要的原因找到了。

只有通过城镇化才能转移出第一产业过多的劳动力，只有通过城镇化才能发展第二次产业和第三次产业。结论很清楚：只有城镇化，才能改变国民经济的大结构，才能继续增加 GDP 总量，才能不断提高人均 GDP 水平，才能跨越“中等收入陷阱”。

我们在谈论经济转型、结构调整的时候，往往更多地是关注工业内部结构和水平问题，这无疑是必要的、正确的，但我们应该更多地重视大结构的调整。对中国来说，城镇化的红利是更大的红利所在。

（二）城镇化将促进各个层次经济结构的调整

目前普遍存在的“产能过剩”，只是表面现象，必须认识到实质是结构问题。无论是重化工和轻工业的比例关系，还是高新技术产业和传统产业的比例关系，抑或是集约型产业和粗放型产业的比例关系，改变这些比例关系都是通过一加一减来实现的，即增加短缺的高水平的集约型的产业和产能，减少过剩的低水平的粗放型的产业和产能。考虑到经济增长需要保持一定的速度，也考虑到减少执行中的难度，必须实行“以加为主，以减为辅”的方针，先进的高水平的产业和产能发展起来，并通过市场机制的作用，才能把落后的低水平的产业和产能淘汰，而不仅仅是靠行政手段简单地把它们砍掉。

城镇化要建立许多新区，无论是开发区、工业区，还是高新技术产业区，都应该让新兴战略性产业成为新型城镇化“新”字最重要的体现之一，发展新兴产业应该是新型城镇化支撑的重点。

现在城镇建设中，有居住地产、工业地产、商业地产、市政地产，还应该有“科技地产”的概念。科技地产需要更强调提高城市建设水平，为新兴战略产业发展提供现代化的配套设施，包括现代化的营业设施、交通设施和信息化设施，也为新兴战略产业提供体制和服务的良好软环境，还要善于以新兴战略产业为主导，整合各种要素，提升企业素质。科技地产可以分为“专业化科技园区”和“科技新城区”两种样式。前者为专业性的企业集聚，后者则更多考虑科技和城市功能的结合。总之，新兴战略产业因新型城镇而发展，新型城镇因新兴战略产业而崛起。

（三）城镇化是能源结构调整的重要机遇

我国经济持续发展的最大制约因素是“能源瓶颈”，中国能耗总量大，能耗强度（单位 GDP 能耗）大，是日本的 7 倍多，美国的 3.5 倍，印度尼西亚的 1.7 倍。随着城镇化推进，能耗还会增加。我国城市人均能源消费是农村人均的 3.5 倍。

能源瓶颈的实质是能源结构问题。我国目前的一次能源是以化石能源为主体的，主要是煤炭、石油、天然气。这就带来“量”和“质”两个方面的问题。从量上看，能源短缺的问题会越来越严重。我国煤炭储量丰富，但石油储量较少，目前我国年消费石油已达 5 亿吨左右，60％以上靠进口，随着汽车保有量的增加和其他消费的增长，对进口的依赖肯定还会增大。这不仅会因大量石油进口、油价提高，造成我国经济效益和竞争力的降低，而且能源安全的问题也会越来越尖锐。从质上看，化石能源消费过程中不可避免地要产生有害物质对环境造成的污染。目前实行的“节能减排”没有跳出化石能源的范围，并不能从根本上解决问题。即使“节能减排”有效，也只是单位能耗的降低，我国经济正处在快速发展时期，随着 GDP 总量的增长，能耗总量肯定还会继续增加，化石能源对环境的污染程度肯定也会增加。“节能减排”已经搞了好几年，但 2013 年以来，不仅北京地区雾霾天气越来越多，越来越严重，而且在全国其他地方也出现了越来越多、越来越严重的雾霾天气。

我国 60％的城市没有达到空气质量标准。有关部门对 118 个城市多年连续监测，64％的城市地下水遭受严重污染，33％遭受轻度污染。雾霾、水荒、拥堵、垃圾等威胁着诸多城镇。城镇化率每提高一个百分点，平均需增加 4436 万吨标准煤、1093 万吨钢、3016 万吨水泥。同时，新增城镇生活污水 21 万吨，生活垃圾 527 万吨，生活化学需氧量 102 万吨，排放二氧化碳 3814 万吨。

雾霾，已经成了尖锐的社会问题，而它的根源在能源结构！

根本的解决办法就是实施新能源革命，用可再生、无污染的新能源替代化石能源，从而改变能源结构。

我国对新能源革命的重要性认识比较迟缓。我国光伏产品占据世界总产量的60%，但90%用于出口，自己利用不过10%。2012年欧美发达国家对我国光伏产品实施“双反”，一闷棍敲醒了我们。这一年，对我国光伏产业，可以说是“转折之年”，国家制定了一系列政策和采取了一系列措施鼓励和支持以光伏为代表的新能源的利用，新能源革命出现了新局面。但从实际状况来看，效果还不够明显。

新型城镇化是推进新能源革命的大好机遇。国家已经提出了“建筑节能”的要求，又正在推展“光电建筑一体化工程”，出台了发展分布式发电的电网政策，再加上光伏产业技术水平的提高，平价上网的条件基本具备，更多地利用以光伏为代表的新能源的时机已经成熟。城镇化过程中，一定会有大量的新市区、新建筑出现。如果新建的城镇和城镇新区，从一开始就重视能源结构问题，把能源消费更多地建立在新能源的基础上，再加上旧城区的能源改造，有更多的建筑成为光伏发电站，不仅增加了大量的能源供应，而且能够有效地减少能源消费造成的环境污染。能源供应充足而又没有能源污染的城镇，才堪称新型城镇。城镇化和新能源革命结合，是改变能源结构，保证经济持续发展的一个捷径。

新能源利用是新型城镇化的机遇，新型城镇化是新能源利用的机遇，让更多的人在城镇化和新能源革命结合中受益。

（四）打造城镇特色经济

我国经济持续发展遇到的重要问题之一，就是各地区各城镇的产业趋同，同质化现象比较严重。目前存在的产能过剩问题，产业同质化是一个重要原因。

在新型城镇化过程中，注意打造城镇特色经济，是实现我国经济转型发展的重要一环。

所谓特色经济，就是建立在比较优势基础上的差异化经济。市场竞争有同一竞争和特色竞争两种方式。同一竞争依靠的是“替代他人”，竞争激烈度高、成本高，故称为“红海战略”。特色竞争依靠的是“他人不可替代”，竞争激烈度低、成本低，故称为“蓝海战略”。这个原理不仅适用于企业，也适用于城镇。

一个城镇经济的持续发展，取决于它的市场竞争力，市场竞争力并不取决于它的规模，而取决于它有无特色。每个城镇都要努力建设有比较优势的、可持续发展的特色经济，包括有特色的制造业和有特色的服务业。在许多国家，都有“一城一品”、“一镇一品”、“一乡一品”的说法，这反映它们深知本地应当把有特色的制造业产品作为本地的一个特产，吸引外地顾客前来，以增进本地的繁荣。这里的“一品”，可大可小，但一定要有独特之处，才能驰名，才能立足。至于每一个城镇究竟选择什么样的产品作为本地的“一品”，那就要看当地条件，包括资源禀赋、城镇区位、历史人文、经济现状和城镇格局。

对任何一个城镇来说，都要不断根据本身的发展状况和市场竞争态势的变化来调整结构，其中包括对现有支撑产业的结构调整，以及对前景作出判断。用“居安思危”这四个字来告诫城镇领导者和企业经营者，并不是没有意义的。一些经济繁荣的城镇出现大起大落的教训，值得记取。

总之，城镇经济发展包含着这样一个逻辑：

——城镇经济发展取决于本地经济的市场竞争力；

——市场竞争力取决于本地经济有无特色；

——经济特色一定要形成产业集群和支柱产业；

——支柱产业和产业集群一定要由龙头企业带领；

——只有“高大名”企业才有资格做龙头企业；

——名牌企业和名牌城镇要形成互促互动；

——特色经济要不断提升。

我国已经出现了以特色经济为支撑的城镇。以县级市而论，有著名的义乌小商品城、寿光的蔬菜城、晋江的鞋城、永康的五金城等；以镇而论，有虎门的服装城、大冲的家具城等。它们的经验都证明了这个逻辑。

第四章

新型城镇化的重点课题

农民工市民化问题

土地问题

城镇住房问题

资金和财税制度问题

历史文化传承问题

随着城镇化的推进，户籍制度是一定要改革的。但对户籍制度需要有全面的认识。

在城镇化过程中，必然存在着数量巨大的、持续增长的住房需求，对这一点必须有充分的估计，估计不足就会处于被动地位。需求的释放虽然可以调节，但刚性需求只能通过增加供给来满足，不会因抑制需求而消失。

政府作用能够发挥的基础是政府的财力。地方政府的财力又和财税制度有直接的关系。考虑到城镇化进程中所需资金数额巨大和资金运行中的“时间差”问题，金融业的支持是绝对不可少的。因此，必须推动金融业继续深化改革，以适应城镇化的需求。

现代化的城镇，一定是多样化的城镇。如果说现代化的技术是保证多样化的手段的话，那么，文化的多样性，则是城镇多样化的灵魂。

城镇化应该坚持现代化创新和历史文化传承相结合，这种结合可以通过文化实体巧妙衔接和文化元素有机融合来实现。

第一节
农民工市民化问题

一、一个有中国特色的概念

在西方国家，城镇化初期，城市中资本主义经济关系已占据上风，而乡村中封建关系仍居于统治地位。随着工业化进程，陆陆续续有不少农民进城，城市化率提高，资本主义经济关系渐渐在全社会占据上风。在工业化初期，城市居民还谈不上社会保障，只是到了工业化中期以后，才有了社会保障制度。现在，这些国家无论城乡都是资本主义制度占支配地位，社会保障制度也早已覆盖全社会。这样，城市化率的提高只能反映有多少人住在城市，多少人住在农村，反映国内人口的居住集中程度。

在我国则情况不同，因为中国迄今为止还存在城乡二元体制，即城市户籍和农村户籍。中国目前所调查的城镇化率，并未把常住城镇半年以上的农村户籍人口剔除，所以城镇化率只能按照目前有多少人住在城市，多少人住在农村的统计数据。于是，出现了这样一个人群，他们住在城镇，从事非农职业，但没有城镇户口。于是就有了“农民工”这个概念。

“农民工”是一个具有中国特色的概念。

在我国，因为有城乡分割的户籍制度，这些人完成了地点转换、职业转换，但没有完成身份转换。他们原来是农民，现在已经进城务工了。按理应该称他们为“工人”，但他们没有城市户口，许多人也没有长期在城镇定居，与一般城市的工人不同，所以，不能称他们为“工人”；但也不能再称他们为“农民”，因为他们已经不务农了。于是就有了介于农民和工人两者之间的“农民工”的说法，于是就有了农民工每年候鸟式地在城乡之间的大迁移和大转移。

这个人群有多大呢？2013 年，我国城镇常住人口为 7.3 亿，其中有 2.3 亿是没有城市户籍的城市常住人口，即农民工及其家属。另外还有大约 1 亿流动于城乡之间的农民工。这两类农民工相加，总数应该有超过 3 亿之众。这是一个巨大的数目。从农民转换为农民工，是人口城镇化的过渡状态。这种情况可称为“半城镇化”，“地点转换，职业转换，身份转换”已经走过了两步，还需要继续前进。

目前，农民工群体呈现“两高两低”的状况：即新生代农民工所占比重高，分布的地域行业集中度高；文化程度和职业技能总体偏低，基本公共服务享受水平偏低。

农民工是一个有强烈追求的群体。他们突破了城乡的藩篱，从农村涌向城镇，涌向大城市、中等城市、小城市乃至小城镇，实质是从发展机会较少的地方涌向发展机会更多的地方，寻求“人生幸福”、“人生出彩”。他们遇到的是“四难四易”：进城易，落户难；同工易，同权难；生存易，过好难；共存易，融入难。

在城镇化进程中，对农民工这个群体必须给予充分的关注。农民工是成为一个总体稳定的群体，还是成为一个流动不定的群体？是成为一个良性发展的群体，还是演变成为一个没有出路的群体？是成为一个共享改革发展成果的群体，还是成为一个缺乏关爱、被边缘化的群体？这是我国城镇化过程中最大的挑战。

新型城镇化将进一步拆除城乡藩篱，不仅机会总量增加，而且获得机会的权利更加平等，使改革发展的成果为人们所共享，使各类人们都能够做到各得其所。

现在，“农民工市民化”的呼声很高，并且强烈要求加快户籍制度改革。对此需要具体分析，慎重对待。

二、市民化进程分析

需要从四个方面分析“农民工市民化”进程。

（一）要全面认识农民工这个群体

可以把农民工看作一个“母群体”，它包括利益取向不尽相同的五个“子群体”。

1. 第一个子群体是早期农民工

这一子群体主要是农村改革以后出现的剩余劳动力，他们为改善生活而进城打工，主要是想挣钱回家盖房，改善生活，开始并没有落户城镇的目的。

2. 第二个子群体是新生代农民工

这一子群体是在工业园区成长起来的一代。他们的文化水平和价值取向都与前辈不同，他们没有农业技术，不愿意回到农村，想做“真正的城里人”。

3. 第三个子群体是高速城镇化中被征地的农民

这一子群体是被动进入城市的，对一夜之间改变生活方式以及城镇里的消费负担忧虑深重，因而对补偿的诉求很高，以求得长期生活的保障。

4. 第四个子群体是富裕农村的“城乡人”

这一子群体在农村有较好的土地经营收益和集体经济分红，同时也在城镇里有选择性地打工。他们希望保留农村的既有权益，又充分享受城镇的公共服务。

5. 第五个子群体是回流人群

这一子群体是随着产业的区域转移，从东部回到家乡的农民，他们不是回乡务农，而是回乡就业和创业。他们希望东西部之间公共服务更均等，以降低回流成本，获得更高收益。

在“市民化”的问题上，有的学者通过调查否定了两个假设。一个假设是：所有的流动人口都以定居城市为目的。另一个假设是：所有家庭成员都向往居住在同一个地方。否定了这两个假设，也就否定了一个判断：户籍之门一旦打开，所有的“移民”都愿意变成市民。这就是说，如果我们推进农民工市民化是建立在这两个假设和一个判断的基础上，就会脱离实际。

并不是所有农民工都愿意成为市民长期留在城镇，他们的意愿是有所不同的。北京进行的一份调查表明，决心长期留在城市并成为市民的占38.2%，而在某个时间段还准备回乡的占45.2%，还有16.6%意愿未定。湖北省的调查显示，目前只有1/3的农民工愿意迁入城市。

还必须看到，在城镇化的过程中，会有一部分人，在一定时间内，宁可选择往返于城乡之间的“流动”，也不愿意立即选择在城镇或乡村“定居”。这些人可以称为“环流式移民”。他们认为，这种流动更有利，在城市获得的收入，可以比较容易养活生活费用较低的农村家庭，如果城市就业发生问题，还可以返回农村，经济安全系数更高。

影响农民工在城市定居意愿的因素，就农民工本人来讲，主要是三个方面的因素：

1. **农民工本人的收入水平和收入预期**

收入水平和收入预期较高的人，认为留在城镇可以生活得不错，定居城市的意愿就比较强烈。收入水平和收入预期比较低的人，觉得留在城镇生活并不理想，定居城镇的意愿则不高。

2. **农民工本人对农村的依恋程度**

有的农民工对农村老家难以割舍，一个是土地；一个是农村的人际关系；一个是农村生活习惯。他们进城的目的是为了挣些钱把家乡的日子过得更好，而不是在城镇定居。还有些农民工，喜欢城镇的环境和生活，对农村的依恋程度比较低，更愿意成为城市市民。年纪比较大的农民工，往往属于前一种，年轻的有文化的农民工，往往属于后一种。

3. **农民工本人的追求**

有一些农民工追求在城镇发展，但也有一部分农民工，在城里学到本事，积累了一些资金，希望回到农村施展才能。

这些情况告诉我们，城镇化主要是人口由农村转移到城镇，这是从宏观角度说的。从中观或微观的角度看，这种转移是多方式、多形态、多层次的渐变过程，这中间也不应该绝对排斥一定程度的“回流”。这种多层次的双向流动是有益的。它可以减缓市民化过快造成的压力，而且，一批在城镇里锻炼出来的能人回到农村，对于农业现代化和新农村建设都会发挥重要作用，将进一步夯实城镇化的基础。

（二）全面认识农民工市民化的条件

农民工市民化是有条件的，包括产业条件、住房条件、公共服务条件、城市规模条件、财政条件等。具备这些条件是一个发展过程，不能强求和揠苗助长。在条件不具备的情况下，勉强实现市民化会带来很多问题。不能用“三无”——无土地、无就业、无保障的城市人口来实现市民化。

一定要认识到，农民工在城里“安居”比“乐业”更难，因为需要的条件更高。“乐业”最重要的条件就是有足够的就业岗位，而“安居”至少要有城镇建设、住房和公共服务三个条件。

在调查中，农民工及其家属率直地说：“没有房子住，怎么在这里扎下根来?”买不起房子，租房又很困难，他们只好在城乡接合部的棚户区租到一两间简陋的木板房住下，有些只能在居民楼的地下室租一间住下。其次，他们希望孩子在城镇里有同等的上学机会。最后，他们希望能解决自己和家庭的看病问题，希望能同城镇居民一样享受社会医保待遇。不能认为农民工提出的是过高的要求，但要一下子解决这些问题确实存在着困难。

先算两笔宏观的账：

从公共服务条件看，据有关部门统计，2011 年我国 2 亿多农民工中，参加城镇养老保险的比重为 16.4%，参加医疗保险的 18.6%，参加工伤保险的 27%，参加失业保险的 9.4%。其实，这还只是档次比较低的公共服务。有测算显示，如果实现公共服务均等化，一个农民工转为市民，至少需要增加 10 万元的公共服务投入，2.3 亿人就需要 23 万亿元投入。

从住房条件看，按三口之家计算，2.3 亿人就是将近 8000 万户，即使按每户住房100万元计算，这又是80万亿元的投入。

两项相加，总共需要100多万亿元的投入。再加上为增加人口容量，需要扩大城镇建设，这更是一笔大钱。如此巨大的投入，不是短时间可以筹措的。即使有足够的资金，公共服务体系和大量的住房的建设，也不是短时间可以完成的。

如果从微观上看，那就更复杂了。每个农民工是否都有足够的钱购买住房，是否都有足够的财力在公共服务方面投入自己应该投入的部分，还是一个大的问号。

所以，农民工市民化是一个比较长的过程，必须尽力而为，又要量力而行，不是放开户籍就可以完成的。

（三）全面认识与“市民化”相关的问题

1. 农民工骨干力量的问题

20多年来，一些重要的工业企业吸纳了一批又一批青年农民工进厂工作。其中许多成为工厂里的骨干技工，但至今未能转为城市户籍。如果当地解决户口实在困难，就应该把他们及时分流到需要的地方。

2. 农民工对城乡联结所起的作用

还要看到，农民工起着联结城乡的作用，无论经济、社会、文化都是如此。有一批农民工在城里积累了一些资金，也锻炼出了经营才能，他们的志向是回农村施展自己的抱负，不必勉强把他们留在城市。农村缺少了城市要素、特别是人的要素的注入，也会缺少活力。不能把所有农村精英和骨干都吸收到城市中来，更不能通过人口城镇化，让农村精英骨干成为城市里的流动人口，不享受市民的生活待遇，把农村变成文盲和能力较弱者居住的地方，让城市和乡村出现“马太效应”。

3. 农民工在农村的土地和宅基地的问题

对于农民工在农村的土地和宅基地的问题，城镇中某些居民有不理解之处。他们认为，农民有承包地和宅基地，还要进城来享受城市的社会保障待遇，抢了原有城镇居民的福利。这是一个十分敏感的问题。

公共服务均等化是一个长期的复杂的过程，允许农民家属保留自己的承包地和宅基地并不是单纯“两头得利”，而是对过去几十年农民所受的不公正待遇的某种补偿。更重要的是，从一定意义上说，土地承包权、宅基地、房屋是农民的资产，是应该受到法律保护的，怎么能够因为要获得城镇户口就把这些财产剥夺了呢！况且农民工进城，有成功者，也会有“失败者”，当他们在城里混得不好时，这些就成了他们最重要的保障。如果连这些都没有了，就会变成流浪在城镇里的无业游民，酿成社会的不稳定。一些拉美国家城镇化的教训，我国是应该吸取的。

4. **城镇人口容量的条件**

“农民工市民化”除了上面讲的主观意愿条件、住房和公共服务条件之外，还有城镇人口容量的条件。如何具体操作，需要各地根据实际情况，创造实践经验。例如，有的地方采取积分制，根据农民工的职业状况、工作年限等条件指标，积到一定分数的，可以改变户籍。积分制的好处是：政策公开，机会平等，还可以鼓励农民工勤奋工作，刻苦学艺，忠于职守，也可以防止和杜绝不正之风。

(四)“农民工市民化”、“化在哪里”的问题

从目前我国农民工的分布来看，80%以上的农民工集中涌入的是东部沿海经济发达地区，特别是大城市和特大城市，而全国其他地方、中小城市和小城镇容纳的人口明显不足。

如果根据目前农民工常住地实行市民化，这就会出现两个问题，一个是固化了严重的人口分布不均衡的状况，增加未来调整的难度。一个是人口已经过度膨胀的大城市难以容纳。

北京统计局公布，2012 年北京户籍人口 1297 万人，比上一年增加 19.6 万人；暂住人口 784 万人，因为没有市民化，所以才能比上一年减少 41.6 万人。但是，到了 2013 年年底，北京常住人口达到 2114.8 万人，比上一年增加了 45.5 万人。2013 年年末户籍人口 1316.3 万人，比上年增加 18.8 万人；暂住人口 802.7 万人，比上年增加 17.3 万人。显然，人口膨

胀的势头并没有遏制住。

城镇化的过程，不仅需要人口在城乡之间流动，也需要在城镇之间交互流动和调整。

总之，农民工市民化是一个大趋势，又是一个多层次多流向的人口转移过程，不可简单化。在这个过程中，对农民工要做到“有工作、有尊严、有盼头、有自由”，“进得来、住得下、留得住、回得去”。从实际情况出发，分门别类，区别对待，创造条件，协调渐进，才是正确的方法。急于求成或草率从事，并非上策。

三、户籍制度改革问题

随着城镇化的推进，户籍制度是一定要改革的。但对户籍制度需要有全面的认识。

（一）户籍制度的作用和变化

首先，对户籍制度的形成和作用，应该有一个从实际出发的历史认识。

户籍制度始于新中国成立初期。1950 年 7 月，《城镇户口管理暂行条例》出台，统一全国城市户籍登记制度。1958 年 1 月，全国人民代表大会常务委员会审议通过了《中华人民共和国户籍登记条例》，这部条例成了首部与户籍管理相关的国家法规，并执行至今。

户籍制度的作用和变化大约可以分为如下几个阶段：

最初，主要以维护社会治安和居民登记为目标。

后来由于工业发展和城市人口增加，城市的粮食和日用品供给出现紧张局面，配给制度开始实施，对享受和不享受国家配给粮食的人群需要加以划分，“城市户口”和“农业户口”成为划分的标准。1958 年以后，形成了统购统销、人民公社、户籍制度三位一体的制度体系，“农转非”受到严格的限制。

改革开放以后，政府通过临时户口等措施，对从事非农产业农民进城有所放宽。1992 年，邓小平南方谈话以后，大量的农民工进城，一些地方开始了统一城市和农村户口的实验。

进入21世纪，政府提出了以工补农、以城补乡的方针，提出对农民工逐步实现公共服务均等化，并明确提出改革户籍制度。

从这个过程可以看出，户籍制度对新中国成立初期加强社会管理，对短缺经济条件下维护社会稳定，对在经济基础薄弱的情况下保证工业化的顺利进展，都发挥了重要作用。现在，则需要根据新的形势加以改革。

还要认识到一点，城乡二元结构存在的基础原因并非户籍制度，而是国家工业发展水平和农业发展水平，城市发展水平和农村发展水平之间的不协调。户籍制度体现了客观存在的城乡二元结构，只是根据这种结构采取的一种调控矛盾的措施。社会制度是上层建筑，它是经济基础的反映并作用于经济基础。

（二）户籍制度改革艰难的原因

户籍制度改革已成共识。但为什么仍然步履艰难？

户籍只是一个符号。身份权利既包括身份的属性，又包括身份背后的各种权利。如果不能赋予相应的各种权利，仅仅给一个户籍符号是没有意义的。但是，要赋予身份背后的权利，就不仅需要理念，同时更需要足够的物力、财力和城市的承载力。

在我国，户籍控制的程度与城市人口规模和人口增长速度成正比，其根本原因是兑现权利的能力和承载力与巨大的人口数量必须匹配。如果大量人口无限制地流入城市，城市的权利支撑力不够，就会出现更加严重的问题。在全国发展水平、消费水平和福利水平存在很大差异的情况下，放开大城市户籍控制，就相当于为数不多的几个大城市负责填平整个国家几十年来形成的福利和社会发展的沟壑，这是不可能的，也是不合理的，甚至是有害的。

（三）稳步推进户籍制度改革

户籍制度改革是一项复杂的系统工程，面临的情况复杂，需要兼顾的因素多，统筹推进的难度大，不能采取“一刀切”和“一拨轰”的办法，需要稳步推进。

一是要区别情况，分别对待。根据中共十八届三中全会精神，中央的方针提出全面放开建制镇和小城市的落户限制，有序放开中等城市的落户限制，合理规定大城市落户条件，严格控制特大城市的人口规模，每个城镇根据自己的情况确定自己的户籍制度的改革进度。

二是坚持自愿、分类、有序的原则。不能采取强迫的办法，让农民进城，让农民工“被落户”。可以优先解决存量，优先解决本地人口，优先解决进城时间长、就业能力强的人口。

三是创造条件，釜底抽薪。逐步改变户籍制度的内涵和作用范围，即逐渐让它回归人口登记和人口管理的单一功能，而把目前户籍制度与公共服务之间的联系，包括教育、就业、医疗、退休、养老等，有分别、有步骤地逐步减少、逐步弱化，最终达到抛开户籍的约束而实现公共服务城乡均等化和全民普及化。

从长远看，取消行政限制，让人口按照市场规律，在城乡之间、城镇之间自由流动、自动调节，才能使人口配置更合理，才能适应经济周期的变化，才是城镇化的最终目标。

《国家新型城镇化规划》给出的原则是：按照尊重意愿、自主选择、因地制宜、分步推进、存量优先、带动增量的原则，以农业转移人口为重点，兼顾高校和职业技术院校毕业生、城镇间异地就业人员和城区郊区农业人口，统筹推进户籍制度改革和基本公共服务均等化。

正是在这一改革精神的基础上，经过广泛深入调研和系统总结各地经验，2014 年 7 月 24 日，国务院印发了《关于进一步推进户籍制度改革的意见》（以下简称《意见》），紧紧围绕推进以人为核心的新型城镇化建设的内在要求，明确提出了改革的指导思想、目标任务、政策措施和实现路径。

这次户籍制度改革，决心之大、力度之大、范围之广、措施之实可谓前所未有。中央对新型城镇化建设作出全面规划后，决定在全国实施差别化落户政策，这对合理布局大中小城市和小城镇、合理引导人口分布将产生十分重要的作用。

《意见》提出了到 2020 年户籍制度改革的发展目标，主要包括两个方面：

一是有序推进农业转移人口市民化。进一步调整户口迁移政策，努力实现1亿左右农业转移人口和其他常住人口在城镇落户；稳步推进义务教育、就业服务、基本养老、基本医疗卫生、住房保障等城镇基本公共服务覆盖全部常住人口，逐步解决在城镇就业居住而没有落户人员享有城镇基本公共服务的问题。

二是基本建立新型户籍制度。通过进一步推进户籍制度改革，统一城乡户口登记制度，全面实施居住证制度，基本建立以合法稳定住所和合法稳定就业为基本条件、以经常居住地登记为基本形式的户口迁移登记制度，建成国家人口基础信息库，实现跨部门、跨地区信息整合和共享，以适应全面建成小康社会的需要，为推进国家治理体系和治理能力现代化提供有力支撑。

这次户籍制度改革，取消农业户口与非农业户口性质区分和由此衍生的蓝印户口等户口类型，统一登记为居民户口，体现户籍制度的人口登记管理功能。这标志着城里人和农村人身份上的统一，打破了几十年来城乡分割的户籍壁垒，是社会发展的一大进步。

当然，由于城乡发展不平衡，居住在农村的居民与居住在城里的居民原先存在的待遇差别的消除，需要有一个过程，需要加快推进基本公共服务均等化、加快推进城乡一体化发展，还要加快推进农村土地确权、登记、颁证，维护好农民的土地承包经营权、宅基地使用权和集体收益分配权。

第二节
土地问题

土地问题成为城镇化的焦点，除了存在着宏观和微观、眼前和长远、数量和效益三方面的矛盾之外，在我国城镇化的过程中，围绕着土地还存在着双重的“争夺”。

一、用地数量上的争夺

这是指城镇用地和农业用地之间数量上的争夺。

我国是一个耕地和城镇适用土地短缺的国家。但城镇建设一定要用地，城镇发展一定要扩大用地，首当其冲的是城镇郊区的土地。而这些土地一般都是比较好的粮田或菜田。这种争夺必须守住一个界限，那就是农业用地不能减少到不能保障粮食安全和农产品可靠供应的程度。

处理好经济发展和耕地保护的关系，在我国是一个头等重要的大问题。我国粮食消费量占世界的1/5，相当于全球年粮食贸易量的2倍，寄希望于靠进口解决粮食供应问题不现实，只能立足于国内。随着工业化推进，人口增长，城镇化发展，粮食消费结构升级和生活水平提高，粮食的刚性需求将持续增长，粮食安全面临的形势更加严峻。

《全国土地利用总体规划纲要（2006—2020年）》（以下简称《纲要》）提出必须坚守18亿亩耕地红线，同时提出建立三项制度：一是土地利用年度计划；二是建设项目用地预审制度；三是农用地转用审批制度。《纲要》特别强调，非农建设占地实行占用耕地补偿制度，“先补后占，占补平衡”。

为了守住18亿亩耕地这条“红线”，国家推出了最严格的政策，守住这条红线是很不容易的，因为守住红线是宏观的事情，城镇用地是微观和中观的事情，两者目标并不一致，往往造成尖锐的矛盾。虽然中央提出“占补平衡”的要求，但一些地方政府违规用地的问题屡有发生，屡禁不止，就是这个原因。

在18亿亩耕地这条“红线”面前，实际情况并不乐观。随着城镇化进程，耕地在持续减少。过去20年，我国城市建成区翻了两番，约有50%的城市扩张用地占用的是耕地资源。1997年到2011年，我国耕地减少1.26亿亩。从区域上看，城镇发展区域与优质耕地分布高度重合，城镇建设用地往往是城镇周边、交通沿线的优质耕地，而补充的耕地往往是处于生产条件较差的地区，这在东部沿海等人口密集和经济发达的地区尤其突出。从结构上看，建设用地往往是排灌设施齐全、生产能力高的灌溉农田和水浇地。10 年来，建设用地近 1/2 是水田和菜地，同期补充的水田和菜地不到 1/5。

二、土地利益上的争夺

这是指围绕各种土地征用过程发生的利益上的争夺。

（一）发生利益上争夺的原因

为什么会发生利益上的争夺？因为土地因用途不同、与各种要素结合不同，其价值大大不同。简单地说，土地和农业结合时，一般情况下，其创造的价值大大低于其和工业与商业结合时所产生的经济效益，农用土地价值比较低。反过来，土地和工业与商业结合时，所产生的经济效益大大高于和农业结合时所产生的价值，工商用地的价值则比较高。当然，城市原有的土地，由于用途的转换，也会增值。工业用地转换为商业用地，一般用地转换为商品房用地，都有一个很大的增值空间。

城镇化过程中，既有大量的城市土地用途的转换，更有大量的农业用地向城镇用地的转换。这个转换必然产生极其巨大的价值提升，是一块很大的“肥肉”。

“土地是不可再生的资源”、“地生钱的潜力巨大”，这个规律越来越被更多的人认识。前些年，一些地方政府提出“经营城市”，实际上是把土地盘活，用城市占地用途的转换，获得了发展经济和进行城市建设的资金。20 世纪 90 年代，一度落后的上海再次崛起的时候，不能减少对中央财政的上缴，主要就靠盘活土地筹集资金。

在城镇化进程中，这种转换更广泛地发生了。参与争夺土地增值利益争夺的，包括国家、企业、城乡居民等各类主体。以房地产开发而论，围绕着土地出让价格、房屋建造成本、房屋出卖价格等，都存在着各方面利益的博弈。

（二）土地制度和土地政策在利益争夺中的作用

土地制度和土地政策，在这场利益的博弈中起着重要的作用。依照我国土地所有制，城市土地为国家所有，农村土地为农民集体所有。城镇化过程中的城镇用地，只能从国家所有的城市用地中获得，不能直接占用农村集体所有的土地，如果要占用，必须通过国家征地，把农用地转换成为国家所有的土地。这就是说，国家、政府在土地一级市场上，占据绝对垄断的地位。

政府的垄断地位，决定了它一方面可以低价从农民手中获得土地；另一方面，它又可以以垄断形成的高价出让给房地产商。于是，政府可以从中获得巨额的转换利益。这笔巨大的收益，既可以搞工业园区、开发区，招商引资，发展工业，又可以大规模地搞城市建设，扩大城市规模，必然成为政府突出自己业绩的主要手段。政府的政策和政府的行为恰当与否，对土地的出让和利用有决定性的作用。

农村集体土地的产权性质，导致农民权益容易受到伤害。农村土地是集体所有制。这个集体一般是村。在人民公社解体之后，村一级既不是行政单位，也不是完整的具有法人地位的经济实体，村民委员会只是农民自治的管理机构。农民只拥有土地经营权，并不直接拥有土地所有权和处置权。集体所有制是不能退出的“共同所有”，导致在土地使用权流转中，农民受到政府和集体的双重约束，难以发挥主体功能。在农村土地流转过程中，地方政府“替民做主”的冲动强烈。市场交易中，交易主体平等自愿的原则并未得到体现，行政的“看得见的手”大包大揽。

土地的社会保障功能在一些地区仍然显著，农民仍然把土地作为各种社会保障的最后一道防线，是“命根子”，不愿意轻易放手。当农用土地被国家征用的时候，政府只能和代表集体的村干部进行商谈和交易，农民并不可能直接维护自己的利益。这就派生了一个新的矛盾，即村干部和普通农民之间的矛盾。有的地方，村干部大量贪占土地征用款，失地的农民得不到应有的补偿，利益严重受损。围绕土地问题，各地都发生过不少“群体事件”，既有征用价格不合理的问题，也有土地征用款被少数干部贪占的问题。因此，在土地问题上注意保护农民利益，是一个重大问题。

三、土地制度和政策的改革

对于土地转换中的利益分配问题，应该有一个全面的认识和统筹之策，需要全面研究目前的土地制度、土地政策和土地管理，并实行必要的改革。

（一）改革的目标和关键点

改革的目标是更好地实现国家、企业、居民——特别是农民——三者利益的统一和协调，让农民拥有对土地完整和稳定的权利，把交易自由和选择自由交还给农民，提高农民在土地增值收益中的分配比例。

改革的关键点是三者利益分配在数量上的测算和方式上的把握。例如，房地产开发商一度形成的过高的利润应该得到控制。例如，农民的利益不仅体现在恰当的土地征用费上，还应该考虑在农用土地转换过程中，如何使农民获得长期的具有保障性的收入来源。

（二）改革的方向

改革的方向是逐步减少行政因素的作用，更多地利用市场机制。

对政府从出让土地中获得收益，不应该采取一概否定的谴责态度，不能完全否定其一定的合理性。这种合理性体现在三个方面：一是政府提供了土地转换和增值的条件；二是政府的开支主要用于经济、社会发展和公共福利的项目；三是根据目前我国的土地所有制和市场机制还不够健全的情况，国家合理的控制比较能够保障土地转换的有序与合理。

从2008年到2010年的数据看，地方政府用于征用土地的成本占土地征用收益的比重大约为55％（主要是用于拆迁费用，占到总收益的36％），其余45％是政府的纯收益。这些收益主要用于城市建设，占到纯收益的60％，占到总收入的26％。在中央政府的督促下，这笔收益也有一部分用在农田水利建设和城市公共支出方面。城镇化必然要求城镇建设相应发展，而足够的资金是城镇建设的重要条件。现在，各地普遍出现的“土地财政”现象，与我国经济发展水平和现行的财政税收体制密切相关，不能认为是价值的误判和政策的偏差。过分依赖“土地财政”的问题，只有靠经济发展和财税体制的改革来解决。

全面落实经营性用地的招拍挂出让制度，积极利用地价参与宏观调控。在这方面已经得到进展，从“十五”期间到“十一五”期间，全国招拍挂土地面积由25%增加到67%，全国招拍挂出让款从1.17万亿元增加到6.54万亿元。

改革的根本方向是中共十八大提出的建立城乡统一的土地市场，充分发挥市场在土地资源配置中的决定性作用，同时发挥政府应有的作用。解决土地问题有三个底线：土地公有制性质不能变，耕地红线不能动，农民利益不能受损。在守住这三条底线的基础上，要积极进行土地制度和土地管理办法的改革，这就增加了改革的难度和敏感度。要积极稳妥，周密策划，把顶层设计和实践探索结合起来，先试点再铺开，切不可“一阵风”式地草率从事。

目前，“小产权房”问题令人头痛。它挑战目前的土地法律法规，是违法违规行为，任其发展可能造成土地市场的混乱。但它从一个侧面反映了对建立城乡统一土地市场的需求，反映了目前土地管理制度和方法对城镇化新形势的不适应。应该深入剖析“小产权房”现象，分析其产生的原因，从中找出规律性的东西，为建立城乡统一土地市场提供参考。农村的土地是一定要流转的，这是城镇化的需要，也是农民致富的需要。政府管理不是让它不流转，而是流转得更合理、更有益、更符合国家和人民的利益。正门打开了才能更有效地堵住歪门邪道。

四、节约用地是基本原则

土地资源短缺、人多地少，这是中国的基本国情，对节约用地提出了更高的要求。

城镇化必须处理好经济发展、城镇建设与节约用地、集约用地的关系，提高城镇用地利用率。城镇化不可避免地要占用土地，但需要警惕的是城镇用地规模增长过快。现在，这一问题已经出现。从2000年到2012

年，全国每年建设用地总量从3019万公顷增长到3568万公顷，城镇用地面积增长了70%，但建成区人口密度下降，粗放利用程度加重。全国城镇工矿人均用地从130平方米增加至142平方米，人口密度从每平方公里7700人降至7000人。

节约用地，提高土地利用率，需要解决几个问题：

（一）端正指导思想

邓小平同志在1957年就讲过，城市和企业的重大建设是“骨头”，满足群众生活的服务业和社会事业是“肉”，骨头和肉要有机结合。他特别指出，规划是必需的，问题是怎样规划。指导思想有问题，规划得不好，会造成大的浪费。“我们国家大，搞一点富丽堂皇的东西表示我们的新气象，我不完全反对，但是不应该搞得太多。”他的这些指示在今天仍然有很强的针对性。大马路、大广场、大园区似乎成为一种时尚，工业用地偏多，生活用地偏少，建设用地偏多，生态用地偏少，成为普遍问题。

（二）爱护农田，特别要爱护良田

虽然我国粮食实现了“十连增”，但考虑到水地资源和生态环境的压力越来越大，人口增长的压力越来越大，保障粮食安全的任务越来越艰巨。耕地红线不仅是数量红线，也包含质量红线。出于利益驱动，城镇占用大量郊区良田，是很不合算的，不能让城镇化压倒了农业现代化。土地利用应该有新思路，城镇不一定要“摊大饼”式地连片扩展，可以跨出去、串联式、卫星城式发展，形成城区和农田交错和交织，不仅保护了农田，也改善了城镇的生态。在现代交通发展的情况下，这应该是上策。

（三）用好城镇土地存量

目前，城镇工矿建设用地中，处于低利用状态的有5000平方公里，占全国城市建成区的11%。城市地下空间利用率普遍不高。这两项相加，土地存量的开发潜力很大。那些已经占地很多的大城市和特大城市，应该更多地做存量和地下的文章。

（四）注意城镇的空间结构

只注意产业结构，忽略空间结构，是普遍存在的问题。全国城镇的布局是一个大结构。每个城镇又都有自己的空间结构。城市有生产区、生活区、生态区，有商业区、文化区、行政区，这些区的面积大小、位置安排，都是空间结构问题。空间结构合理，土地利用率就高，城镇的运行效率和效益就高，人们的“宜业”和“宜居”的程度就高。要把单位面积土地的经济效益率和人口容纳率，作为城镇化的重要指标加以考核。现在，工业用地比重过大，生活和生态用地比重偏小，值得注意。一些地区在招商引资过程中，对工业用地实行“零地价”，甚至用财政返补的办法实行“负地价”，是造成工业用地粗放的主要原因。

第三节
城镇住房问题

一、城镇住房的多重性和多样性

（一）城镇住房是一种特殊产品，它包含着多重性质

首先，城镇住房是一种商品，必须按照价值规律和供求关系，通过市场交换提供这种产品；同时它又是人们生活的基本必需品，自古就有“安居乐业”的说法，满足人们的基本住房需求，是社会稳定的要求，因此，它又带有公共服务产品的性质。

其次，就商品而言，城镇住房要满足由基本必需品到改善性消费品，再到享受性的奢侈品的多个层次的需求。

最后，城镇住房不仅是耐用消费品，而且是资产和财产，具有投资价值和保值增值功能。

只有对住房的多重性有了充分的认识，才能正确解决城镇的住房问题。

（二）城镇住房性质的多重性，决定了城镇住房类型的多样性

我们可以从经济学中对产品的分类来认识这个问题。

社会产品可以分为公共产品、准公共产品，私人产品三大类。

公共产品是指政府向居民提供的各种服务的总称。诸如外交、治安、司法、行政管理、宏观经济调控等，都是公共产品。此外，由政府提供经费的教育、卫生保健、社会保障等服务，也是公共产品。公共产品是一种没有排他性的服务，向全体居民开放，供全体居民享用。提供公共产品所需的费用来自财政支出，源头是企业和个人缴纳的税收。

私人产品是指居民或企业通过市场交易而提供的产品或服务。私人产品是有排他性的服务。当某个居民享用了该种服务后，可能会减少其他人享用该种服务的机会。私人产品的供求是通过市场交换进行的。

介于公共产品和私人产品之间的是准公共产品。准公共产品是由某一社会团体提供的服务。这种服务有一定排他性。比如说，某个俱乐部专门向其会员提供的服务，不是会员不能享受。提供准公共产品的费用，一般是由参加该社会团体的成员按照章程向该社会团体缴纳会费或捐赠。

按照经济学的分类，城镇居民住房可以相应地分为公共产品、准公共产品和私人产品。

属于公共产品的城镇居民住房，可以分为廉价房和平价房，每一类又可以再分为出租和出售两类。这样就有了廉价出租房、廉价销售房、平价出租房、平价销售房四小类。这些住房由于政府承担一部分费用，所以被列入公共产品的范围。这些住房不得私自转让和销售，必须先退给政府房产管理部门，才能另行申请租房或买房。廉价出租房、廉价销售房、平价出租房、平价销售房的提供，之所以按公共产品对待，一是因为出租对象和购房对象是低收入家庭，所以政府要承担一部分费用，并采取严格的限制条件；二是因为城镇可供建设居民住房的土地是有限的，要用有限的土地资源解决城镇居民中大多数人的住房问题，政府不能置之不顾。

再看准公共产品部分。在城镇居民住房方面，准公共产品性质的住房可以发挥一定作用。比如说，根据中国多年来的实践经验，在城镇范围

内，企业（主要是国有企业）为本企业的干部和职工修建家属宿舍，高等学校和职业技术学校，也包括部分中小学，为教职员工修建家属宿舍，还有一些大的事业单位也为本单位职工修建家属宿舍等，这些都是准公共产品。宿舍如何分配由内部制定的规则决定，产权转让也是有条件的，通常只能由本企事业单位回购而不能自行出让给他人。

城镇住房的主体一般是作为私人产品提供。这类住房的提供，是完全按照市场规则和市场价格进行的。买房者拥有产权，或自己居住，或出租、出卖，可以自主处置。这不是政府所要管的事。政府要管的一是土地使用是否合乎规定；二是住宅建设是否符合城镇规划，是否符合环境保护的要求；三是建筑质量是否合格，是否安全；四是房价由市场决定，但政府可以采取恰当的措施进行调控。

城镇住房的多重性和多样性，是对城镇住房的基础性认识。

二、正确估计住房需求

近年来，城镇住房紧缺和房价上涨过快的问题，已经超出经济领域，成为普遍关注的社会问题。同时，住房紧缺、房价上涨，又制约了城镇化的进程，特别是制约了农民工市民化的进程。

分析城镇住房问题，首先要正确估计住房需求。

有些从美国考察回来的人说："美国青年人不急于买房子，为什么中国青年人一工作就急于买房子呢?"这是由国情不同和所处城镇化阶段不同所决定的。美国土地比较宽裕而且完成了城镇化，只占全国人口的百分之几的农业人口，在农村有自己的家庭农场，不会涌入城镇打工。

中国则完全不同。中国现在还处在城镇化中期，必然有大量农民及其家庭进城。特别是新一代的农民工，想成为城镇永久居民，他们认为，在城里有了住房，哪怕面积很小，也表明自己是城里人了。

改革开放以来，特别是1998年实行住房制度改革以来，我国城镇住房建设发展很快。2011年城镇新建住房9.5亿平方米，是1978年的25倍。人均住房面积则由1978年的8.1平方米提高到2012年的37.1平方米，住房质量大幅度上升。

那么，为什么住房还会如此紧缺，房价还会上涨得如此快呢？关键是供给赶不上需求。

从国情看，我国适用土地短缺，城镇用地一直控制比较严格。无论过去、现在还是将来，土地都是制约住房建设规模的重要因素。

从历史看，20 世纪 90 年代末房改之前，我国一直执行的是福利分房制度。房地产不可能成为一个产业，严重地限制了住房建设的发展，那个年代住房短缺就已经很严重。这个历史欠账，要加码来还。

更重要的是，从 20 世纪 90 年代以后，我国城镇化进入了快速发展时期，大量的人口如潮水般地涌进城市。再加上城市原有人口的自然增长和住房改善需求。此外还有原来质量很差的住房需要改造。目前，全国城镇和建制镇中，居住在各类棚户区、危房、不适宜居住的房屋的大约有 4200 万户，涉及 1 亿人口。

土地制约，历史欠账，大量的住房新需求，大量的旧房要改造，这四个因素加在一起，住房怎么会不紧缺？住房严重紧缺，必然又促成房价上涨过快。

从国际经验看，在城镇化过程中，住房需求既有数量方面的需求，又有质量方面的需求。住房总面积要增加，人均居住面积要增加，住房的功能要增加。已经完成城镇化的发达国家，在住房的数量、人均面积、住房功能、居住环境等方面已经达到较高水平。2010 年，美国的人均住房面积是 66.7 平方米，德国是 42.9 平方米，日本是 40.2 平方米，英国是 39.6 平方米。每户平均有 1.15 套住房。这是经过七八十年乃至上百年城镇化的结果。

这些国家的住房发展建设大致经历了三个阶段：一是数量型发展阶段。这个阶段的特点是住房短缺，房价高涨，大量居民住房困难。主要矛盾是增加住房数量，可称为“忧居”阶段；二是数量发展和质量提高并重阶段。这个阶段主要特点是住房已经不短缺，但部分地区供需关系仍然紧张，房价呈上升较快趋势。同时对住房的质量和功能提出了更高的要求。这个阶段可称为“有居”阶段；三是提升质量和环境水平阶段。主要特点是供需矛盾已经解决，住房总量、户均住房套数都达到了较高水平，住房需求更加个性化、多样化、更加注重功能、环境和服务的居住品质。这个阶段可成为“优居”阶段。它们根据不同阶段采取不同的政策。

国际经验还表明，在城镇化率达到50%以后，住房矛盾会加剧。我国正处在这个阶段，而且城镇化的速度比许多国家都快。在类似阶段，英、德、法、美等国的城镇化速度年均递增0.5%，日本、俄罗斯、巴西、墨西哥都低于一个百分点。我国1996—2011年的城镇化速度都超过一个百分点，而且人口绝对数量多、住房需求量大、原有住房基础薄弱，住房紧缺和房价上涨的问题突出就成为一种必然。

我国城镇住房的需求有多大?

以深圳为例，1980年常住人口31.4万人，2010年达到1037万人。30年，接纳移民1000万。一个城市需要解决的住房数量，就与整个美国在此期间增加的城市住房数量大体相当。

从全国看，1978年我国城镇化率是17.9%，当时城市人口1.7亿；到2012年，城镇化率达到52%，城镇人口超过7亿。30多年时间，城镇人口增加了5亿多，折合成三口之家，就是增加了1.6亿户以上人家，至少需要1.6亿套住房。其中，2.3亿农民工如果要在城里安居，折合三口之家，也需要8000万套住房。2020年城镇化率达到60%，城镇人口至少还要增加1.3亿，还要增加4000多万套住房的需求。

在城镇化过程中，必然存在着数量巨大的、持续增长的住房需求，对这一点必须有充分的估计，估计不足就会处于被动地位。需求的释放虽然可以调节，但刚性需求只能通过增加供给来满足，不会因抑制需求而消失。

三、城镇住房是一个综合性问题

城镇住房是一个综合性问题，它涉及诸多方面的关系：

（一）住房价格和住房成本之间的关系

房价上涨受到多种成本的影响，包括土地成本、人工成本、建设成本、原材料成本、资金成本和税收成本等。

（二）眼前价格和长远质量之间的关系

这是个隐蔽的矛盾。房地产产品是一种长期使用的高价值和高价格的产品。在购买时，价格因素往往起更多的作用，但就其产品在长期使用中的效能来说，质量是更重要的。只考虑满足眼前的需求，一味压低房价，建造许多价低但质劣的“经济适用房”，从长远看很可能成为无法解决的包袱。

（三）各个环节和整个链条之间的关系

房地产的产业链条很长，生产周期也很长，从确定项目、征地拆迁、工程实施，到完工销售，至少要有3～5年的周期。在这个周期中，每个要素、每个环节将发生怎样的变化，事先很难预测，而且各个环节出现的消极因素，都会在整体的产业中积累起来。在信息不对称和土地垄断的情况下，这些消极因素的积累是不容易察觉的。房价的上涨往往是一种难以阻挡的浪潮，房地产泡沫往往是多方面因素共同助推下在不知不觉之中形成的。

（四）房地产业和金融业的关系

可以说，没有任何一个其他产业像房地产业这样，与金融有如此密切的关系。无论是房地产企业买地建房还是居民买房，都是通过大量的金融信贷进行的。到2013年5月，我国金融机构发放的房地产贷款总余额为13.4万亿元，占各项贷款的19.9%。其中，地产开发10418亿元，占全部贷款的7.8%，房产开发32396亿元，占全部贷款的24.2%，房地产开发企业平均负债率75%。个人购房贷款余额89264亿元，占全部贷款的66.7%。到2013年5月末，个人住房按揭不良贷款余额为226亿元，比年初增加15亿元，不良率为0.29%，总体风险可控。从世界各国的情况看，如果房地产业出现大起大落，发生了泡沫破裂，银行必然发生大量的呆账，进而引发金融危机。

（五）房地产业与区域经济之间的关系

房地产市场具有很强的地域分割性。房地产的产品——住房，在地域之间不能流通。房地产状况主要和当地经济社会发展状况联系在一起，住房价格在热点一线城市和一般的城镇之间，绝对差距很大。各地政府的房地产政策是不尽相同的，有的城市只允许当地有户口的居民购买住房，有的城镇则欢迎外地居民在当地购买住房。所以，房地产市场虽然要受到全局的影响，但其实质永远是地方市场。房地产产品只能在当地消化，不能把房子运到其他地方去卖。

（六）住房的消费属性和资产属性之间的关系

房产首先是生活必需品，是不可或缺的耐用消费品。同时，房产又成为可获得收入的资产，成为能够保值增值的财产。而且，从人类历史看，房产是最重要的财产，成为可以传世的遗产。与货币资产相比，它是更稳定的资产和财产。房产的多重性必然引起房产的多种需求，有满足生活需要的刚性需求，也有生财之道的投资需求和投机需求，还有保值增值的财富需求。房产可以在使用中增值。在20世纪末期，北京的一套两居室的住房其价格和一辆奥迪车相当，但十年之后，奥迪车报废了，这套住房住了十年，却可以换来四辆奥迪车了。由于不同的房产机遇，人们可能在短时间内轻易地拉开收入和财产的差距。

（七）不同居民不同诉求之间的关系

住房的诉求是多元化的。有钱的和少钱的，没有住房落脚的和已有住房希望改善的，急切需要购房的和不那么急切购房的，已购买住房和没有购买住房的，原有城市住户和新进城的农民工，为解决自己住房需求的和搞住房投资的，他们的诉求是不同的。住房需求是典型的“众口难调”，不可能制定一项让所有人满意的政策，只能选取“最大公约数”。

（八）住房政策和国情的关系

解决住房问题，不能离开人口和土地的基本国情条件，也不能离开国民经济发展水平的基础条件。城镇人口密度的规划，直接影响到住房建筑的类型。在我国这样的人口大国，从主流来说，每套住房面积过大是不可取的，占地过大的平房是不可取的，不仅要搞多层建筑，更要多搞高层建筑。

（九）旧住房和新建住房的关系

住房市场有一手房市场和二手房市场，两者不同又互相影响。

（十）破旧的棚户类住房和合格住房的关系

许多城市都存在着破旧的大杂院和棚户区。住在棚户的人，可以说有住房，又可以说没有合格的住房。在一定意义上，这是最复杂的问题。

大杂院式的旧房屋，是农民进城聚集的地方，非常拥挤，没有厨房，屋檐下摆个煤球炉，院内没有厕所，生活非常不便。随着农民工越来越多，原来的大杂院挤不下了，又搭起简陋的房子，于是在城乡接合部又出现了棚户区。在许多地方，大杂院的问题、棚户区的问题，又和老城区的改造搅和在一起。

这种情况下，住房问题不仅是盖新房的问题，而是“破旧”和“立新”如何结合的问题，由于资金难以落实，涉及居民众多，诉求各种各样，解决起来更加困难。在这方面，一些地方在实践中探索出一些经验。

总之，研究和解决城镇住房问题，必须全面认识上述十个方面的关系，并把握其中的规律。

四、符合实际的政策目标

城镇住房关系经济发展，关系民生，关系城镇化。政府要想把这方面的工作抓在自己的手上，关键是制定恰当的政策。

（一）要把“有房住”作为政府的政策目标

必须分清两个概念：“有房住”和“有住房”。这两个概念是不同的。“有房住”，是指努力做到每户居民都有房子住，而没有涉及他们有没有自己房产的问题。他们住的房子，可能是自己的，也可能是租别人的。“有房住”，既可以通过“买房”实现，也可以通过“租房”实现。“有住房”，则是指每户居民都拥有自己的住房，都有自己的房产。“有住房”只能通过自己购买住房一条路实现。“有房住”只强调满足居民的消费需求，“有住房”则不仅强调满足消费需求，而且包含满足财产需求。**消费需求和财产需求是分离还是合一，是两者的根本区别。**

世界各国，包括成熟的发达国家的经验都证明，政府只能选取“有房住”的政策目标，并执行租房和买房“两条腿”走路的政策，而不能选取“有住房”的政策目标，执行只能买房的“一条腿”走路的政策。道理十分简单：即使是居民收入很高的发达国家，也做不到每个人都有足够的钱去买房，何况我国这样的发展中国家！

在深入观察和研究住房需求时，我们还可以发现这种需求本身就是多样化的。有些人在一定时期宁可选择租房，也不选择买房。当一个人到某个城市只是临时工作的时候，或者他觉得自己手头的钱购买的房子并不能使自己满意的时候，可能选择租房解决眼下的居住问题，而不是一定去买房子。

许多人喜欢把收入水平和房价做对比，说明中国的房价如何之高，但这并不能解决问题。能够把房价压低到符合所有人 4～5 年总收入的水平吗？显然是做不到的。近年来，国务院连续采取了抑制过高房价的措施，这些措施集中在抑制购房需求上，而且力度很大，但并没有达到预期的效果。截至 2013 年 11 月，国家统计局公布的数据，10 月份，进入统计的 70 个城市，只有温州一个城市的房价略有回落，69 个城市房价都在上涨，北京、上海等城市房价上涨幅度竟达到 20%。如何破解其中的奥秘，很值得思考。

这里提供一组被人忽略的数据：

在已经完成城镇化的发达国家，居民收入水平比较高的国家，居民的租房率仍然相当高。法国、加拿大、日本租房率在 40%左右，德国为 60%，瑞士在 70%。

这是有一定道理和规律的。它告诉我们，住房政策的目标取向只能是买租兼顾的“有房住”，而不应该是只买不租的“有住房”。

1998 年房改之前，我国的住房政策是“只租不卖”，是一条腿政策；房改之后，变成了“只卖不租”，仍然是一条腿政策。这是房价过高并且难以调控的基础原因。

住房是刚性需求，所有的住房刚性需求都去集中冲击市场，当然就会供不应求。在城市人口迅速增加的情况下，这种供求矛盾就会更加尖锐，供不应求又必然刺激了住房的投资需求和投机需求。同时，房地产又是可以保值增值的固定资产，在银行利率偏低、股市又长期低迷的情况下，买房更成了财产保值增值最重要的手段之一。刚性需求、投资需求、投机需求、增值需求合在一起，使有房住的、没房住的，有钱人、没钱人一齐冲击住房市场，房价焉有不上涨之理！

只在房价上打主意并不能解决住房问题。目前政府大力推行的“经济适用房”，存在着三个问题：一是价格双轨制必然造成市场混乱和官员腐败。诸多“房叔”、“房姐”的出现已是证明；二是为压低经济适用房房价，难免压低成本，造成房屋质量低劣，这些住房将来定会变成包袱；三是即使有保障性的低价住房，也难以解决农民工的住房问题。例如北京，2013 年要建设两万套 200 万元以下售价的保障性住房，规模可谓不小。但是，北京常住外来人口是 802 万，折合四口之家是 200 万户，用卖房的办法满足他们的需求，要用 100 年的时间，还必须假定他们都有足够的买房钱。

这些都说明，解决城镇住房问题，首先必须树立正确的政策目标，把一条腿走路的“有住房”的目标完善为多条腿走路的“有房住”的目标，这才是逐步解决住房紧缺和房价上涨过快问题的根本之计。

（二）住房问题是伴随城镇化进程长期需要解决的问题

住房紧缺、房价上涨，确实是人民群众关切最多的社会问题。政府必须对这个重大的民生问题给予足够的关注，并采取相应的政策和措施加以解决。

但是，必须看到解决住房问题的复杂性、艰巨性和长期性。我国城镇化率刚刚过 50%，其中城镇人口中有大量没有住房的农民工，今后还会有大量的城镇人口增加，至少在 10～20 年内，这是一个不断增长的巨大的需求变量，必须把它作为一个长期才能解决的问题来对待。

在这个相当长的历史时期内，政府的政策目标只能是缓解住房紧缺、房价上涨带来的矛盾，包括防止住房紧缺转化为严重的社会问题，防止房价大起大落造成严重的经济问题，防止围绕住房的利益分配失衡造成两极分化和社会动荡。如果想在短期内最终完全解决住房问题，就会导致决策的简单和急躁，出现事与愿违的结果。

（三）引导树立符合实际的消费观

政府树立正确的恰当的政策目标，还必须让社会公众所接受、理解和支持。要如实地把房地产业和城镇化的规律，把解决住房问题的复杂性、艰巨性告诉民众，把政府政策目标是“有房住”而不是“有住房”如实告诉民众。要努力解决居民的住房问题，但不要把房价问题持续炒热，不要吊高民众的期望值，政府更不要脱离实际可能做出不能兑现的空洞许愿。

目前，政府、学术界、民众对住房问题的议论只集中在房价上，这是可以理解的，因为房价是涉及面最广的现实问题。但就房价说房价，并不能全面认识住房问题的内在规律，也不能有效解决房价问题。国务院近些年采取了力度很大的防止房价上涨的措施，从实际效果看，没有达到预期的目标。国家统计局定期发布各城市的房价信息，意在督促各地政府采取相应的措施，抑制房价，但因房价不降反升，负面作用较大，反而降低了政府的威信。

政府、学界、媒体都需要注意改善住房问题的舆论导向，不要仅仅把它当作热点来炒作，更要当作难点来认识和破解。特别要注意引导居民建立符合实际的住房消费观，不要再强化“人人有住房”的期望，更不要强化只要降低房价就可以实现这种期望的误导。要引导建立“有租有买，先租后买，先小后大，先低后高”的从实际出发的住房消费观，这也是世界通行的住房消费观。

五、制定综合性的住房政策体系

解决好城镇住房问题，关键是根据中共十八届三中全会精神，发挥市场的决定性作用和更好地发挥政府作用，制定和完善与城镇住房相关的政策体系。

这个体系应该包括供方、需方、市场三个方面。

（一）政策体系中的供方

解决供求关系紧张的根本之计是扩大供给。

处于城镇化中期的我国，房地产业是一定要持续发展的。如果说这个产业的暴利时期即将过去的话，那么这个产业的持续发展时期并没有过去。有人把“抑制房价”说成“打压房地产”，其实是一种误解。

房地产业是国家的支柱产业之一，对国民经济发展有很大的推动力，近年来在GDP增长速度中，始终占有1～2个百分点的贡献率。从扩大内需拉动的角度看，住房是很强劲的内需，不能一方面苦于扩大内需无路，一方面又一味地抑制房地产的需求。

房地产业是国家税收的重要来源。我国税收体系中与房地产有关的税种中，不仅有营业税、城建税、印花税、企业所得税、个人所得税五种普遍调节税，还有房产税、城镇土地使用税、土地增值税、耕地占用税和契税。2012年房地产相关的税收收入为16784.57亿元，占全国税收总收入的15.2%。

房地产业更是为城镇化直接提供物质保证的产业之一。只有房地产业健康持续发展，才能提供更多的城镇住房，城镇才能容纳更多的人口。这一点不能因出现了房价过高的现象而动摇。

住房紧缺和房价过高，基础性的原因是供给不足，求大于供。在城镇化中期的中国，住房总需求一定是迅速增加而不会减少的。控制需求的释放只能是战术性的措施，根本的战略性措施是增加房源。

增加房源的办法，主要是扩大增量，同时也不要忽视盘活存量。盘活空置房、发展二手房市场是值得重视的问题。目前出台的高额征收二手房所得税，意在抑制投资房和投机房的需求。但在实际交易中，所得税的负担一般都由购房者负担，既抬高了房价又抑制了二手房市场的活跃，着力点放错了位置。需要抑制的主要是尚未实现的投资和投机需求，这是一级市场的事情，而不是已经实现了这种需求的二手房市场。

房地产业的发展，基础是土地的供给。扩大住房的供给，必须有土地供给做保障。房地产供应和土地供应是紧密联系在一起的，中共十八届三中全会决定已经提出了“建立城乡统一的建设用地市场”的任务，以求解决土地的合理供应问题。下一步，需要探索更有效的具体办法。

城乡土地统筹规划，刻不容缓，宜早不宜迟，一定要趁早安排今后城镇居民住房的用地问题。一些地方的荒地或不宜于种植农作物的滩地、低产地和山坡，可以用于或改造后可以用于建设城镇居民住房。从今天的经济发展情况看，这些地方可能比较偏远，但只要新的居民楼群建成，再加上交通便利了，那里迟早会发展起来。这已经被一些城镇的实践所证明。

此外，通过土地确权工作以及为土地确权工作先行的土地重新丈量工作，可以对原来的城镇发展规划进行修改，把那些可以用于建设城镇居民住房的土地纳入新修改的土地利用规划中。根据已经结束土地重新丈量工作和土地确权工作的试点市县的经验，不少地方农业用地的实际面积是增加的。

（二）政策体系中的市场

市场是联结和调节供需关系的平台。

这方面的政策目标应该是建立和完善住房市场体系，使其确实能够在配置资源方面发挥决定性作用。其中关键问题有两个。

1. 第一个关键问题是价格的合理性

价值规律是市场经济的根本规律。价格是影响市场运行的核心要素。但房价是个复杂问题，对于房价必须做多方面分析。

一是房价关乎民生。房价过高，超过多数人的支付能力并长期不能解决，就会引发社会问题。但房价过低甚至暴跌，也会造成大量已经有房产人的资产迅速缩水，也会引发社会问题。

二是房价关乎资源和产业。房价持续走高，必然积累形成房地产业的泡沫，一旦破裂不仅会引发房地产业的危机，还会引发金融危机。这已为世界各国的经验教训所证明。房价的基础是地价，地价压得过低，对我国这样一个可用土地短缺的国家，未必是好事，会造成土地资源浪费，给后来的持续发展留下隐患。

三是房价是一个调节阀。它可以直接调节市场供求关系，又对城镇人口的分布有一定的调节作用。大城市的房价高，中小城市特别是小城镇的房价低，对于防止人口盲目流入和滞留在大城市，对于人口在各类城市之间的均衡分布，都会起到一定的调节作用。

基于这三点，房价能够为大多数人所承受，又能够促进房地产业的发展；房价稳中有升，又避免大起大落；房价有高有低，避免各地“一刀切”，可能是合理房价的基本价值取向。

调控住房售价的办法，主要是两种：

一是用三种类型（公共产品、准公共产品、私人产品）的住房形成需求分流；

二是降低住房建设的成本。

2. 第二个关键问题是维护市场的统一性

形成合理的市场价格，并使合理的价格能够发挥作用，必须保障市场的统一性，即一个市场不能有两种价格和多种价格，不能有两种规则和多种规则。这正是目前问题之所在。

因为目前的房价对一部分居民来说是不能承受的，国家为了保障更多的人能够买得起住房，便制定了建造“经济适用房”的政策，并大力推广。这些政策的本意是好的，是为了照顾“弱势群体”，体现社会公平，但负面效应很大。

一是混淆了“公共产品”、“准公共产品”和“私人产品”的界限，把享有政府优惠和补贴的住房低价出售，而且与一般市场出售的住房差价很大，这就造成了市场的价格双轨制或多轨制，人为地破坏了市场的统一性。购买这些低价房的资格要由政府有关部门确定，这就必然产生大量的腐败现象。1987 年价格改革时实行过“价格双轨制”，导致“官倒”现象蔓延，成为社会动荡的重要原因，这个教训不应忘记。

二是以行政手段硬性压低房价，开发商为了适应低房价必定压低成本，可能导致住房质量的下降，造成隐患。

三是把建设经济适用房的指标作为政治任务下达给各地政府，助长了形式主义之风。有的搞虚假数字哄骗上级，有的下达指标严重脱离实际。南方有一个经济发达的城市，符合购买经济适用房条件的只有160多户，但上级给该市下达的建房指标是5000户，岂不令人啼笑皆非！更重要的是这种多种价格和多种规则的办法，破坏了市场的统一性，不是市场形成价格，而是政府决定价格，违背了"市场对配置资源起决定性作用"的改革要求。

（三）政策体系中的需方

通过政策使各种人都能够各得其所。

住房的需求方是城镇各类居民。政策的目标应该是使各类居民能够逐步获得适合自己条件的住房居住。

住房具有双重性，既是商品，又是生活必需品。从必需品的角度看，它与公共服务的社会保障有类似之处。政府有责任逐步建立完善的住房保障体系。

住房保障体系应该主要体现在对需方——不同居民的"区别对待，各得其所"上。政府不能改变住房的商品性质，不能打乱统一的住房市场，但可以通过对不同需求者区别对待的办法，使各类居民能够逐步获得适合各自条件的住房居住，保住"有房住"这条底线。

区别对待包括：

1. 买房和租房的区别

有条件买房的让其买房，没有条件买房的可以让其租房，这就需要建设大量的公租房以满足租房的需要。现在已建成的经济适用房和社会保障房尚未销售的，可以转作公租房，没有建成的可以用这些投资建设公租房。公租房的设计要适合出租，房租要合理，但建筑质量不能降低。公租房也要进行企业化经营。一定要明确，补足租房这条短腿是解决住房问题的主攻方向。

2. 买房类型的区别

按用途分，买房大体分三类，第一类是自住型，买房是为了满足自己的生活需要。第二类是改善型，已经有了一般的住房条件，但希望改善，住得更宽敞些，更高档些。第三类是投资型，买房是为了出租、出卖或作为保值增值的资产。在住房紧缺的情况下，政策导向应该是保障第一种类型，照顾第二种类型，限制第三种类型。

按出资分，也可以大体分为三类，第一类是自己出全资买房，第二类是主要靠银行贷款买房，第三类混合出资买房。目前靠银行贷款买房占的比重比较大，银行已经根据不同对象采取了不同的贷款政策。所谓“混合出资买房”，就是政府给困难户一定的资金补助买房。房屋产权按照出资比例由住户和国家共有。随着住户逐年还款，其所占比例逐步增加，一直到完全归自己所有。中途出卖，要按照当时的资金比例分成。当然，这种混合出资，也可以加上银行贷款。

3. 租房类型的区别

租房也可以分为三种类型，即公租房、民租房和廉租房。应该大力发展公租房。民租房不需要国家投资，应该鼓励其发展，并加以规范。对少数特殊人群也可以提供廉租房。

总之，政府要制定和完善城镇化时期的住房政策，致力实现“有房住”的政策目标，努力增加房源供给，统一完善住房市场，区别对待不同需求。政府政策调控的重点应该放在增加房源供给和区别对待需方，而不是过多干预以致破坏统一市场。

第四节
资金和财税制度问题

一、资金融通的重要性

资金是推进城镇化的重要杠杆。城镇经济发展需要资金，城镇建设需要资金，扩大公共服务需要资金。三项相加，不仅数额巨大，而且情况复杂。

（一）资金投入性质复杂

有的资金投入是经营性的，有的资金投入是公共服务性的，有的资金投入直接获益者是微观的，有的资金投入直接获益者是宏观的，有的资金投入是一次性的，有的资金投入是多次性的、经常性的。不同性质的资金投入必须用不同的途径和方式来解决。各种投入之间的比例关系要处理好。没有公共性投入，城镇化难以启动，缺少经营性投入，城镇化难以持续。

（二）投入和效益的时间差

企业资金投入和产生效益有时间差。搞开发区，从先期“四通一平”到招商引资，从企业免税到企业纳税，也有很大的时间差。整个城镇建设，从资金投入到整个城镇条件改善、环境改善、形象改善，再到由于条件、环境、形象改善而获得效益，是一个更长的周期。

“时间差”告诉我们，在资金投入上必须注意力度、速度和可持续的问题。力度过大，速度过快，不可持续，可能导致资金链断裂，造成城镇化的挫折。改革开放以来，不断出现这方面的教训。有的地方通过“造势”，把房地产“哄”起来了，带来了大量的房地产投资，但产业没有发展起来，资金链断了，形成了许多烂尾楼，海南和北海一度出现的情况即是如此。有的地方过分乐观估计了眼前的形势，忽略了可能出现的问题，房地产投资过猛，一旦经济出现了曲折，资金链也发生了断裂，近期鄂尔多斯市出现的就是这种情况。

（三）投资主体和渠道多元化

城镇化的投资主体是多元的，既有政府的投资，也有企业的投资，还有居民的投资。投资的渠道和方式也是多元和多样的。因此，正确处理多种主体和多种渠道的关系是一个重要问题，目前存在的由政府单一投入或过多投入的问题需要解决。

总之，围绕着城镇化的资金问题，存在着“钱从哪里来”、“钱往哪里用”、“钱由谁来用”、“钱该怎么用”这四个方面的问题。因此，必须重视资金问题，并恰当地解决这四个方面的结合问题。

二、政府作用和财税制度

目前，在城镇化资金方面，政府担负着主要角色。由于我国财税体制和投融资体制还不够完善，再加上政府揽事太多、城镇建设铺的摊子过大，城镇建设的资金主要靠借贷和土地转让收入。最新审计结果表明，地方政府整体债务率已经超过100%，部分城市甚至超过200%，有的地方把20年以后的土地都出卖了。这种状况提醒我们，必须对地方政府和城镇化资金关系高度重视。

(一) 政府的作用

政府在城镇化资金方面担负着五方面的任务：

一是政府制定的城镇发展规划、城镇化步骤和措施，决定着资金需求数量、资金投入方向、资金投入力度。

二是在经济发展方面，例如开发区的建设的先期投入，政府是投入主体。

三是在城镇建设方面，特别是城镇基础设施（能源、交通、环保等）建设的投入、城镇公共服务设施（非营利的机关、学校、医院、公共活动场所）建设的投入，政府是投入主体。

四是在各类公共服务经常性支出方面，政府是主要负担者。

五是政府是城镇化资金的统筹者和谋划者。它必须能够把各种投资主体、资金来源有机地整合起来，既保障有足够的资金支持城镇化的推进，又要保证资金效益的最大化。

所以，在一定意义上讲，政府在资金方面所起的作用如何，将决定城镇化能否顺利健康发展。

(二) 地方财力与财税制度的关系

政府作用能够发挥的基础是政府的财力。地方政府的财力又和财税制

度有直接的关系。

城镇化的实施都是在地方操作的，地方政府的财力成为关键。

地方政府的财力基础是地方经济发展程度，同时受国家财税制度重大影响。对政府来说，税收是收钱的，财政是花钱的。收钱的权利和花钱的权利在中央政府和地方政府之间怎样分配，是由国家税收财政制度决定的。

我国目前的财税制度，是1994年1月1日正式实行的。1993年的财税制度改革提出两个目标，一是提高财政收入占国民经济的比重；二是提高中央财政收入占总体财政收入的比重。为了实现这两个目标，实行了中央和地方的“分税制”，一个是“国税”，一个是“地税”。经营税是地方税种，增值税由中央征收，然后按比例和地方分成。现在看，实行“分灶吃饭”，充分调动了中央和地方两个积极性，促进了经济的快速发展。财税改革的两个目标已经实现，财政收入大大超过了GDP增长速度，在整个财政收入中，中央占70%，地方占30%。

当然，目前的财税制度也出现了值得注意的问题。财政收入增长非常快，甚至超过GDP的增长速度，导致宏观税负过重，企业的压力增大，特别是在金融危机的情况下，会导致企业经营更加困难。特别是中央政府和地方政府之间，事权划分不清，事权和财权之间不匹配，造成了诸多问题。有人测算，从事权的角度说，中央支出应该占30%，地方支出应该占70%，和现在的税收分成比例刚好相反。地方政府财力吃紧，成为普遍现象，特别是在经济不发达的地区，财政只是“吃饭财政”，虽然有中央对地方的转移支付，也不能解决普遍存在的问题。

目前财税制度改革的思路应该是：完善地方税制，逐步建立地方主体税种，使地方政府承担的公共服务有稳定的资金来源。在合理划分中央和地方事权与支出的基础上，进一步完善财政转移支付体系，建立财政转移支付与农业转移人口市民化挂钩的机制。

地方政府的收入一般有四个途径：一是税收收入；二是土地出让金和税收外收入；三是国有企业收益；四是社会保障金收入。在税收收入不足的情况下，为了完成它的支出责任，特别是为了加快城镇化的发展，不得不增加其他收入，出让土地就成为最方便的办法，导致了今天的“土地财政”，有所谓“吃饭靠财政，发展靠土地”的说法。有些地方还采取了政府向银行借债的办法，以弥补资金之不足。

现在的高房价，与土地财政和过分依赖出让土地获得城市建设的资金相关。2002 年全国土地出让金仅为 2417 亿元，2003 年为 5421 亿元，最高的 2011 年为 3.15 万亿元。2013 年，全国土地出让金超过历史最高水平，达到 4.1 万亿元。土地出让金必然要靠房价消化，它的高企必然提高房价。

在“财权层层上移，事权级级下放”的情况下，地方政府感到财力与事权相比越来越不足，必然形成“要地不要人”的偏颇。因为要地可赚钱，吸收农村劳动力也可以赚钱，但实现农民工市民化、增加公共服务则要花钱。所以，地方愿意吸引外来劳动力，却不愿意把他们市民化。

土地的制约也逐渐显现。地方政府可以出让的土地越来越少。土地财政难以持续，更难以越来越红火。深圳是土地使用权拍卖较早的城市，土地财政发挥过重要作用，但随着土地拍卖的减少，出让土地收入在财政收入中所占的比重越来越小。2011 年，深圳财政收入 1300 亿元，土地财政已经不足 100 亿元。

土地征收成本不断上升。根据财政部公布的数据测算，2011 年，征地费用已经占到土地总收入的 70%。地方政府的直接收益越来越少，更多依赖土地抵押从银行贷款，由此导致地方政府债务大量增加。

在这种情况下，人们越来越希望深化财税制度改革，建立一个新的税收制度，并对财税制度的改革提出各种设想和建议，如：

在理清事权和财权关系的基础上，理清中央支出和地方支出的关系，提高地方分税比例，提高共享税的地方分成，增强地方财力。

培育地方税种，赋予地方部分税政管理权。应该将财产行为类税收作为地方税收体系的重要内容，资源税对地方财政所起的作用很大。

“事权共担”的原则应该划分“不同类别、不同层次”。从现代国家理念来说，国家权力的合法性来自国家和人民之间的契约。这个契约主要由中央政府承担。所以，基本公共服务必须由国家承担。譬如社会保障，中央政府对于每个人都应有一个最低保障额度，这个保障系统由中央出钱、出人来维持，全国通行。责任是中央的，操作可以委托地方，根据各地不同情况，允许有一定的差别，但外来人口的待遇，应该由中央审定。

完整的财税体制应该由中央、省、市县三级构成。要完善省以下财政体制。县级财政很重要，县一级处于城镇化的基础地位，要解决目前县级财政矛盾突出的问题。

一旦地方政府有了稳定的财源，且财税来源直接取自当地居住就业的居民，地方政府才有更大的动力去平稳地、持续地推动城镇化，通过做好农民工市民化的公共服务，吸引更多的人来本地就业和居住。

三、资金的多元化和多样化

除财政税收制度改革之外，更重要的是以“政府引导，多方参与”为原则，实现城镇化投资主体多元化，融资方式多样化。

（一）资金多元化、多样化及其要点

投资主体多元化，就是除了政府作为投资主体之外，要更多地吸收企业和居民的投资。企业包括本地企业，也包括外地企业和外国企业。

要建立健全地方债券发行管理制度，允许地方政府发行市政债券，创新融资工具，拓宽城镇建设融资渠道。

融资方式多样化，就是根据资金需求不同特点和项目不同情况，采用与之相匹配的融资方式，这样才可以调动多种主体的积极性。

这中间的要点是：

政府的财政资金应该成为引导资金和杠杆资金，用它来引导社会资金的投资方向，用它来撬动社会资金的投入，争取在城镇化的进程中更多地利用社会资金。

要根据投资的不同性质，分别采取不同的投资方式和融资渠道。城镇

化进程中，那些经营性的、营利性的项目，应该尽量引导社会资金去投入。在城镇建设中，那些非营利性的基础设施和公共设施项目，当然应该由政府投入，但其中也可以采取恰当的方式将其变成营利性项目，吸引社会资金投入。收费式的高速公路建设，采用的就是这类方式。

创造综合开发的模式，将政府的资金投入、企业的资金投入、农村集体的投入有机地结合在一起，并以恰当的体制进行运营。现在，一些地方已经有了创新探索，例如天津的“宅基地换城镇住房”的经验，湖北武当建立旅游综合开发区的经验等。

（二）推动金融业继续深化改革

考虑到城镇化进程中所需资金数额巨大和资金运行中的“时间差”问题，金融业的支持是绝对不可少的。因此，必须推动金融业继续深化改革，以适应城镇化的需求。

把城镇化和金融改革结合起来，需要注意以下四点：

第一，要规范地建立地方政府的融资投资平台，利用市场机制，为地方政府找到可行的融资筹资的途径，又能够有效地避免地方债务危机。

第二，要着力解决民营企业（包括小微企业）的融资难，大银行要开展小额贷款业务，并且要多开设村镇银行等小型金融机构。

第三，民间资本有着很大的积极性，但由于对政策的顾虑，大多处于地下状态，不能正常发挥作用。如何让更多的民间资本由地下升到地面，放宽市场准入，制定非公有制企业进入特许经营领域的办法，处理好城市基础设施服务的价格问题，使投资者有利可图，是一个有待研究和解决的课题。

第四，为推进城镇化，可考虑成立政策性的城镇建设银行。它主要是在城镇化过程中帮助一些城镇完成中长期建设的融资筹资任务，特别是解决城镇化建设中公共设施、服务性设施、廉租房建设、环境治理等项目中遇到的资金困难。城镇建设银行作为政策性的银行可以发行城镇建设中长期债券，以防止城镇化过程中发生城镇债务危机。

第五节
历史文化传承问题

一、不可忽略的大问题

历史文化传承，是城镇化中不可忽略的问题。目前，历史文化传承观念薄弱，并由此导致各种历史记忆的消失，是当前城镇化进程中一个必须纠正的偏向。城镇化应该是中国历史的延续和发展，而不是历史的中断，更不是文化的虚无。

历史文化应该包括实体形态的文化和意识形态的文化。

中华民族文化历史悠久、光辉灿烂，它不仅存在于各类典籍之中，也存在于历代传承的思想、文化、习俗之中，更广泛地存在于各种城镇、村落、建筑、文物、古迹之中。这种实物性的文化传承非常宝贵，不仅因为它们更直观、更原始、更真实地保存着历史文化原貌，更因为传承载体具有不可复制性。图书损坏了可以重新印刷，即使不是古本、善本，内容仍可以保存，但实物载体一旦毁坏，便不能再生。

中国绝大多数县域以上城市和诸多城镇乃至一些村落，大多都有自己的历史文化传统。其中，大多数城镇在明清两代就已经建立了。有些城镇历史可以追溯到先秦时代、秦汉和魏晋南北朝时代，以及隋唐宋元各代。边疆地区的城镇同样有悠久的历史文化传统。

历史文化传统是多种多样的。许多地方文化都保存在地方特色的建筑之中。华北地区历史上的边塞城镇都有各自的特色，西南民族聚居城镇也有各自历史遗址。中华民族在抵御外敌侵犯时，在一些重要的城镇都曾留下了难忘的战争遗址，它们也是值得后人去凭吊、去追思的。这既是民族历史的一部分，也是民族精神的体现。

我们建设的既是现代化的城镇，又是历史传承的城镇。只图城市规模扩大，而把历史文化史迹抹去了，那将是城镇化进程中历史性的失误。当我们完成城镇化以后，放眼看中国，如果除了雷同的楼房和街道之外，看不到任何历史文化的体现，看不到任何中国特色和民族特色建筑，看不到任何古老文化传承，看不到任何田园景色和传统村落，即使我们有了再高的 GDP，也只能像说一些个体户“穷得只剩下钱了”那样——中国人穷得只剩下 GDP 了。处理好城镇化和历史文化传统的关系，是一个值得重视的大问题。

二、现代化和历史文化

当前，必须正确理解现代化和历史文化传承的关系。

现代化和历史文化传承是统一的。现代化是在历史文化传承的基础上发展的。现代化不是消灭历史文化传统，而是提高了历史文化传统的地位和价值。社会发展增添的新东西越多，历史遗留的老东西越显得稀少。**越是现代化，历史文化传统越是宝贵。**只要看一看各国争取联合国“非物质文化遗产”名录的积极性，就知道它有多宝贵了。再看一看，世界各国的现代人如何观赏秦朝的兵马俑，也就知道历史文化传统的宝贵了。

每个城镇在搞自己的城镇规划的时候，必须回答好这样的问题：我的城镇的历史文化传统是什么？在现代化城镇化的发展过程中，这个历史文化传统将如何得到更好的传承？

事物的多样性，是大自然存在的规律和美好之所在，也是社会存在的规律和美好之所在。现代化之所以美好，同样在于它能够更好地实现事物的多样性。单一性的、整齐划一的现代化，是乏味的现代化，是现代化的反动。**现代化的城镇，一定是多样化的城镇。如果说现代化的技术是保证多样化的手段的话，那么，文化的多样性，则是城镇多样化的灵魂。**历史文化传承是城镇文化多样性的根据，没有历史文化传承，就失去了城镇历史形成的个性。中国幅员辽阔，气候差异、地形差异、民族差异、历史文化差异都很大，不能千篇一律，更要防止“千城一面”。如果在城镇化中丢掉了自己的历史文化传统，那是最大的失误，甚至可以说是犯罪。

近年来，一些省级、地市级城市，兴建了历史博物馆之类的文化设施，有些著名的县城也有类似的文化机构。博物馆不仅依据实物反映本地的历史沿革，而且还用大量图片展示本地发生过的战乱和建设状况。这对于前来参观学习的观光客人是很好的历史文化传统介绍，同时也能成为本地中小学生的教学场馆。但仅此还远远不够。还必须在城镇化建设中，高度注意历史文化传承，把我们生活的城市变成一个历史博物馆。我国是一个多民族的国家，不同民族的历史文化和各民族文化交融，都是历史财富。不能把“现代化”等同于“高楼房、宽马路”、繁华的商业中心，不经意中就把自己宝贵的历史文化传统丢掉了，还以为这就是“现代化”。

三、文化实体的传承和创新

历史文化大量存在于文化实体之中。北京的故宫、长城、颐和园，都是世界著名的文化实体。任何一个城镇的旧城廓、旧街道、旧建筑，老商业中心、老字号店铺，也都是历史文化的实物载体。地方特色的建筑，如北京的四合院、天津的小洋楼、青岛的八大关；原有的公共设施，旧码头、旧车站；历史文化遗址遗迹，名人故居；诸多的古镇、古村落等，这些都是载有历史文化的实体，构成了一个城镇的历史风貌。

如何对待原有城镇实体，是所有城镇在发展中都遇到的问题。主要是四个问题：一是原有的城镇格局不适应现代化发展的需要。例如，有些城市存有保留比较完整的城墙，这本是好事，但把城市的发展给“箍”住了，规模怎么扩张？原有的街道比较狭窄，怎么适应现代化的交通？二是原有的城市没有功能区的划分，或者划分不合理，城市功能区怎样合理摆布？三是那些历史文化价值很高的建筑，有时像和现代化规划不相容的“钉子户”，怎么办？四是由于旧中国的贫穷，有许多城镇建筑破烂不堪，也无文化可言，改造成什么样子？

解决好这些问题，是很困难的事情，也是争议颇多的事情。一个应该遵循的总原则是，历史文化实体和现代化创新实体要更好地实现有机衔接，具体做法则应该由每个城镇根据自己的实际情况做出全面的规划。

现在的问题是，对这个总原则认识不清晰和认识不一致，以致实际操作中缺乏统一的根据和操作的标准。学者专家往往更重视历史文化的传承，发出各种呼吁；做决策的政府官员往往更重视现实的政绩，热衷于城市新面貌的变化。两种声音对峙下，常常发生界限不清的问题，老的城镇实体，该拆的拆了，不该拆的也拆了；新的城镇实体，该建的建了，不该建的也建了。当人们发现问题的时候，为时已晚，损失难以估量。

关键是对现存的城镇实体进行全面的分析。在分析的时候，既要认识它的物质功能价值，又要认识它的文化传承价值；既要认识到它对已有城镇空间的占有，又要研究它在形成城镇风貌中不可替代的作用；既要看到它对城镇发展的制约，又要看到它对城镇发展的特殊支撑。在这方面，宁可保守一些，也不要过于冒进，拆是容易的，拆错了，再恢复就做不到了。许多地方的教训，不是建多了，而是拆多了。

城市建设必然出现大量的新建筑。这是必然的。**新实体和旧实体的衔接问题，更迫切地提到议事日程上来了。**

老城区改造上，新旧实体衔接的问题可能更加突出。欧洲的做法是基本保留城市建筑的原貌，不做改建，只是把建筑里面的装修和设施现代化。第二次世界大战中被炸毁的许多建筑，都尽量按照原貌重建，街道也保留原貌基本不变。它们的做法，我国可能学不了，因为欧洲城市建设原来就规划得比较好，建筑水平也比较高。但是，这种改造原则是完全可以借鉴的。这种衔接需要从三个方面考虑：

第一，对微观实体和实体群落，要区别对待。对那些文化含量很高的实体和实体群，需要特殊保护和维护，但这种保护和维护应该遵循一个原则，即一定要“整旧如旧”，不能“整旧如新”，要使它们“延年益寿”，不能使它们“返老还童”。如果“整旧如新”、“返老还童”，它们的历史价值也就随之丧失殆尽了。北京保留了什刹海周边的胡同和四合院，保留了“南锣鼓巷”的旧貌，吸引了众多的国内外的旅游者，证明是成功的。拆掉王府井东安市场和东四隆福寺市场，老北京的味道也就丧失了，逛东安市场的趣味也就丧失了，应该说是失败的。后来，北京又恢复了前门一条街和大栅栏，是吸取教训之后所做的弥补，但复制“古董”能否成功，还要一段时间的检验。

第二，对城市功能区要合理布局。要侧重把老城区建设成商业区、文化区和传统居民区，行政区、工业区、教育区则应该主要放到新区兴建，这样既可以使老城区有新的发展，又可以避免老城区对城镇发展的制约。

第三，防止新建筑对老的文化实体的“掩埋”和“反客为主”。一些地方注意到利用老的文化实体发展旅游事业，围绕古城、古街道、古建筑、古镇、古村落的旅游大大发展起来了。但为了适应旅游业的发展，许多新建筑矗立起来了，把老的文化实体包围起来了。由于新建筑与原有建筑文化上的不衔接，风格上的不搭调，再加上地理位置不当和规模控制不合理，把原有历史文化的风貌掩盖了、破坏了。有的地方在风景的核心区建造了火柴盒式的宾馆，等于把观众席搬上了舞台。

四、文化元素的传承和创新

完全靠文化实体层次上的衔接来保留和发展历史文化是不现实的。像我们这样的发展中国家，老摊子比较破烂，城镇的发展必然会有更多的新建筑、新城区出现。所以，文化元素层次上的传承和创新的衔接，就显得更加重要，新城区的建设更是如此。

最理想的情况应该是：老城区的新建筑仍然融合了这个城镇的历史文化元素，和老建筑是搭调的、协调的。新城区的建设，必然有更多的现代化元素，但这些现代化元素又是和这个城镇历史文化传统元素融合在一起的。**这里的关键是现代化元素和历史文化元素的融合。**

古建筑和古建筑遗迹都有一些文化元素符号，构成了这些文化的内涵和形象。中国古代建筑，布局讲求对称，架构重视梁柱，外形突出屋顶，这些都是它的文化元素。天安门广场两侧的人民大会堂和历史博物馆，虽然是新建筑，但它们融合了许多中国古建筑的元素，所以能够和天安门城楼浑然一体，雄伟壮观，堪称通过文化元素融合达到传承和创新有机衔接的典范。北京市在批准城市建筑设计的时候，一度要求一定要注意突出屋顶元素，是可以理解的。在人民大会堂一侧后建的国家大剧院，由于和北京历史文化元素的不融合，被许多人视为“异类”。更不必说那个被人们讥讽为“大裤衩”的中央电视台的建筑了。不错，中国的发展要求建设“世界城市北京”，但如果只有“世界城市”而没有了“北京”，并不是我们追求的理想。

我国一些地方，在城镇新区的建设中已经注意到了文化元素层面的传承和创新的衔接问题。例如，“苏州园林”是中华瑰宝，在苏州市一级和县一级的新区建设中，就比较好地体现了苏州园林的清秀、精致、典雅的风格，给人以很有文化品位的享受。但放眼全国，许多城镇并没有很好地解决这个问题，城镇越来越变成一个模样了，这是很令人担忧的。在中国广阔的土地上，历史文化名城是很多的，具有历史文化传统的城镇，那就更多了。怎样设计这些城镇的新城区建设，具有重要意义。如何使这些城镇的新城区不仅展现现代化的风貌，而且使历史文化传统得以传承、得以体现，是必须加以重视和解决的问题。

五、历史文化传承的思路

综上所述，城镇化应该坚持现代化创新和历史文化传承相结合，这种结合可以通过文化实体巧妙衔接和文化元素有机融合来实现。

老城区改造应该“实体衔接为主，元素融合为辅”。一是尽量保护和保持城镇的历史风貌。二是对原有城镇实体分类对待。对那些代表着城镇历史文化传统的街道、建筑和场所，特别是标志性建筑和历史文物，应该保护和维护。对那些破烂不堪的不适合居住的房屋和棚户，应该有计划地予以迁出和拆除。三是必要的新建筑应该在文化元素上尽量与历史文化元素相衔接。四是原有老城区面积不能适应城镇发展的问题，要用分解城镇功能区的办法解决，即把商业区和文化区的功能留在老城区，而把工业区、行政区乃至高等教育区转移到新城区。城镇的功能区分解了，体现传承的城镇实体和体现创新的城镇实体就都有自己的天地了。

新城区建设应该“元素融合为主，注重合理衔接”。一是新城区的建设一定要通过现代化元素和历史文化元素的融合，体现城镇个性，形成自己的特色和风格。二是新城区是新建的，完全有可能按照规划确定自己的功能，或工业区，或教育区，或行政区，或新住宅区等。三是新城区功能和老城区功能有机结合，避免城镇被肢解。四是新城区的配套建设要搞好，避免不必要的居民流动，造成城镇交通的紧张。

新社区建设应该“实体衔接和元素融合并重”。那些载有历史文化传统的古村、古镇，应该尽量保存原有风貌。农村新社区的建设中，必须把历史文化传承放在重要的地位来考虑，不要把几千年传下来的文脉割断了。

做好历史文化传承可能是城镇化中最难做好的事情。我们看到，快速的城镇化已经在快速地消灭着历史文化传统的多样性，快速地消灭着城镇的地域特色、民族特色、建筑特色，而且这种趋势几乎难以遏制。一是片面的“现代化”意识在许多地方仍然占主导地位，这种意识认为，新的就比旧的好，不懂得旧的含有的历史价值，也不懂得新的需要和历史衔接。二是片面的城镇化的思维，只把城镇规模的扩大作为主要甚至是唯一的追求，忽略了城镇化的质量，更不把城镇文化，特别是不把历史文化的传承作为城镇化质量的重要内容。三是产业高速发展的压力，城镇人口膨胀的压力，使得决策者和许多人最关心的是满足眼前的物质需求，而似乎更高档的文化需求就顾不上那么多了。四是政府和社会财力支撑不够，只能选取“廉价路线”，火柴盒般的建筑都觉得不好看，但能够装更多的人，经济适用房很难有文化特色，但能够降低房价，也就普遍拔地而起了。

面对这种情况，如果做不到保护历史文化传统的上限的话，也要把住底线，即争取最大限度地保护住那些历史文化传统的代表性建筑，并在城镇格局上留有将来能弥补的余地。

第五章

新型城镇化的战略重点

注重产业发展和城镇化互动

注重“城乡一体化”

注重“就近城镇化”

注重农村新社区建设

注重构建现代化城镇体系

产业发展是城镇化的支撑，重视产业发展和城镇化之间的互动，是新型城镇化的战略重点之一。

保持家庭联产承包制，实际就是保护农民在改革中获得的“既得利益”。如果不否定既得利益，而添加新的利益，不是否定家庭承包制，不是推倒重来，不是折腾，而是在此基础上进一步深化改革，使农村经济体制更加适应市场化和农业现代化，使农民的利益得到更加切实的保障，这样的深化改革必将得到农民的拥护。

何谓“就近城镇化”？一般把城镇化理解为农民“背井离乡”地进入大城市，而“就近城镇化”则更注重农民“靠近家乡”实现城镇化。

城镇分成三个组成部分，即老城区＋新城区＋新社区。新社区是中国城镇化的最大特色之一。农村新社区的建设是克服现有体制障碍，促进城乡各种要素双向流动和组合的有效方式。

新型城镇化，构建现代化城镇体系，首先需要树立新的城镇理念。理念是一种追求。如果城镇理念落后了，现代化城镇体系建设就会出问题。

第一节
注重产业发展和城镇化互动

产业发展是城镇化的支撑，重视产业发展和城镇化之间的互动，是新型城镇化的战略重点之一。

一、工业化和城镇化的互动

城镇化的原动力是工业化。在一定意义上说，城镇化是工业化的结果。我国是发展中国家，处在工业化的中后期阶段，传统工业化还没有完成，又遇到了新型工业化的课题。**因此，在推进城镇化的过程中，必须十分重视工业化的发展，发挥工业化对城镇化的巨大推动作用。**

从城镇的角度看，工业化对城镇化的带动和支撑作用表现在：

第一，随着工业化的进展，在城镇兴建大量的工业企业，这就创造了许多就业岗位，为进城的农民提供了足够的就业机会。

第二，随着工业化的进展，城镇人口的增加，生活服务业和生产服务业随之兴起，化解城镇就业的压力。

第三，随着工业和服务业的发展，居民收入增加，购买力提高，拉动国民经济发展，保持持续繁荣。

第四，随着经济发展，地方政府税收的增长，为城镇建设和公共服务提供更充裕的资金，保证城镇化的持续推进。

第五，随着新兴工业发展，新能源、新材料和智能化建筑的推广，城镇化进一步朝着“人的城镇化”方向前进，人们可以居住在宜业宜居绿色低碳的城镇之中。

从农村看，城镇化更是和工业化、农业现代化以“三化一体化”的形

式进行的。

城镇化需要农业现代化，实现农业现代化的的第一步是实现“农业产业化”。农业产业化解决的问题是“把千家万户的农民和千变万化的市场相联结”。搞好农业产业化的关键是发展龙头企业，特别是那些从事农产品加工的龙头企业。在这种意义上可以说，没有工业的带动，农业产业化和农业现代化都难以实现。

农村工业化可以直接实现农村城镇化。这一点，在长江三角洲和珠江三角洲已经看得很清楚。在苏南地区，乡镇和村办工业的发展，已经把原来的农村变成了城镇，著名的“华西村”早已成了“华西镇”。由于这类村镇很多，许多原来的郊区县已经划为城区。珠江三角洲更是在工业化的进程中，把市、镇、村完全“打通”了。像东莞市、佛山市、中山市等地方，已经基本上实现了城乡一体化，乃至农村城镇化，那里的农村户口要比城市户口还“金贵”。可见，城镇化最基础的支撑是产业，而不是户口。

在认识到工业化对城镇化的带动和支撑作用的同时，还必须认识到城镇化对工业化的促进和保障作用。

第一，城镇化为工业化提供了场地、市场、劳动力资源等。

第二，只有通过新型城镇化，通过城镇更集约、更合理的布局和格局，才能解决工业化过程不可避免地会带来环境破坏、环境污染问题。

第三，城镇人口增加，居民收入提高，消费方式转变，会带来内需增长和需求升级，拉动工业持续发展。

第四，农民工在城镇里稳定下来，不仅保证工业劳动力供给充足，而且技术工人、技术能手也能够稳定下来。这对工业企业的持续发展有很重要的作用。

第五，城镇化中的新城区的开发和新社区的建设，为工业发展和新兴产业生长创造了新的空间。

工业化和城镇化的互动不是一次性的，而是循环往复的。

世界上任何一个已经实现工业化的国家，工业化依然没有终点，也不会有终点，工业化是持续进行的，发展方式的提升和转变同样是不会有尽头的。新的发展方式要求厂房建筑、机器设备、原材料、能源等方面不断进步，这在一个停滞或基本停滞的环境中是无法实现的。换言之，发展方式的转变同空间的变换和职工队伍的更新联系在一起。实际上，城镇化的推进为工业化的发展提供了机遇。在不断扩大和改善的城镇环境中，新型产业、新型企业才有生存和发展的空间，新素质的劳动力才有用武之地。

这就是说，工业化是不断前进的，与之相适应的城镇化也是不断前进的。如何实现两者的良性互动和动态匹配，乃是推进城镇化健康发展的高超艺术。

二、第三产业和城镇化的互动

不能忽视第三产业对城镇化的支撑和推动作用。

在我国城镇化进程中，人们对工业化的支撑和推动作用已经认识得比较充分，一谈到发展产业，就想到发展工业，但往往忽略了第三产业的重要地位和作用。因此，不能忽视第三产业对城镇化的支撑和推动作用。这种作用表现在诸多方面：

（一）提供就业岗位

第三产业提供的就业岗位并不少，而且会越来越多，可以容纳大量的农民工。商业零售网点的员工、城管的园林绿化工、街道的清洁工、医院的看护工、机关和企业的保安、家庭的保姆，还有许多城里人不愿意做的工作岗位，在这些岗位上就业的农民工，加起来是一支庞大的队伍。离开他们，城镇不能顺利地运行。

（二）联结城乡，城乡互促

城镇里的第三产业，并不仅仅是为城镇里的人和企业服务的，它应该辐射和涵盖周围的农村。特别是市县两级的城镇，可以覆盖直径50公里或100公里的周边地区，成为这个地区的商业中心，成为这个地区的农产品的集散地。

城镇第三产业的发展一箭双雕，一方面可以吸引农村人口进城经商，进入当地服务业；另一方面又可以服务于农民生活和农业生产。要实现农业现代化，没有相应的农业生产资料供应，没有相应的农业技术服务，没有相应的农产品销售市场，都是不行的。而这些服务中心，大都应该建立在城镇之中。

发展第三产业是实现城乡一体化的重要举措，因为它把第一产业和第二产业联结起来了。重庆市大足县（区）在城镇新区建立了规模很大的商业中心——“中国西南城”，就是这样的既服务城镇又联结城乡的服务中心，它的名字“中国西南城”很准确地体现了这种功能和意图。

（三）第三产业也可以立市和兴市

一定要明确，一个城镇的发展，既可以依靠第二产业做主要支撑，还可以依靠第三产业做主要支撑，当然，更可以依靠第二产业和第三产业的联合支撑。这样考虑，城镇建立产业支撑的思路就会打开，选择产业支撑的时候，就更能够发挥当地的比较优势。

我国有一些城镇就主要是依靠第三产业发展起来的。例如山东的寿光市，就是靠蔬菜批发市场发展起来的，蔬菜批发市场带动了当地蔬菜生产的发展，也带动了第二产业的发展。再如浙江的义乌市，就是靠小商品批发市场发展起来的，它不仅成了全国的小商品集散地，也成了国际小商品的集散地。

以旅游业作为城镇化发展的产业支撑的城镇也为数不少。河南的嵩山县（少林寺）、湖南的张家界、四川的九寨沟都是如此。这些地方的城镇化实际上靠的都是第三产业的支撑。旅游业做支撑，发展了产业，又保护了当地自然和人文风貌。

（四）农村资源产业化

1997 年中共十五大把“农业产业化”写进了中央文件。现在看，根据许多地方的经验，“农业产业化”应该引申为“农村资源产业化”。“农业产业化”只限于农业即第一产业范围，而农村资源产业化则可以涵盖农村所有的资源，农业之外的自然资源、人文资源、历史资源、农村习俗和农村的生活方式，都可以产业化。许多地方发展的“农家乐”旅游，不就是把农村的生活习俗和生活方式产业化了吗？湖北省武当市依托武当山这个大景观，把周围农村资源也产业化了，以旅游业作为龙头，统筹规划城乡发展，创造了以第三产业做支撑的城镇化的经验，是很值得借鉴的。

同时，城镇化的发展为第三产业的发展创造了条件。

服务业发展有所谓“入门人口”之说。没有人口在城镇的集聚，便没有生活服务业发展的基础。没有大量的各类工业企业在城镇集中，便没有生产服务业发展的可能。

发达国家城镇化的历程告诉我们，城镇化初期和中期，农村人口进入城镇主要是在第二产业——工业岗位就业。但随着工业发展，一方面是市场需求对工业产能的制约；另一方面是提高劳动生产率的自动化的推广，制造业不可能容纳那么多的劳动力，于是在城镇化的后期，城镇增加的劳动力主要进入了第三产业，即服务业。城镇化的发展，提供了这种可能。生活服务、生产服务、科技服务、教育服务、医疗服务、旅游服务、保健服务、交通服务、通信服务、文化服务、法律服务、咨询服务，等等，各种各样的服务迅速发展。美国目前的GDP产值中，第二产业占20%左右，第三产业占80%左右，这是城镇化充分发展的结果。我国第三产业不发达，只占GDP的40%，从根本上说，这是城镇化水平还不够高的反映。只有进一步推进城镇化，第三产业才能真正发展起来。

总之，在打造城镇化的产业支撑的时候，不能忘记了第三产业，不能忘记城镇化和第三产业的互动。第三产业大有文章可做，大有美好前景。

三、产业转移和城镇化互动

产业转移是产业发展的重要机遇和途径。“亚洲四小龙”的发展是抓住了发达国家产业转移的机遇。改革开放以后，中国产业的发展，也是抓住了发达国家产业转移的重要机遇。因此，我们要注意产业转移和城镇化之间的互动。

绝对意义上的产业转移，一直在进行。例如改革开放以后，北京、上海把制造工厂从市中心迁往郊外和外地，也可以看作产业转移。目前说的产业转移是更大地区跨度上的产业转移，广东省从珠江三角洲向粤西和粤北的产业转移正在进行。温州的奥康在重庆建立大规模的鞋城，富士康削减深圳工厂的规模，而在河南和山西建立更大规模的工厂，是沿海向中西部的产业转移。

产业转移是一个双重的机遇。通过产业转移，沿海地区、经济发达地区与中西部地区、经济欠发达地区，都可以获得经济的持续发展。通过产业转移，沿海城镇可以减少土地、人口、环境承载力超负荷的压力，使城镇建设能够更加健康地发展，中西部城镇可以较快地提升自己的产业支撑力，促进城镇化的进展。通过产业转移，可以更好地解决区域经济和各地城镇化发展不平衡的问题。

在未来的城镇化进程中，我国中西部地区更应该认识和抓住国内外产业转移的重要机遇。

（一）产业转移是工业发展过程中的必然

产业在地区之间转移或城市之间转移，是一国工业化过程中常见的现象，而且主要发生于制造业。地区之间、城市之间制造业企业的迁移，所考虑的主要问题是为了降低生产成本和交易成本。从资源配置角度看，这是地区间资源优化配置的良好机会。

从经济比较发达地区的企业看，因生活费上升、员工工资上升、社会保障费用增加，更重要的是土地成本上升、建设成本上升，引起企业成本上升。而从内地农村劳动力角度看，沿海城镇消费开支高、远离家乡、夫妻分居、老人子女无人照顾、远距离往返费钱劳神，都是需要降低的成本。企业和劳动力的需求汇聚到一点，就是产业转移。

（二）中西部地区在承接产业转移方面的比较优势

首先是客观条件方面存在着诸多比较优势。用工成本、建厂成本和运输成本都比较低，与沿海相比，土地成本更低，这一点对于那些需要占地较多的制造业企业更具特殊的吸引力。同时，从长远考虑，在城镇化进程中，中西部具有巨大潜力的市场可以开拓。

同时，中西部地区的政府对承接产业转移具有极大的积极性。他们认为，要发展当地经济，推进城镇化，一方面要加速本地原有经济和原有企业的发展；另一方面要加大招商引资，积极承接沿海地区和来自海外的产业转移。承接产业转移，不仅可以引进大量的资金，而且可以引进大量的现成的企业，特别能够引进那些有实力、有品牌的大企业。它们不仅可以带来产品，而且可以带来市场；不仅可以带来生产设备，而且可以带来管理经验、企业文化、管理人员和骨干职工；不仅可以获得自身的发展，还可以带动配套产业和企业的发展，作为龙头和标杆，带动当地企业的提升。

中西部地区政府为主动承接产业转移，加大招商引资的力度，制定了一系列的优惠政策；同时更加重视工业园区、高新技术开发区、物流园区的建设。产业转移成为这些地区打造城镇化产业支撑的“捷径”。

（三）产业转移要和产业升级相结合

理想的产业转移不是简单的产业转移，而是转移和升级相结合。

能够增加GDP、增加就业和增加税收的诱惑，使许多中西部地区的领导对简单产业转移也持欢迎态度。但如果不符合清洁生产的标准而又原封不动地引进到本地，岂不是给本地的环境治理工作加大了难度？如果技术水平落后，那不就很快没有了市场？

中西部地区的经济发展，从长远来看，不能仅仅依靠承接产业转移来实现，更要依靠产业升级来实现。承接产业转移要同产业升级相结合，才能使本地区逐渐摆脱经济比较落后的困境。关键是两点，一是承接产业转移要同产业升级结合在一起进行，在承接制造业企业转移到本地区或本城市时，对它的技术应有较高的要求；二是建立和发展具有本地区特色的、带有原创性的产业。

中西部地区当然应该抓住产业转移的机遇。国家也需要采取必要的政策和措施，促进产业转移和城镇化的互动。

第二节
注重“城乡一体化”

一、“城乡一体化”的内涵

应该从两个方面理解“城乡一体化”。

（一）从“城乡一体化”和“城乡二元结构”的关系来理解

“城乡二元结构”是指一个国家被分割成城市与乡村在经济和社会上互不相同而且很难衔接的结构。

狭义的“城乡二元结构”是指城乡之间的制度和体制不同，即“城乡二元体制”。广义的“城乡二元结构”是指城乡之间存在的所有本质差别，包括二元体制，使两者不能顺利衔接。广义的城乡二元结构自古就有，而且长期存在。狭义的城乡二元结构，则是在特定条件下才存在的。

在西欧，农奴制曾和自由城市并存，城乡形成了不同体制。近代工业化开始以后，城市主要是资本主义制度和体制，农村主要是封建主义制度和体制，出现了城乡二元体制，这一问题后来通过工业化和城镇化得以解决。

在中国，至少是北宋以前，也有领主和依附农民这样的体制。但自北宋以后，人身自由的农民是可以在城乡之间流动的。此后1000多年的时间大体如此，广义的二元结构虽然存在，但狭义的二元结构，即城乡二元体制并未确立。

变化发生在近代中国。城乡二元结构是旧中国半殖民地半封建社会的一个基本特征，是旧中国留给新中国的历史遗产。1840年鸦片战争以后，帝国主义列强为掠夺中国财富开辟了一些通商口岸，这些通商口岸逐渐发展成为大城市，例如上海、广州等。在这些城市，租界成片，洋行林立，洋人享受着治外法权。在这些城市，资本主义制度艰难地、畸形地发展，官僚买办资产阶级拥有极大权势，而民族资产阶级则经营艰难，众多中国贫民沦为苦力。与此同时，旧中国的农村则仍然为封建制度覆盖着，生产力低下，农民在贫困线上挣扎。城乡之间形成了政治和经济对立的关系。所以，这时的城乡关系，既包含着广义上的城乡二元结构，又包括着狭义的城乡二元体制。这个历史遗产是由各方面原因形成的，也不是能够在短时间内解决的。

（二）从“城乡一体化”和“新型城镇化”的关系来理解

“城乡一体化”和“新型城镇化”是从不同角度提出的概念，又是互相衔接、互相说明、互相界定而密不可分的两个概念。

如何实现“城乡一体化”？主要通过实现“新型城镇化”。新型城镇化是克服城乡二元结构，建造城乡一体的现代社会结构的主要途径，甚至是唯一途径。离开新型城镇化，城乡一体化就是空谈。

怎样理解“新型城镇化”？城镇化的目标是实现城乡一体化。“城乡一体化”不是“城乡一样化”。城镇化不是消灭农村，未来农村依然存在和发展。从国土面积来说，大多数实现了城镇化的国家，农村的国土面积仍然占有70%以上的比例，农村依然会保留着它特有的风貌。离开了城乡一体化的目标和标准，城镇化就可能走偏方向，出现曲折，不能健康发展。

二、“城乡一体化”的要求

“城乡一体化”是根据我国国情而更多强调的概念。可以这样概括“城乡一体化”的要求：

第一，城乡之间生产率水平相近或相当。在实现工业化的同时，必须实现农业现代化。

第二，城乡之间产业有机衔接，要素整合，优势互补，互惠互利。

第三，城乡之间体制有机衔接，物流、人流、信息流畅通。

第四，城乡之间管理有机衔接，户籍制度统一，公共服务基本均等，不存在制度歧视和本质性差别。

第五，城乡之间各自优势发挥，城乡风貌、居民生活各有特色，互不替代，难分高低。

从城乡关系看城镇化，世界各国有不同的情况：一是城乡互相封闭的城镇化；二是乡村衰败的城镇化；三是城乡同质化发展的城镇化；四是城乡协调发展的城镇化。我国在提出新型城镇化的同时又强调“城乡一体化”，就是要避免前三种情况的出现，实现城乡之间协调发展的城镇化。城镇化的结果应该是形成以工促农、以城带乡、工农互惠、城乡一体的关系，整个国家成为一个发达的城镇和发达的农村紧密结合的有机整体。就这种意义上讲，“城乡一体化”可以看作是城镇化的同义语。

三、“城乡一体化”的重要意义

在我国新型城镇化进程中，为什么突出“城乡一体化”?

（一）吸取了世界各国在城镇化过程中的经验教训

从世界近代城镇化进程看，早期实现城镇化的西方国家，也是从解决城乡二元结构入手的。当时城市和乡村存在两个方面的差别，一方面，城市快速发展的工业有很高的劳动生产率，而农村的劳动生产率很低。另一方面，城市主要是资本主义生产关系，而农村主要是封建主义的生产关系。这些国家通过推进城镇化，逐步消灭了这两个方面的差别，资本主义生产关系覆盖了整个社会，城市和农村之间劳动生产率也基本拉平了。在这个意义上，它们实现了“城乡一体化”，因而城镇化是基本成功的。

并不是所有国家在城镇化过程中都实现了“城乡一体化”。拉美一些国家在城镇化进程中，不仅没有克服城乡二元结构，反而扩大了城乡之间的差别，城市畸形发展，农村陷于破败，使二元结构的问题更加严重。除了原有的城乡二元结构之外，这些国家又出现了新的“城市二元结构”，即在城市内由于贫富悬殊，形成了穷人区和富人区的对照和对立。在穷人区集聚着大量的失业和无业的居民，生活水平低下，犯罪率很高，成为影响城市安定的重要因素。“城市二元结构”是城乡二元结构派生出来的，是在城镇化过程中政策失当造成的。这些都给经济和社会发展造成了巨大的负面影响。

（二）城乡二元结构是中国国情最大特点之一，实现“城乡一体化”仍然是摆在我们面前的重要课题

新中国成立以后，城乡之间政治对立关系改变了，同时，为彻底改变旧中国遗留下来的城乡二元结构做出了长期的努力。

这种努力主要包括生产力和社会制度两个方面。

从社会制度方面看，新中国成立后，在城市里没收了官僚资本，直接建立了社会主义公有制，但农村还是小农经济。20 世纪 50 年代中期实现了农业合作化，1958 年又实现了“公社化”。这样，城乡都实行的是统一的社会主义制度。

从生产力方面看，1958 年开始的大搞农田水利建设运动，1964 年开始的“农业学大寨”运动，推行农业“八字宪法”，都提高了农村生产力水平。改革开放以后，农村实行家庭联产承包制，极大地调动了农民的生产积极性，粮食获得连年丰收。再加上农村乡镇企业的兴起，农村面貌变化很大。有两个时间段农民实际收入增长速度甚至超过城市居民。一个时间段是 20 世纪 80 年代上半期，农村“包产到户”的推行和农产品收购价格的提高，推动了农民收入的提高。另一个时间段是 1994 年至 1997 年，城市经济紧缩，而农村收入由于农产品价格上涨和产量提升，得到较快的增长。进入 21 世纪之后，国家一直强调要“以工补农，以城促乡”，2003 年取消了农村的教育附加费。2003 年到 2006 年取消了农业税以及其他大部分费用，消除了农民的税费负担。随之，国家提出“建设社会主义新农村”的口号，政府对农村的投入，每年递增 15%。再加上这个时期农民工大量进城，农民的收入获得增长。

新中国成立以来，城乡关系发生了巨大改变，但应该承认，城乡二元结构问题并没有从根本上解决。这表现在：

城乡之间在劳动生产率和经济发展水平方面的差别仍然很大。

城乡居民之间在收入方面的差距并没有缩小，而是有所拉大。

历史形成的城乡分割的户籍制度，在产品分配方面的不均等问题虽然基本解决，但在公共服务方面的巨大差别仍然存在。

面对新建立的社会主义市场经济新体制，面对世界经济全球化的大趋势，城乡之间在经济体制方面仍然存在着重大差别。城镇的经济主体已经能够比较好地和市场经济接轨，而农村以家庭为单元的超小规模的经营主体，则不适应与市场经济接轨，不适应农业现代化的要求。

无论在生产要素自由流动，人口自由流动，还是城乡之间互联互促方面，都还存在许多障碍，偏远地区贫困农村的发展问题需要解决。

这些都说明，不仅广义的城乡二元结构问题，而且狭义的二元体制问题都依然存在。所以，实现“城乡一体化”，进一步解决城乡二元结构问题，应该作为我国新型城镇化的基本目标。

（三）强调“城乡一体化”是为了更加重视农业现代化，以保障城镇化的健康发展

在我们这样的传统农业大国，城镇化中最容易出现的问题是顾了一头，丢了另一头，顾了城镇，丢了农村。

在谈论农业人口大量向城镇转移的时候，经常听到这样一种观点，即认为城镇化过程将会导致农业的衰退，青壮年农业劳动力不再从事农业劳动了，今后谁来种田？农村只剩下老人、妇女和儿童，他们能担负得起艰辛的种植粮食的任务吗？如果外出务工的男性劳动者在城里找到了比较稳定的工作后，把妻子和孩子都接到城镇去安家了，那么农村岂不变成“老人村”了？

不能不承认农民进城会给农业的发展带来较大的冲击。但解决的办法不是不搞城镇化，而是加快农业现代化。城镇化正是农业现代化发展的大好时机。

1. 城镇化对农业现代化发展提出了强烈的需求

农村人口向城镇转移，使得再用“人海战术”解决农业问题成为不可能，再停留在一家一户“小打小闹”的农业水平上成为不可能，传统农业

再也不能继续下去了。正是这种“逼上梁山”式的强烈的需求，成为农业现代化发展的巨大动力，国家需要农业现代化，农民也需要农业现代化，农业现代化成为必然。

2. 随着城镇化发生了有深远意义的生产要素重新组合

在农村人口向城镇转移的同时，资本、技术、人才也会流向农村，并在农村生产要素重组中发挥更大作用。新型的农村需要新型农业企业家，能够吸纳和整合各种要素的各种经济组织将在农村获得空前的发展。这就为农业现代化创造了基础条件。

3. 城镇化促进了城乡一体化，必然带动农业现代化

城镇化吸收了农业的多余劳动力，提高了农业的劳动生产率；城镇工业的发展和第三产业的发展，为农业现代化提供了技术、设备和多种服务；城乡人口的增多，扩大了农产品消费的需求；城乡经济渠道畅通，必然扩大和扩展农产品的市场；城乡文化交流必然导致农民素质的提高，如此等等。总之，城乡结合，工农互促，不仅是靠政策，而主要是靠新的机制，新型城镇化和农业现代化比翼齐飞的局面就会出现。

四、“城乡一体化”的条件

实现城乡一体化主要需要下列条件：

（一）提高农业劳动生产率，使之和工商业的劳动生产率逐步接近

前面我们论证过，提高农业的劳动生产率，必须减少农民，使我国超小规模的农业生产变成“适度规模经营”。城镇化能够把富余的劳动力转移出去，通过减少农民而富裕农民。

但是，减少农业劳动力只是一个先决条件，真正实现农业劳动生产率的提高，还必须实现农业现代化。搞好农业生产，毛主席当年概括出“八字宪法”：水、肥、土、种、密、保、工、管。农业现代化，首先必须是这八个方面的现代化。

解决这八个方面的问题，实际上需要从三个方面努力。一是国家和政府。农田基本建设，特别是农田水利基本建设，没有国家和政府的投入和组织是不行的。二是农业服务体系。现代化农业不是“万事不求人”的农业，而是社会化农业，必须靠完善的机械、科技、植保等方面的服务机构提供优质服务，才能顺利运行。三是农民和农户自身。需要农民自己的努力、资本的积累和素质的提高。

（二）建立健全联结城乡的产业链

城乡产业一体化是实现城乡一体化的基础。必须下力建立联结城乡产业的产业链，必须形成城乡产业一体化的市场机制。

通过农业产业化，使农业运营机制和市场经济接轨。农业的问题不仅是生产问题，还是经营问题。传统农业是自给自足的自然经济，无经营可言，不是近现代意义上的“产业”。“农业产业化”的核心就是江泽民同志说的：“把千家万户的农民和千变万化的市场相衔接。”让农民富起来的基本途径是把农民引入市场，而要使一家一户的小船不致被市场的海洋所吞没，就要靠“农业产业化”这艘大船。

跨越城乡的商业网络的建设同样重要。通过这样的商业网络，农村的产品可以更畅通地进城，城市的产品可以更畅通地下乡。减少环节，降低成本，城乡居民和企业都获益。其中，以县城为中心建立这样的商业网络尤为可行和重要。

总之，依托市场机制建立产业链，农民和龙头企业成为利益共同体、龙身在农村，龙头在城镇。城镇越发展，农村越发展。再通过商业网络联结城乡，实现城乡一体化就有了经济基础。

（三）创建和市场经济接轨的农村经济体制

我国农村的经济体制几经变化，改革开放以后，实行了“包产到户”，仍存在着土地规模过小，难以与市场接轨的问题。规模背后是经济体制问题，集中表现为一点，即缺少能够与市场经济接轨的经济实体或经济法人。各地为了解决这个问题，都有一些创造和创新。但总体来说，我国农村的经济体制仍然缺乏统一的理论和制度指导下的规范，大部分地区、大部分农村仍然处于自发和无序的状态。这是在实现城乡一体化过程中亟须解决的问题。鉴于这个问题的重要和对这个问题认识的不足，随后专门有一段论述这个问题。

（四）基础设施改善，城乡联系便利

能源、通信、交通等方面的基础设施改善，能使城乡之间在物流、人流、信息流等方面的联系和交往畅通。由于互联网的广泛应用，信息流的问题比较容易解决。但是在能源供应和道路交通方面，还有许多工作要做。物流不仅是物质运输问题，还有畅通的市场机制问题。

从日本的经验看，它的城镇化后半程，铁路和港口的投资比重持续下滑，但公路投资所占比仍然增长。我国是一个幅员辽阔的国家，联结城乡的公路建设将是一个巨大的工程。公路在实现城乡一体化中的作用不可小视。

（五）城乡居民收入差距缩小，实际生活水平接近

目前我国城市居民可支配收入与农民纯收入之比在3∶1以上，应该逐步缩小两者之间的差距。当然，考虑到农村生活开支比城镇要低，也不一定完全拉平，但实际生活水平应该接近。

农村家庭收入的提高，并非全靠农业的收入。20多年来，我国农民的非农收入比重已经大幅度提高，从1990年的22.3%提高到2004年的52.4%，目前已经达到60%以上。随着城乡一体化水平的提高，越来越多的农民离土不离乡地从事非农产业，农村越来越多地在当地经营非农产业，农民的非农收入还会增加，农民的收入增长存在一个很大的空间。

从全国来看，区域之间的差别，可能会超过城乡之间的差别，发达地区的农村居民的收入水平可能高于欠发达地区的城市居民的收入水平。在珠江三角洲地区，许多农村盖了大量厂房，租借给企业使用，农民可以获得稳定的、数额颇大的租金收入，同时自己还从事农业和非农产业的经营，他们的收入比在工厂做工的工人还多。所以，那里的农村户口比城市

户口还值钱。从全国看，这当然还是一个特例，但城乡一体化将会为农民增加收入开辟新的途径则是很显然的。

（六）逐步建立覆盖城乡的水平大体相当的公共服务体系，城乡居民能够双向自由流动

以城乡不同户籍划分的不均等的公共服务体系，是目前城乡二元结构的重要标志。实现城乡公共服务均等化是实现城乡一体化的重要内容。建立能够覆盖全国城乡和不同区域的均等化的公共服务体系，应该是我们最终的目标。

没有人为限制的劳动力流动和居民流动，将为国家、社会和居民带来巨大的红利。有一部分人口在城乡之间双向流动，对人口城镇化有重要的调节作用。如果农民工在城里干不好，农村又回不去，成为城市游民甚至城市贫民，并不是好事。经济发展都是有波澜起伏的，当城镇里的劳动力需求下降的时候，劳动力能够从城镇回流到农村，对经济全局是有利的。

人口自由流动是城镇化成熟的表现。从城镇化角度看，似乎从农业到非农的人口流动是“正向”，从城镇到农村是“逆向”，但“正向”的主流，并不否定“逆向”的调节。城镇化最终应该建立全国统一的城乡公共服务体系，创造人口自由流动的条件。

（七）建设各具特色、各具优势的城乡环境和城乡生活

“城乡一体化”不是“城乡一样化”。必须在承认和发展城乡各自环境和生活的特色和优势的前提下，求得城乡各具特色，才是理想的“一体化”。

必须看到农村在环境上的优势，切不可按照城镇的模式改造农村，把农村变成不伦不类的样子，这就是有人批评的“农村不像农村，城镇不像城镇”，或者“农村像城市，城市像农村”。一定要注意发挥农村在环境上的优势。现在城里的有钱人到农村去买别墅，要的就是环境。如果别墅的环境和嘈杂的城市一样，还要别墅干什么？如果农村的环境优势在城镇化中消失了，那将是巨大的损失。

农村和小城镇保留着许多传统文化和地域特色，千万不要在我们这一代人手中让它损坏了、消失了。这些都是不可复制的民族和国家的遗产，不仅历史价值、文化价值不可估量，经济价值也很高。如果没有保存得很好的乌镇，如果没有保存得很好的丽江古城，这些地方的旅游事业无从谈起。更重要的是，中华民族的历史和文化不能因城镇化而中断。所以，任何一个地方搞城镇化的时候，第一个要做的工作，不是确认哪些地方可以拆，而是确认哪些地方不可以拆。这方面的教训，已经足够多和足够沉痛。

从未来发展看，当太阳能等新能源普遍利用的时候，当许多交通已经把各个地方紧密地连在一起的时候，当信息网络已经覆盖城乡的时候，大城市享有的优势小城镇都几乎可以同样享受的时候，而农村和小城镇接近大自然，拥有宽敞、宁静、方便的环境优势，还有那些可以洞观历史的传统风貌，就成其独占优势了。

农村的生活方式也不要简单地向城市靠近。要注意保留农村更依靠自然的生活方式。中国人均资源短缺，城市生活耗费更多的资源，而农村人的生活却要节省得多。农村的生活更接近自然生态的生活。富裕起来的农民不要照搬市民的生活方式，而是让更多的市民羡慕农民的生活方式，起码愿意体验一下农民的生活方式。

五、下力解决农村经济体制问题

这里把农村经济体制问题单独抽出来讲一讲。

讲城镇化，突出农村经济体制问题，似乎文不对题。其实不然，农村经济体制问题不解决，便没有农业现代化，便没有城乡一体化，城镇化也是建立在沙滩上。

我国对农村改革一直很重视，多年的“一号文件”证明了这一点。但对农村改革，也存在着一些模糊认识需要解决。我国改革第一个突破就是农村改革。它的成果集中体现在包产到户普及后，农业增产、农民收入提高、农村劳动力解放，农民欢迎这个改革，又怕政策改变。为了给农民吃

"定心丸"，中央多次重申"包产到户"至少五十年不变，说的是"至少"，"至多"没有说。这就产生了一个问题：农村家庭联产承包制是改革的一个阶段性成果，还是改革到此为止？

提出这个问题，是因为市场化、城镇化和农业现代化向这种经济体制提出了挑战。

挑战集中在人、业、地三个方面。人：农民积极性提高了，农村劳动力富余了，不想继续待在农村了。业：一些农民不想再干农活了，想寻求更高收入的职业。地：外出农民的土地闲置了，一些承包地被征用，这些农民无地可种了。总之，人、业、地的流转要求向人、业、地的固化提出了挑战。

怎样认识这个挑战？让我们做一些分析。

土地是农业最基本的生产资料。新中国成立前后实行土地改革，没收地主富农土地分配给无地少地的农民。新中国成立以后实行农业合作化，把土地私有变为土地公有——集体所有。公社化是"三级所有，队为基础"。改革开放以后实行"包产到户"，土地所有权和土地使用权"两权分离"。在制定《物权法》的时候，特别把"使用权"也作为一种物权，在法律上加以保护。农村土地的集体所有制是必须坚持的底线，如果实行私有化，可能会造成两极分化，社会主义制度的优越性将难以体现。

看上去，这是一个两难的抉择：保持家庭联产承包制稳定，不能适应城镇化要求；适应城镇化要求，不能保持政策稳定性。

其实，这是一个伪命题。

保持家庭联产承包制，实际就是保护农民在改革中获得的"既得利益"。如果不否定既得利益，而添加新的利益，不是否定家庭承包制，不是推倒重来，不是折腾，而是在此基础上进一步深化改革，使农村经济体制更加适应市场化和农业现代化，使农民的利益得到更加切实的保障，这样的深化改革必将得到农民的拥护。

让我们看看"扣"在哪里。

我国宪法只规定农村土地归集体所有，但并没有相关法律具体规定由哪个组织代表“集体”享有这个“所有”。目前，农村实行了村民直选制度，建立村民自治委员会。这里存在着两个需要解决的问题：一是，村民委员会能否代表集体拥有农村土地所有权？村民委员会不是政权机构，也不是经济组织，更不是经济实体，应该说没有这种法人资格；二是，农民作为集体的一员，是否拥有部分土地所有权？理论上应该是肯定的，但目前的“集体所有”又是不能切割的。

明确这两点之后，“扣”就找到了，解决的办法也就有了。那就是要建立这样一种具有独立法人资格的经济实体，这个经济实体能够代表集体拥有土地所有权，同时，每个农民或农户又可以从这个经济实体中获得与承包土地相应量化的权益。

这样的农村新型经济主体已经创造出来了，那就是**股份合作制经济组织。**

20 世纪 90 年代中期，工业化和城镇化进展得比较快的广东以及温州等地方，首先创造了村级“股份合作制”经济组织。这种股份合作经济组织把本村的包括土地经营的各种经济活动归总到一起，按照现代企业的方式进行经营。集体所有的土地作价成为这个经济组织的资本，每个农民或农户按照自己承包地拥有相应股份，叫作“土地经营权入股”，那些承包地被征用的农民，虽然原来承包土地没有了，但仍然视同拥有承包权，可以按照承包份额拥有相应的股份，可以分红，可以转让，也可以继承。

股份合作制与原来“集体经济”的区别就在于：原来的集体经济是脱离每个农民的权益而架空的，对这个集体经济只有干部有发言权和决策权；股份合作经济组织是建立在每个农民的权益基础之上的，每个农民都有自己的股份，都是股东，都是主人，都有发言权，都参与决策，自身利益有了保证。土地流转的难题，也在农民利益有保障的前提下得到了解决。

此前，北京昌平区有 7 个村的土地被大面积征用，用作北京郊区天通苑的住宅建设。这些村则用土地所有权（经营权与所有权挂钩）直接入股的办法，创造了一种新型的股份合作社组织。股份合作社的董事会由全体股东（农民）选举产生，负责包括土地在内的集体财产的处置和管理。大事由股东大会决定，日常事务由董事会决策。这就制衡了村干部的权力，更好地保障了农民的利益。

各地都有类似的探索，也在这种原则下，创造了一些新的多种组织形式。

例如：家庭农场。

在土地确权以后，有条件的农户，包括一些种植能手、养殖能手，可以成为新型家庭农场主。他们懂得如何种植，如何养殖，并且懂得如何经营。他们有能力，并且信誉好，外出的农民（务工的、经商的、有手艺的等）信任他们，把手中的土地转包给他们或出租给他们，于是他们实行规模化经营，土地面积扩大了，雇几个工人，全部实行机械化，科学种地，科学管理，劳动生产率大大提高。这些家庭农场主可以住在附近城镇，也可以住在农村，或两边轮流居住，在融资方面得到政府和金融机构的扶植。

例如：农业专业合作社。

这种农业专业合作社是农民自愿组成的，民主管理，财务制度严格，账目公开。他们把自己信得过的人选为领导人，有任期，可以连选连任。这些农民专业合作社可以同龙头企业合作，或同后者建立长期的业务上紧密关系，如种子供应、防治病虫害、试种新品种、产品销售等关系。农民专业合作社之间可以建立协会或联社之类的组织，也可以合建车队、船队、仓库、码头、培训基地等。

例如：农业企业。

农业企业有若干种模式。有的地方，农业企业带资本，带技术下乡，在荒滩沙地，进行改造土壤，播种农作物的试验，既治理环境，又可以获取利润。有的地方，农业企业把新农村建设、社区重建和发展农业三者结合起来推行。农民把土地入股于企业，企业为农民盖新宿舍，并且按农民的专长，分配到合适的工作岗位。农民的社会保障费用则由企业承担。有的地方，农业企业专门从事良种的试验，它们同农民合作，为推广良种作出贡献，而农民的收入也随之增加。还有的农业企业专门为农民进行产前产后服务，这样既方便了农民，还能增产增收。

总之，造就新型的农村经营主体，是农村经济体制深化改革的关键，它是包产到户改革的必然延伸，是农业市场化、农业现代化的体制保证，是新型城镇化健康发展不可或缺的基础。

值得注意的是，目前农村经济体制深化改革，不能采取合作化和公社化时的“运动”方式，也不能采取当初“包产到户”时的“风靡”方式，必须从当地实际出发，尊重群众意愿，依靠农民的需要和意愿有区别地逐步地进行。当然，及时地总结和交流经验，制定相应的政策，进行恰当的引导，也是必要的。

第三节
注重“就近城镇化”

一、为什么要注重“就近城镇化”

新型城镇化要更加重视“就近城镇化”。

何谓“就近城镇化”？一般把城镇化理解为农民“背井离乡”地进入大城市，而“就近城镇化”则更重视农民“靠近家乡”实现城镇化。靠近家乡主要是指不离开本地。本地不仅是指农村，更包括当地的镇、县，有些地方还应该包括地级城市，至少要逐步减少现在这种由西到东候鸟式的大流动。中国人把籍贯定为“县”，以“县”为界定标准，是科学的。“就近城镇化”就是更多地依托县和镇实现城镇化。

为什么要注重“就近城镇化”？

（一）从城镇人口容量和城镇人口分布的关系看

中国城镇化从农村转移出的人口数量非常之多，必须考虑城镇怎样容纳如此巨大数量的人口。

中国实现城镇化，需要转移出多少人口？前面已经说过，目前城镇7.3亿人口，有3亿处于半城镇化状态，基本实现城镇化还需转移5亿多人口，城镇人口将达到12.5亿。

有的专家论证，大城市的效率大大高于小城镇，人口应该进入大城市。单从效率说，确应如此。但从可行性看，都进入大城市是不可想象的。且不说进入大城市门槛高、难度大，单从容量上说，肯定是不可能的。北京、上海再增加1000万人口，可能效率尽失。如果靠新建大城市，需要新建50个千万级人口的大城市，中国已经找不到这么多符合条件的地方了。

但是，全国有2000多个县，有2万多个镇，每个县城增加5万人，就可以多容纳1亿人口；2万多个镇，每个镇增加2万人，就可以再容纳4亿人口。中国的国情决定了，城镇化转移出来的人口，按总量来说，主要应该容纳在众多的中小城市和小城镇，而不是少数大城市和特大城市，理论论证一定要和实际情况相结合。

正是因为小城镇具有这样的重要地位，所以，从20世纪80年代初开始就先后提出"小城镇，大问题"、"小城镇，大政策"、"小城镇，大战略"，一直到90年代末，世界通行的"城市化"概念在中国被改为"城镇化"。一字之改，正是为了突出中小城市和小城镇的重要性，体现了中国城市化道路的特色。

目前我国城镇化的问题之一，就是人口集聚状况的不合理、不均衡，大城市超饱和，中小城市和小城镇容量不足。这可以看成难以避免的"过渡状态"，但不能作为"终极目标"。

（二）从城镇化和"城乡一体化"的关系看

"就近城镇化"更有利于实现"城乡一体化"。

"城乡一体化"的实现，从空间来说，应该特别注意城乡的联结带和过渡带。这个联结带和过渡带就是县、镇两级。我们提出过发展"县域经济"，这里的"县域"并不单指"县城"，而是包括县、镇、村三级，即整个县囊括的城乡。后来又提出“建设社会主义新农村”，这里说的“农村”、也不应该单指那些自然村，它应该包括县、镇、村这一整体。离开这个整体单纯地建设“村”，是建设不起来的。

县、镇、村三级中，县、镇两级是“市尾村头”，从城市角度看，它们是城市的“基层”，是实现城镇化的战略基础。从农村角度看，它们是农村的核心，工农联结点，是建设新农村的龙头。一个行政县的区划，县城只占很小面积，大部分甚至绝大部分国土是农村。一个行政镇的区划也是如此。县、镇两级不仅是农村行政领导中心，也是农村经济活动的中心；不仅是农业产业化龙头企业的所在地，也是农民购买生产资料和生活资料的主要市场所在地；不仅是为农业提供现代化服务的各种机构所在地，也是整合各村资源的中心。实现农业现代化，离开县和镇两级的发展和支撑，是不可想象的。因此，要实现城乡一体化，必须加强县、镇两级建设。

（三）从城镇化中各种要素的关系看

“就近城镇化”，更容易实现人、业、地各种要素的结合和匹配，能够更有效地推进城镇化的进程。统计显示，1978 年乡镇企业就业人数为 2830 万人，目前已经增加到 1.5 亿人左右。

“就近城镇化”，农民在当地就参与了城镇化，更容易见到城镇化的成果，看到家乡的变化，能够更好地调动农村参与城镇化的积极性，而不是消极地“被城镇化”。

“就近城镇化”，农民不必远走他乡到陌生的大城市，可以降低城镇化的成本，包括农民自身付出的各种成本和国家投入的成本，同时也可以减少各种社会矛盾。现在每年一度的令人头疼的“春运潮”，就是远走他乡的亿万农民工候鸟式往返形成的。

“就近城镇化”，“以业兴县，以业兴镇，以县带镇，以镇带村”，往往有水到渠成的效果。县域经济的发展，县城和小城镇的发展，特别是一些特色镇、重点镇、重点村能够“自动升级”，一些大村、中心村发展到一定程度就可能转变成为镇，一些镇发展之后可能变成小城市和中等城市，一些县城可能变成大城市。

我国沿海一些经济发达地区，走的就是“就近城镇化”道路。20世纪80年代初，乡镇企业崛起，带动了一批县城的发展。如常州的武进县、无锡的无锡县、江阴县，都变成了城市或城市的新区，著名的华西村已经变成了一个经济规模很大的城镇。广东珠江三角洲地区也是如此。在那里城乡实际上已经基本连成一体。随着经济的发展，佛山已经成为囊括若干县级市的大市，东莞县、中山县升级为地级市，而所属的镇虽然没有正式升为县级市，但实际已经达到中等城市乃至大城市的规模，例如虎门镇就有100万人口，已经变成了一个大城市。这些地区的就近城镇化不仅“消化”了当地农民，而且吸收了大量的外来劳动力，促进了全国的城镇化。

二、怎样推进“就近城镇化”

近些年来，各地已经出现了许多好的经验，需要认真总结和推广。

（一）“三化一体化”，即工业化、农业产业化和城镇化有机结合

人们对这“三化”的认识和重视，似乎是有顺序的，先是工业化，次之是农业产业化，而后才是城镇化。我国沿海地区的城镇化就留下了这样的痕迹。苏南地区在乡镇企业崛起的时候，人们工业化的意识比较强，但缺乏城镇化的观念，工厂的分布没有统一的规划，没有发挥城镇合理集约的作用，一度形成“村村点火，处处冒烟”的局面，环境污染很难治理，以致后来太湖的污染成为举世瞩目的问题。珠江三角洲也有类似的问题。许多城镇的布局显得杂乱无章，众多水塘变成了黑水坑。处于自发和半自发状态的城镇化留下的后遗症，今后可能还要付出许多代价。后发展地区在吸收它们的经验的时候，也要注意吸取它们“三化”不够同步的教训。

（二）“三区联动”，即老城区、新城区、农村新社区有机结合

对老城区要进行改造，而不是消灭。老城区保留着城市的历史和文化

特质，在城镇化的过程中，应该保存下来、传承下去。但需要用现代化手段加以提升。通过机关、企业外迁，基础设施升级，形成商业区、服务区和文化区。

新城区建设是城镇的主要生长点。要根据城镇定位，制定科学的城镇发展规划，合理布局工业区、开发区、行政区、居民区、文化教育区等新城区建设，形成政治建设、经济建设、文化建设、社会建设、生态文明建设“五位一体”的现代化的主要依托。新城区建设往往是城镇化过程中建设的主战场和着力点。

有的地方这样总结新城区建设的经验：“工业集群化，集群园区化，园区社区化，社区城镇化。”这是一个思维和操作的链条：发展工业产业，不要“泛泛而论，行行俱到”，一定要集中发展优势产业；优势产业要形成规模、迅速发展，一定要采取产业集群的方式，造成同类企业聚集，并形成完整的产业链，而且以产业集群的方式招商引资才更有吸引力；产业集群的空间布局不要分散，要尽量进入工业园区，便于管理、便于提升，便于造成影响，便于打开市场；园区建设一定要搞好住宅和公共服务设施配套，使其不仅成为工作区、生产区，而且成为适宜居民生活的新社区；随着新社区商业和文化娱乐事业的发展，城市功能的增加，新社区就发展成为新城区了。

这个经验有效地解决了目前城镇化中存在的四个问题：一是没有突出优势产业，招商引资效果不理想。二是没有产业集群，产业竞争力和发展势头不理想。三是没有社区建设，工业园区只是生产和工作的场所，白天热热闹闹，晚上冷冷清清。职工每天奔波于上下班的往返途中，造成城镇的交通压力。四是工业园区和城区不能形成有机结合。

农村新社区建设具有重要意义。与市区的产业园区配套，建立农村新型社区，用宅基地置换方式，吸引有条件的农民到社区去住。农村新社区为城市未来发展留下空间，条件成熟后就可以顺理成章地转化为新型城镇或新市区。还有一类农村新社区是大城市中的“城中村”，大城市的发展已经把它们“吞食”进来了，但还没有“消化”。要选择好特色产业和特色功能，逐步融入城市。

（三）“四层衔接”，即市、县、镇、村四级功能有机结合

“就近城镇化”的“近”的范围应该包括中心城市（地级市）、县级市和县城、乡镇和村庄这四个层次。在一个地区里，这四层不能互不衔接，各自为战，必须有机结合，形成完整网络。为解决好这个问题，各层的功能定位非常重要。

一般而论，各层的功能定位应该这样确定：

中心城市：目前我国的地级市，多是人口 50 万到 100 万的中等城市，也有不少是 100 万以上人口的大城市。在实行“市管县”的体制后，它是这个地区的政治中心、经济中心、文化中心、信息中心。事实上，地级市已经成为我国经济的主要生长点。它的功能是双重的、综合的，既要保证城市自身的发展，又要增强对全地区的引导力、辐射力和影响力。同时，有的地级市还成为相关城市群的重要成员。

县级市：我国的县级市的规模相差很大，大多是 50 万人口以下的小城市，也有 50 万以上人口的中等城市。它是整个县域的政治、经济、文化、信息中心。从产业发展来说，它应该与市不同，如果市一级需要有综合性的话，那么县一级则应该更强调专业性和产业集群。我国靠专业性集群发展起来的县级城市很多。著名的义乌市、晋江市都是这样的县级市。

镇：我国有 2 万多个镇，目前绝大多数镇的规模还比较小，人口在 2 万～5 万人的居多，是城市与乡村的接合部。它们是“市尾村头”，主要功能应该是农业现代化的实施中心，联结城乡的关节点，同时容纳大量的就近转移的农村人口。

村：作为构成农村的基本单元，村的面貌在城镇化的进程中也将发生改变。随着农业现代化的发展，每个村不仅会发生水平的提升，同时也可能发生规模的扩展，包括村与村的合并。但这种改变不能是人为的、强制的，必须是建立在农业现代化发展的基础上，依靠农民自愿进行。

全国各地情况不同，市、县、镇、村的结构也有很大差别。例如在广东的东莞市、中山市，地级市下面没有设县，直接就是镇，但无论如何，

根据各级不同的功能定位形成有机的网络，都是必须的。

（四）创造符合本地具体情况的模式

“就近城镇化”这个概念就是从实际中来的，经过经济学家们总结和媒体宣传，这个名词渐渐被人们接受，被政策制定部门采纳。

各地需要从实际出发创造自己“就近城镇化”的模式。

广西恭城瑶族自治县是一个多丘陵、多山的农业县，农民靠种植和家畜家禽饲养为生，住宅简陋，饮水困难。最初，通过村民互助和政府补贴的方式，改善住宿和饮水条件。这是第一步。

接着，县、镇政府以三种方式帮助农民增收。一是组织商家为农户提供饲料和畜产品市场，统一外运到广东珠江三角洲和香港、澳门销售。二是提倡种植果树，精心培育新品种，既能在本自治区市场销售，又能销往广东和港澳。三是招商引资，欢迎本地和外地的民营企业参与当地工业化和城镇化建设，使地方经济进一步活跃起来，城乡居民收入日益增长。这是第二步。

地方政府财政收入增加了，城镇建设和公共服务相应改善，居民的生活质量不断上升。他们说：“除了孩子上学同桂林城区相比还有差距外，其他都比住在城区舒服。”这是第三步。

山东烟台龙口市“就地城镇化”的突出特色，是大型企业对城镇化的积极参与。由南山集团这个龙头企业牵头，把农民组织起来，把土地入股到集团。农业用地不改变，按土壤的性质和区位，有的种粮食，有的种果树，有的种葡萄，有的种饲料；在农村建设用地上，盖起了工厂和新农村居民楼群。农民新居，宽敞明亮，水、电、煤气供应齐全，如果家里人少，还可以把分到的住宅中的一部分出租给外人居住。生活垃圾处理、污水处理，井井有条。居住区附近，有学校、托儿所、幼儿园，还有卫生所、敬老院和各种生活服务设施。南山集团管理部门按照这些农民的体力状况、专长和志愿，或分派到南山集团下属工厂当工人，或去果园、葡萄园、菜地、粮田、饲养场工作，或留在居民区从事服务工作。每个农民年终按入股股份分红，每月还有工资可领。农民愿意外出务工或从事商业，也尊重他们的意愿。这种模式又被称为“公司＋社区＋农户”模式。

这种模式的风险在于龙头企业如果经营发生了问题，出现了亏损怎么办。于是有人建议，实行这种模式的龙头企业，应该每年从利润中提取一定比例的风险担保基金，这笔基金平时不用，遇到大风险时，用于缓解农民遇到的困难。

天津市创造了华明示范镇的经验，其基本方针是：承包责任制不变，可耕种土地不减，尊重农民自愿，以宅基地换房，效果不错。湖北武当山地区，政府牵头，企业参与，以“问道武当山，养生太极湖”的口号振兴旅游业，全面规划地方城镇化，农民的长远利益也得到了保证，取得了比较好的效果。

三、注重民营经济

与“就近城镇化”相配套，要更加注重发展民营经济。

如果本地区有丰富的矿产资源，国有企业有开采矿产资源的打算并愿意在这个领域投资，那当然是一件好事。对于国有企业和民营企业的进入，应当采取一视同仁和公平竞争的政策。如果生产有特色的产品，那么民营企业在这个领域的优势可能更加明显，它们具有灵活的市场机制，适应市场的变化，在时尚、花色品种、价格的升降、同客户之间保持经常联系等方面有胜过大企业之处。同时，它对当地来说还有两大好处：一是可以比较好地解决就业问题，二是为当地财政提供更多的收入。

为了缓解城镇化过程中的就业问题，以及繁荣城镇经济，扶植和帮助居民创办小微企业是必要的。无论是老城区、新城区还是新社区，都要鼓励本地居民和迁入的农民创办小微企业。**农村人口进城的思路应该拓宽。农民不仅可以“进城打工”，而且应该提倡他们“进城创业”。农民打工，获得的是劳务收入，农民创业则可以获得经营收入和资产收入。鼓励农民创业，则必须大力扶植民营企业的发展，特别是小微企业的发展。**

贵州省毕节市在扶植小微企业方面有一项成功的经验，就是在城区中划出一块地方，成立小微企业园区，吸引小微企业到这里来设厂设作坊，政府给予小微企业若干便利，政府的服务和管理到位，小微企业进驻园区后，产生了“归属感”，认为园区就是自己的“家”。

许多城镇发展小微企业的经验证明，民间蕴藏着极大的创业积极性。它们有自己的筹资融资渠道，它们有自己的进货和销售产品的网络，这些都不需要政府操心。它们寄希望于园区管委会或工商部门的是秉公办事，维护市场秩序，是尽可能帮助小微企业解决一些难题。

许多城镇经济发展也证明：一个城镇，无论规模大小，都有共同点，没有民营经济，没有小微企业，市容冷冷清清，没有“人气”，特别是到了夜晚，街上没有什么行人，更不必说购买商品的顾客了。反之，哪个城镇的民营经济发达，小微企业多，街道两边生意红火，有购物的，有上小饭馆吃饭的，有各种服务业店铺，还有群众文化活动等。“人气”旺，反映了市面繁荣状况，城镇就业压力也就在这样的气氛中化解了。

就业是靠就业扩大的。一些人就业了，他们有了收入，他们花掉收入就成为别人就业的条件。如此一轮一轮下去，就业率也就提高了。这就是经济学中的“就业乘数”原理。

繁荣是靠繁荣支撑的。一个城镇，经济繁荣了，人们的收入普遍增长，于是收入转化为消费和储蓄。消费多了，市面就更加繁荣。储蓄转化为投资，投资多了，城镇经济就有可能继续繁荣。这就是经济学中的“消费和投资共同促进经济增长”的原理。

同样的道理，富裕是靠富裕带动的。一些人先富起来，一方面会伸出援助之手帮助自己的亲友致富；另一方面，会对其他人起着示范作用。这就是经济学中的“示范效应”。

因此，只要措施得当，民营企业的发展会对解决城镇化产业支撑问题发挥很大的作用。

第四节
注重农村新社区建设

一、新社区：中国城镇化特色

城镇分成三个组成部分，即老城区＋新城区＋新社区。**新社区是中国城镇化的最大特色之一。**

中国地少人多，而且农村人口多。在城镇化过程中，如果农村人口一下子全都涌入老城区和新城区，从土地、淡水、住房、公共设施等方面看，短时间都难以满足。那时，老城区和新城区人满为患，生活质量严重下降，城镇还有什么优势可言？

所以，新社区的建设以及把新社区作为中国“以人为本”的城镇化一个必要的组成部分，是中国人智慧和创造的体现。

究竟什么是“新社区”，它们在中国城镇化过程中究竟起着什么作用呢？

近年来，在一些地方已经开展了建设新农村的工作，包括合并村庄，重新规划农民住房布局，拆旧屋建新房，另辟适合居住的地点建成楼房，变为农民新村。当初的考虑可能是为了改建、修缮危房，让农民住得舒适些、安全些，也可能是想把宅基地置换出来，以便扩大耕地，同时把面积对等的远处耕地辟为工业园区。人们把经过改造的农村叫作“新农村”。

在此基础上，为了建成新社区还需要继续推进以下五项工作。

第一，园林化。仅有几栋甚至几十栋新楼是远远不够的。为了把这些楼群建设为适应人们生活和休闲的住所，需要进行园林化。

第二，环境治理，包括污水处理、生活垃圾回收和处理。要走循环经济的道路，要把楼群及其周围地带建设成符合绿色生活区标准的生活区。

第三，公共服务到位，完善各种公共服务设施。例如学前教育、义务教育、医疗保健、生活服务、老人福利设施等。

第四，城乡社会保障一体化。在新社区中城乡社会保障待遇不再有农村户籍和城镇户籍之间的差别。

第五，社区自治。从管理的角度来看，这时已有条件实现从村民自治向社区自治过渡。社区建立了居民自治组织，民主选举社区管理机构，账目公开，阳光操作。

经过这样的改造，人们把它叫作“新社区”。新社区建设有许多好处。

首先，新社区建设好了，农民会感觉到生活在新社区比较舒适。这里有新的住宅，有各种公共设施和公共服务，周围都是熟人。即使有些人目前还不熟悉，但很快就会熟悉。与其直接迁入老城区或新城区，还不如迁入新社区。当然，这并不排除有些农民因各种原因（如在城区已经找到稳定的工作，找到住所，或者那里有亲戚朋友等）而愿意迁入城区。

其次，农民进入新社区比进入城区所需经费要低得多，为了减少政府财政投入的压力，不如先把新社区建设好，把那里的公共服务设施建设好，让新社区成为农民愿意在此安家立业的地方。

再次，从农民及其家属生活质量提升的角度看，大多数农民家庭认为融入农村新社区要比融入老城区或新城区更适合自己。至少年长的农民认为融入新社区生活过得更自在，没有孤独感，没有歧视或被冷落的感受。至于下一代或再下一代，他们将来会做出什么样的选择，现在不必为他们操心。

但新社区依旧是一种过渡形式，它们还会继续发展，继续转化，即转化为新城镇。在新社区成长过程中，商业、服务业、特色农业（蔬菜、果品业）、特色手工业会渐渐发展起来，外来人口也会向这里集中，新社区也就自然而然地转化为新城镇。这时的新社区，前面已经不必再加上“农村”或“农民”这样的字眼，它已经变成城镇社会的一种形态了。其演变轨迹是：新农村—新社区—新城镇。通过这个途径，许多农民及其家属将转变为城镇居民。

二、吸收企业参与新社区建设

新社区建设可以用多种形式吸收企业参与。

前面已经说过“公司+社区+农户”的模式，农民以土地经营权入股方式成为企业的股东，同时建立风险担保基金制度，以避免在公司经营欠佳时发生困难。

此外，还有两种不同形式，可供参考。

一种形式是：农民组成农民专业合作社，把土地经营权入股于农民专业合作社，农民专业合作社再同企业进行协商，商讨如何与企业合作，包括技术指导、帮助农民专业合作社发展和销售其他业务。农民住宅的规划改建、扩建、搬迁等事项，由新农村（新社区）管理层组织负责，而农业生产则由农民专业合作社的管理层组织负责。

在重庆市，这种模式被普遍接受和采纳。例如，梁平县盛产西瓜和茶叶，农民建立了西瓜生产合作社、茶叶生产合作社，通过签订合同的办法，同企业合作。长寿区和京津区盛产柑橘，农民组织了柑橘生产合作社，由柑橘生产合作社同企业协商，建立合作关系。由企业提供技术，提供生产资料（如种子、化肥、灌溉机械设备），并统一收购产品，经营销售。参加柑橘生产合作社的农民，有些把自己的承包地入股于柑橘合作社，年终参加分配，除了得到生产报酬以外，还有股金分红收入。至于农民的住房条件改善等，则由新农村（新社区）的管理层和柑橘生产合作社的管理层一起规划，一起组织修建、扩建、搬迁等。

这种由农民把土地经营权入股于农民专业合作社的做法，比农民直接把土地入股于龙头企业更有利。农民说：“大企业离我们农民太远了，平时同大企业接触不多，它们是盈利还是亏损，我们既摸不着，也看不见，我们不放心；而专业合作社，离我们近多了，它经营好坏我们都了解，可以放心。”

另一种形式是：由县、乡镇政府或由新农村（新社区）管理层牵头，一方面负责农民住房的改造、扩建、新建和搬迁，使农民生活条件得以改善；另一方面负责寻找工商业企业作为合作伙伴，帮助农民进行专业化生产，如帮助和指导农民修建蔬菜大棚、草莓大棚、瓜果大棚等，生产仍由农民各家自营，社区则组织专业化的运输队，帮助农民把农产品运往城镇市场销售。由于精耕细作，产量高，销路好，农民收入增长了。与新农村（新社区）有合作关系的企业也以合同方式把它们同农民之间的帮扶活动规范化，一切都按合同的规定办理，以避免违规违约事件的发生。

农民把土地经营权入股于农民专业合作社也有自身的弱点。农民专业合作社是本村本乡农民组织起来的，规模小，底子薄，市场经验不足，资本周转常常感到紧张，加之市场开拓能力有限，因此不一定能得到好的经营效果。

为了弥补这个弱点，一些农民专业合作社走联社的道路。联社也有缺点，如决策过程较慢，不能像小型农民专业合作社那样机制灵活，及时决策，而且机构大了，办公费用、职员人数也增多了，成本将迅速增多，办事效率则相应降低。

针对这个问题，有的联社采取“统分结合”的方式。从“分”的角度看，各个加入联社的农民专业合作社保持着自己原来的组织，实行独立法人的体制，自负盈亏，自主经营。从“统”的角度看，加入联社的农民专业合作社各自投一部分资本，成立公司型的“联社”，实际上就是成立一家股份制企业和外面的龙头企业合作，帮助和指导各个农民专业合作社开展业务。

无论采取什么形式，必须注意两个问题：一是一定要尊重农民的意愿，尊重农民做出的选择，防止干部大权独揽，名为“集体经营”，实际上变成“干部企业”。二是不断创造良好的相关条件，包括提高“社区指导”的质量，提高农民的知识和技能，创造良好的农村和小城镇的融资环境，农民要懂得维权，学会保护自己的利益。

三、新社区的升级和发展

新社区面临着升级和进一步发展的任务。

新社区升级最重要的是三项：一是新社区各类公共设施建设升级，以适应越聚越多的居民生活。二是实现社会保障的城乡一体化，即在新社区内，所有的居民都是一元化的户籍，即都是城镇户籍，城乡居民的权利平等了，长期存在的户籍歧视消失了。三是从建制上进行了改革，新社区不再是村的建制，而改为社区建制，村委会被社区管理委员会替代，这表明新社区在体制上通过改革而升级。群众对新社区的升级和发展有极大的积极性。

随着新社区的升级和发展，其中有一些完全有可能向新城镇过渡。这些由新社区转变而成的新城镇，同绝大多数原有的老城镇有一个区别，即原有的城镇是历史上经过多年的发展而逐渐形成的，而由新社区转变而成的新城镇则是新型城镇化过程中的产物，它们是一场悄悄的“造城造镇”运动的结果。这不是人为地靠行政手段、靠“长官意志”或指令而建立的新城镇，而是靠市场经济的力量来开拓、发展起来的新城镇。

当然，由于地理位置、产业支撑、土地空间、淡水资源等条件限制，有的新社区不可能转变为新的城镇。即使这样，那也是很了不起的成绩。这里的居民，在新型城镇化推进过程中已成为城镇居民。他们中虽然还有务农者，**但在户籍一元化后，城乡社会保障一体化后，农民只是成为一种职业，不再代表一种身份。从身份上说，他们都是居民。**

四、双向的城乡一体化

新型城镇化和城乡一体化，都存在一个单向和双向的问题。

从单向思维看，似乎城镇化就是把农村的人口转移到城镇，就是现有各类城镇要集聚更多人口。从双向思维看，城镇化虽然城镇要聚集更多的人口，但同时也可以通过一部分农村提升为城镇来实现。在我国这样的农村人口众多的国家，后一种途径所占比重可能比其他国家大。

要双向推动新型城镇化和城乡一体化，就要靠各种要素的双向流动。农村人口向城镇流动，同时，各种要素，如：资本、技术，也包括人才也要向农村流动。通过双向流动，才能在城乡之间更合理地配置各种资源，促进整个社会的发展。

在西方发达市场经济国家，城镇化和城乡一体化都是双向的。住在农村的人，可以进城务工、投资、建工厂、开商店、办手工业作坊，可以在城里购房、租房、建房。城里人也可以到农村去投资、购地、租地、办农场和牧场，可以在农村购房、租房、建房，也可以在农村安家落户，过着清闲的生活。这在法律上、政策上都没有障碍。

迄今为止，在中国只存在单向城镇化的政策，即只有农村居民迁入城镇的可能，而禁止、限制城镇居民到农村去购房、建房、租地、购地、办农场、充当家庭农场主等。那么，在新型城镇化推进过程中，中国的单向城乡一体化的情况能不能有所改变呢？

实现双向城乡一体化的难点，在于我国存在着城乡二元体制。农村人口改变为城镇人口，有城乡分割的户籍制度的限制。但总体看，各种要素从农村流向城镇这一方向遇到的体制上的困难，少于从城镇流向农村这一方向的困难。城里人没有本地农村户籍，凭什么到村里购地或买房呢？

正是在这种意义上，农村新社区的建设更加值得重视。它可能是克服现有体制障碍，促进城乡各种要素双向流动和组合的有效方式。企业和农民联手建设新社区，城镇里的资本、技术、人才等要素和农村的土地、劳动力、各种资源整合起来了。由于这种资源的整合，新社区覆盖的农业和其他产业迅速发展起来，逐步转变为一产、二产、三产多种产业的载体，必将有越来越多的外来人口进入本社区。随着社区升级为城镇，他们和当地农民一样，逐渐转变为市民。

除了本书前面列举的一些新社区的案例之外，珠江三角洲的实践更值得研究和借鉴。那里的农民，没有外出打工，甚至也没有进到当地原有的城镇中，而是利用农村的土地，建造了许多厂房，把这些厂房租赁给企业使用，收取租金。村里成立了股份合作经济体，利用土地经营权入股的办法解决了土地流转的问题。农民可以从股份中获得可观的分红，同时可以从事自己喜欢的职业，可以继续务农，也可以务工和经商。这些地方，已经不是原来的农村，实际上成了新社区。这种新社区，有的已经提升为新城镇，有的成为原有城镇的一部分。

总之，新社区的建设和提升，是实现“双向城乡一体化”的重要途径，“双向城乡一体化”是新型城镇化的重要思路。

第五节 注重构建现代化城镇体系

一、树立城镇新理念

新型城镇化，构建现代化城镇体系，首先需要树立新的城镇理念。理念是一种追求。如果城镇理念落后了，现代化城镇体系建设就会出问题。

260 多年来的世界城镇化历史发展，特别是现代工业化和信息化时代的到来，城镇理念已经发生了并且还正在发生着重大变化。

过去人们认为烟囱林立是城市的美景，现在则认为没有烟囱是城市追求的目标；过去认为高楼林立是城市的美景，现在则将其称为“水泥森林”；过去认为“车水马龙”是城市繁荣的象征，现在则感受到汽车过多交通拥堵令人头疼；过去认为历史遗留下来的建筑都是“四旧”包袱，毫不留情地加以拆除，现在则觉悟到其中有不少是具有极高历史价值、文化价值和经济价值的物质载体，千方百计地加以保护；过去认为城市越大越好，越大越有气派，现在则明白了城市规模过大是大城市病的根源；过去农村人到城市是开眼、是享受，现在城里人到农村是休闲、是旅游，能够看到城市没有的美景，能够呼吸到城市没有的新鲜空气……

城镇应该是什么样的，人们在反思。

中国是由半殖民地半封建社会直接进入社会主义社会的，是由贫穷落后的农业国直接进入工业化国家的，树立新的城镇理念更是一个迫切的问题。

在2013年12月12日中央城镇化工作会议上，习近平用了很大篇幅讲的实际就是城镇理念问题。他说，理想的城镇应该把城市放在大自然中，把绿水青山保留给城市居民。市民从闹市区走出不远，就可以看到绿色，可以养眼洗肺。他引用了2000多年前管子的话，“因天材，就地利，故城郭不必中规矩，道路不必中准绳”，还引用现代规划专家的话，“要本着跟土地搞恋爱的立场做好规划。”他指出，要体现尊重自然、顺应自然、天人合一的理念。要让城市融入大自然。不要花大力气去劈山填海，许多山城水城很有特色，完全可以依托现有山水脉络等独特风光，让居民看得见山，看得见水，记得住乡愁。他引述了古人描写自然风光的古诗：“湖阔数千里，湖光摇碧山”、“请看石上藤萝月，已映洲前芦荻花”、“回看深浦停舟处，芦荻花中一点灯”、“行人半出稻花上，宿鹭孤鸣菱叶中”、“红红白白花临水，碧碧黄黄麦际天”。城市周边保留一些庄稼地有什么不好？稻田、麦浪、青纱帐、湿地都可以成为城市风景。

习近平还特别强调了正确的城乡一体的城镇理念。他说，没有农业发展，城镇化就会缺乏根基。城镇化和城乡一体化绝不是把农村都变成城市，把农村居民点都变成高楼大厦，不能干“以城吞乡，逼民上楼”的事。城乡一体发展完全可以保留村庄原始风貌，慎砍树，不填湖，少拆房，尽可能在原有村庄形态上改善居民生活条件。

这些话语非常通俗，又非常深刻。

正确的现代化的城镇理念，涉及的方面很多，其核心就是“以人为本，天人合一”。要见物，更要见人；要为人，也要尊重自然；要人与人的和谐，也要人与自然的和谐。这是科学发展观的核心，又是我国传统文化的精髓。要更新旧的城镇理念，也要在城镇化的实践中创新城镇理念。

正确的城镇理念是保证城镇化健康发展的前提。追求的目标错了，其他焉有不错之理？正确的城镇理念需要在全民普及，特别需要居于实操岗位的政府决策层的理解和贯彻。否则，由于理念的不正确，辛辛苦苦干成的城镇化将不知道会是一个什么样子！是进步是倒退可能都说不清楚。

二、现代化城镇体系

新型城镇化的最终主体成果是建成现代化城镇体系。

推进新型城镇化，一定要把城镇化当成体系转换和体系建设来看待。

城镇化是整个社会结构的变化，即从以传统农村为主体的社会结构转变成以现代城镇为主体的社会结构。通过社会整体结构的转变，促成社会的现代化的全面发展。所谓结构，实际上是一个体系。好的结构，实际是一个有机统一、高效联动的体系。

城镇体系是以空间聚集和空间格局为主坐标构成的综合体系。之所以称为“综合体系”，是因为这个体系囊括了城镇实体、城镇关系和相应的城镇制度和文化。

(一) 七个层次

从聚集规模看，城镇体系包括七个层次：特大城市、大城市、中等城市、小城市、重点镇、镇、村。整个社会就是由这七层次组成的有机网络。七个层次统一高效，就是好的体系。反之，就是有问题的或劣等的体系。我们的城镇化，与其说是建设城镇，不如说是建设好这个网络。

界定城市的类型，主要是看聚集人口的规模。1980 年国家建委修订的《城市规划定额指标暂行规定》将城市分为四个等级：

城市人口 100 万以上为特大城市。

城市人口 50 万～100 万为大城市。

城市人口 20 万～50 万为中等城市。

城市人口 20 万和 20 万以下为小城市。

后来，我国城市数量不断增加，城市人口不断扩张。目前我国共有城市 657 个。其中超过 100 万人口的城市 125 个，100 万～200 万人口的城市 81 个，200 万～400 万人口的城市 30 个，400 万人口以上包括千万以上人口的大城市和特大城市 14 个。于是，将这个划分标准做了修改：

城市人口 500 万以上为特大城市。

城市人口 100 万～500 万为大城市。

城市人口 50 万～100 万为中等城市。

城市人口 50 万以下为小城市。

当然还有镇，全国建制镇由 1978 年的 2173 个，增加到 2012 年的 19881 个，重点镇近 2000 个，但超过 10 万人口的镇仅有 56 个，1/3 的小城镇人口不到 5000 人。

（二）三个层次

从涵盖范围看，城镇体系可以分为三个层次。

1. 宏观城镇体系

宏观城镇体系，是指全国城镇体系。它是由全国各地各类城镇形成的体系。这个体系主要由两方面构成：一方面是城镇结构，包括大中小城市和小城镇的比例关系，也包括世界级中心、国际级中心、国家级中心、区域级中心的定位关系。另一方面是城镇布局，主要是城镇在各大区域之间（例如东部、中部、西部）的分布状况。

衡量宏观城镇体系的标准主要是三条：一是规模结构：大中小城市小城镇的比例关系是否恰当。二是定位结构：每个城市的定位是否与本身和环境条件相匹配，各个城镇之间定位是否相协调。并不是所有大城市都可以成国际乃至世界级中心。三是布局结构：不同区域的城镇发展与当地条件是否匹配，区域之间城镇发展不平衡问题是否能够逐步得到解决。

根据全国主体功能区规划，我国宏观城镇体系的战略格局或骨干布局是“两横三纵”。

所谓“两横”，即两条横轴，一条是沿大陆桥通道，贯穿东西的横轴，一条是沿长江通道，贯穿东西的横轴。

所谓“三纵”，即三条纵轴，一条是沿海一线的贯穿南北的纵轴，一条是沿京哈、京广一线贯穿南北的纵轴，一条是沿包昆通道一线贯穿南北的纵轴。

2013 年 12 月 12 日召开的中央城镇化工作会议强调，要认真持续地按照这个战略格局办事，要一张蓝图干到底。

2. **中观城镇体系**

中观城镇体系，是指在一定地域范围内形成的“城市群”。这些城市群当然主要是由当地一些大城市组成的，同时也应该包括这些大城市涵盖的中小城市和小城镇。城市群与单个的城镇不同，它包含了城镇与城镇之间的关系，又包含了城镇个体与城镇群体之间的关系。这个体系的状况将影响和决定这个城镇群体和诸多城镇个体的效率和发展。中央城镇化工作会议指出，“城市群”将是城镇化的主体形态。

按照全国城镇规划和实际情况看，我国城市群分成三大阵营：

目前比较成熟的是三大城市群——京津冀、长三角、珠三角三大城市群。这三大城市群，以3%的国土面积，集聚了13%的人口，创造了36%的GDP，成为支撑和引领我国经济发展的最重要的阵地。京津冀城市群还将和辽东半岛城市群、山东半岛城市群联结，成为环渤海城市群。这些城市群可以称为我国城市群的第一阵营。

在全面提升东部城市群的同时，还将培育以武汉、长沙、合肥为中心的长江中游城市群、以徐州、郑州为中心的中原城市群，以重庆、成都为中心的成渝城市群。这些城市群可以称为我国城市群的第二阵营。

再有就是地域性比较强的城市群，如沈大、哈长、江淮、闽东南、关中天、呼包鄂、北部湾等城市群。这些城市群可以称为我国城市群的第三阵营。

3. **微观城镇体系**

微观城镇体系，是指单个城镇形成的体系。它是由城镇人口、城镇产业、城镇格局形成的体系。大城市体系复杂些，小城市体系简单些，但都是一个体系。这个体系的状况将决定这个城镇的活力和发展。

所谓现代化城镇体系，就是指这三个层次的城镇体系有机构成的一个国家的城镇总体系。三个层次的城镇体系都是集约高效的，整个国家的城镇体系才能称为现代化城镇体系。

具体到一个国家，由于自然条件、经济条件、历史条件不同，最终形成的城镇体系也不相同。

美国的城镇体系比较平衡，人口集聚比较均衡。城市的分布大体平衡，城镇人口集聚状况比较均衡。1000 万人口以上的城市占城市总人口的 13%，100 万～1000 万人口的城市占城市总人口的 44%，100 万人口以下的城市占城市总人口的 43%。美国城镇体系的缺点是城镇格局分散，占地面积大。

德国城镇体系的特点是分散，城镇人口分散、小城镇发达，77%的城镇人口分布在少于 50 万人口的城市。形成这一局面有一定的历史原因。二战之前，德国柏林、汉堡非农就业人数曾占全国 20.1%，聚集程度比较高。二战以后，柏林成了一块飞地，汉堡作为出海口有很重要的军事负担，工业和人口开始向西南部、远离东德的地区流动。德国小城镇发达是一个优势，但缺少规模比较大的城市作为中心，布局过于分散，规模效应不够，公共服务成本也比较高。

日本提供了另一个极端的例子。京阪神都市圈集中了日本 43%的人口，除了东京大阪之外，其他都是中小城市。从 1960 年日本政府制定第一次全国综合开发规划开始，到 1977 年之前，一直都希望通过基础设施建设投资等政策，把东京、阪神的产业向其他城市转移，但基本上失败了。最后的解决办法是把东京的企业和政府机构全部搬到东京周边地区。

我国的城镇体系规划，则是根据城镇化的规律，借鉴国外经验，从基本国情和区域差别出发，适应现代化发展趋势，加以全面统筹考虑制定的。

三、构建城镇体系的“两个真理”

思考城镇体系建设，我们可以发现，看似互相对立的“两个真理”同时发挥作用的规律。

(一)“外部经济”和“外部不经济”

这是两个重要的概念，无论对于宏观经济管理还是对于企业的管理都十分有用。城镇化推进过程中，我们同样需要正确对待“外部经济”和

“外部不经济”问题。

“外部经济”和“外部不经济”都是指外部环境的变动给经济生活、行业、企业带来的影响，这种影响可能是有利的、不利的或中性的。如果外部环境变动所给予的是有利的、积极的影响，就称作“外部经济”；如果外部环境变动所给予的是不利的、消极的影响，就称作“外部不经济”；如果外部环境变动所给予的是中性的影响，通常可以不予计较。

以城镇化为例。一个地区，如果推进城镇化，大量农民及其家属迁往城镇，城镇的经济增长加速了，就业增加了，税收增长了，某些行业规模扩大了，城镇化的“外部经济”很容易显现出来了，不仅被社会各方面注意到了，而且受到了颂扬。“外部经济”往往是城镇化的催化剂。

但“外部不经济”与此不同，它往往是隐性的，是被“外部经济”掩盖着的一种倾向，需要经过一段时间才能显性化。城镇人口增长、就业扩大、投资增加，掩盖着土地供给紧张，土地价格上扬，生活费用提高，生产成本和交易成本上升。工业企业不断增加，掩盖着废水、废气、废渣的排放越来越严重，环境恶化，污染企业外迁无处，治理缺少经费。这些被掩盖着的消极面，常常需要经过一定时间才被社会各方面所认识，但往往为时已晚。

“外部经济”和“外部不经济”的特点是很难找到相对应的利益机制。“外部经济”的受益者不会单独为此支付费用，“外部不经济”的受害者也很难找到应该给予补偿的责任者。

城镇化的决策者和领导者必须在看到一种倾向的时候，能够洞察被掩盖着的另一种倾向。一是首先应当抓紧制定本地区城镇化的中长期规划，及早对未来的建设作出统一安排。二是必须抓住城镇化“外部经济”最佳时机，把城镇经济发展起来，同时，又要注意对“外部不经济”的防范，环境污染问题必须在城镇化之初就加以重视，严格执行建设项目“环保一票否决制”。三是对必然发生的“外部不经济”问题，及时采取相应的对策。例如，生产成本和交易成本绝对不上升是不可能的，但要控制它的强度。同时要采取措施提升在生产成本和交易成本上涨过程中受损一方的市场议价能力。政府部门还可以对"外部不经济"受损者采取"统筹补偿"办法。有的城市实行的"分级电价"、"分级水价"，可以看作是对低收入者的一种补偿。为低收入家庭建造自住房或廉租房，也是一种补偿。

（二）聚集效应和扩散效应

城镇化首先靠的是聚集效应。人口向城镇聚集，产业向城镇聚集，社会各种活动向城镇聚集。由聚集而达到集约，由集约而达到集约效益。

从世界范围看，这种聚集仍在继续。最近半个多世纪，聚集的过程在加快，聚集的程度在提高。大城市越来越多，大城市的地位和作用越来越突出，大城市人口的比重在增加，世界城市规模增大的趋势很明显。联合国经社理事会预测，未来将会有更多的人口居住在大城市。其中500万以上人口的大城市，规模还将会继续扩大，这些城市的人口占世界总人口的比重，将从2007年的15.2%，上升到2025年的17%。这个期间，500万～1000万人口的城市的数量将从30个上升到48个，超千万人口的城市将从19个上升到27个。这些巨型城市将主要出现在亚洲、拉丁美洲和北美。

同时，由于人口、产业和各种活动在城市的过分聚集，产生了所谓的"大城市病"，城市变得既不"宜业"，更不"宜居"。这时人们想起了另一个真理——扩散效应。20世纪60年代提出的大城市要建设卫星城，是一种重视发挥扩散效应的思考与实践。近年来世界更加关注"城市群"，也是把聚集和扩散结合起来，更加重视扩散效应的思考与实践。

无论是第一次工业革命，还是第二次工业革命，聚集效应都成为主导。但进入第三次工业革命时代，由于互联网的出现和广泛运用，信息化的推进，现代交通的发展，社会的时空关系发生了重大变化。地理的距离大大缩短，空间的距离常常以时间来计算。虚拟空间在很多方面取代了物理空间，市场载体正由物理空间向虚拟空间转移。产业规模和企业规模，正在由集中型规模向分散型规模转变，扩散效应将越来越发挥更加重大的作用。这种情况必然对城镇体系建设产生巨大的影响。

在这样的时代，城镇化的效应不再仅仅从聚集中获得，也可以从扩散中获得。规模效应既可以在集中型规模中获得，也可以在分散型规模中获得。所以，在构建现代化城镇体系的时候，注意聚集效应的同时，必须更加重视扩散效应。

（三）平衡优势和不平衡优势

不平衡是事物发展的动力，又是发展的形式。不平衡是绝对的，平衡是相对的。平衡和不平衡在一定情况下，都可以成为优势。

在传统农业社会，劳动力和生产要素在空间分布上是均衡的，但它的劳动生产率比较低；在城镇社会，劳动力和生产要素在城乡不同空间的分布是不平衡的，但它的劳动生产率比较高。不平衡的优势超越了平衡的优势，于是发生了城镇化。当城乡之间劳动生产率达到或基本达到平衡的时候，城镇化的进程就会停止了。这里我们看到，追求劳动生产率的平衡，实现了劳动力和生产要素聚集的不平衡。

城镇化的发展进程也是如此。就一个国家说，总有一些地区的城镇先发展起来，另一些地区发展比较迟缓，形成了不平衡。到了一定时候，发展迟缓的地方城镇化速度提升了，甚至赶上了先期发展的地方，由不平衡达到了平衡。美国的城镇化是从东海岸开始的，在大西洋沿岸出现了波士顿、纽约、费城、华盛顿等诸多大城市，而西部太平洋海岸城镇则没有发展起来。当这种不平衡发展到一定程度的时候，平衡优势的作用突出了，于是大力开发西海岸，以洛杉矶、旧金山等城市组成的西部海岸城市群崛起了。不平衡优势和平衡优势交替发挥作用。不平衡的优势往往表现在一个事物的启动阶段，平衡的优势往往表现在中后期的发展阶段。

平衡和不平衡的问题，在我国城镇化中表现在两个方面。

第一个方面是表现在不同地区之间。毫无疑问，我国的城镇化是在沿海地区发展起来的。在城镇化的起点上，沿海地区和西部地区之间的城镇发展就是不平衡的。沿海城镇多、密、大，而且发展快。西部地区城镇少、稀、小，而且发展较慢。但我们不能立即改变这种不平衡，而是要利用这种不平衡的优势，让沿海的城镇化首先发展起来，中西部的劳动力向沿海聚集。当这种不平衡发展到一定程度，当过分的聚集已经使聚集效应走到负面，平衡优势可能越来越显得重要。中西部的经济发展在加速，到沿海打工的农民工越来越多地回到本乡本土，沿海的加工企业越来越多地迁到内地，中西部的城镇化在加速。

第二个方面是表现在不同城镇之间。过去这些年，农村人口集中向大城市转移，而中小城市和小城镇吸纳量明显不足。这有其必然性。因为大城市集约程度高、效率高，必然首先成为经济发展的主要生长点，大城市就业岗位多、收入高，自然成为人们选择的目的地。在北京，有不少的农民工住在地下室，有的甚至住在下水道，这些人在农村都有比较好的住房，为什么非要受这个罪呢？原因很简单，在北京可以获得更好的收入。我们可以明显地看到，不平衡的优势在发挥作用。但当这种不平衡发展到一定程度，“大城市病”不仅发生，而且变得严重的时候，当大城市的效率严重降低的时候，当大城市的生活费用变得过高的时候，平衡的优势就显得重要了。人们可能要开始选择向中小城市聚集了。城镇化的健康持续发展，一定会实现人口在各类城镇间的合理聚集。

平衡和不平衡的问题往往引起争论。但如果这种争论停留在平衡好还是不平衡好的层次上，停留在人口是聚集在大城市好还是聚集在中小城市好的层次上，并没有深入到问题的实质。判断的标准在于它们和发展的关系上。有的时候，有的场合，求得发展主要应该利用不平衡的优势，而有的时候，有的场合，求得发展主要应该利用平衡优势。平衡发展是人们追求的目标，但平衡发展不等于平均发展，也不等于同等同步发展。邓小平在发起中国改革时候说，要允许一部分人一部分地区先富起来，并以此实现共同富裕。他说的就是平衡和不平衡的辩证法。推进新型城镇化，也需要这种辩证思维。

四、中观突破：城市群

“城市群”属于中观城镇体系。

“城市群”是我国推进城镇化的主体形态。《国家新型城镇化规划》要求，京津冀、长三角、珠三角三个城市群，要以建设世界级城市群为目标，继续在制度创新、科技进步、产业升级、绿色发展等方面走在全国前列；加快中西部的成渝、中原、长江中游、哈长等城市群的构建，使之成为推动国土空间均衡开发、引领区域经济发展的重要增长极。依托陆桥通道上的城市群和节点城市，构建丝绸之路经济带，推动形成与中亚乃至整个欧亚大陆的区域大合作。

注意“城市群”构建是发达国家城镇化的重要经验。发达国家城镇化进行得比较早，形成城市群也比较早。例如美国东北部大西洋沿海城市群，包括波士顿、纽约、费城、华盛顿等大城市，在1.5%国土面积上，集聚了18%的人口，创造了24%的GDP。此外，美国还有西部海岸以洛杉矶、旧金山等城市组成的西部海岸城市群，英国有伦敦城市圈，法国有巴黎城市圈，等等。单独的城市和城市群的区别，就好像伸开的巴掌和握紧的拳头的区别，城市群以群体的力量形成了更强大的竞争力和影响力。从世界范围看，发达国家的这些城市群成为支撑和引领世界发展的核心区。

我国城镇化发展到今天，已经到了需要从“城市群”层面考虑问题的时候了。必须充分认识“城市群”的重要性。

（一）城市环境变化提出的要求

城镇有两重意义上的环境。

第一重意义上的环境是它辐射的周围农村的环境。这层意义上的环境，影响到城乡关系、城镇规模和发展前景。城镇化开始以后的一个相当长的阶段，每个城镇大都是单独发展，这层意义上的环境对城镇发展的制约很大，成为人们重点考虑的问题。

但随着城镇越来越多，城镇规模越来越大，特别是特大城市迅速膨胀，相邻的城市的关系越来越密切的时候，第二重意义上的环境形成了，那就是城镇关系构成的环境。这重意义上的环境，越来越重要，影响和作用越来越大，应该引起人们更多的重视。

更重要的是，第一重意义上的环境不能解决的问题，可以从改善第二重意义上的环境中寻求解决的出路。也就是说，各个城镇不能独自解决

“外部不经济”的问题，可以通过改善各个城镇之间的关系共同来解决。

我国特大城市都存在着开发强度过大的问题。北京的开发强度为22%，扣除山区后达到57%，上海和深圳的开发强度达到43%和47%，而日本的三大都市圈开发强度为16%，德国斯图加特地区为20%。如此高强度的开发，城市发展难以为继。

以北京而论，原来的老北京的城区部分，只局限在现在北京的二环路之内。但随着城市规模的扩大，市区扩展到三环路、四环路以至五环路。20纪80年代初期，北京曾经把郊区县的大兴黄村、昌平区的昌平镇、通州区的通州镇当作卫星城来建设，现在已经和老城区连成一片了。通过向外扩张，北京的卫星城已经与河北的廊坊、涿州连通了。再远些，已经与天津、唐山、秦皇岛、承德、张家口等城市越来越接近了。

这些情况说明，像北京这样的特大城市，它的第一重意义上的环境已经出现了刚性的瓶颈性的制约，而第二重意义上的环境已经形成，并影响越来越大。与此同时，周边城市的发展也遇到了城镇关系环境的影响和制约。于是，通过“城市群”的构建改善城镇关系和环境就成为必然趋势了。

（二）资源要素优化配置提出的要求

我国各个城市之间，哪怕是邻近的城市虽然都处在同一经济区内，但都被行政区划和管辖所分割。在这种情况下，各个城市只独自研究和实施自己经济的发展，而不从区域经济的角度确定自己的恰当的定位，于是出现了两个问题。一个问题是追求“大而全”，使城市规模得不到控制，导致效率降低。另一个问题是城市间产业同构化、同质化严重，造成竞争成本过高，区域经济只是停留在规划中，有区域，但没有有机联系的经济整体。

城市群不是城镇的简单相加和堆积，它要打破行政区划分割而形成融通，使资源要素在更大范围内实现合理优化配置。各城市有不同的定位，有不同的职能和重点产业，形成互相合作，优势互补，共同发展。城市之间的合作，使城市的通信、交通、能源等基础设施成本降低，共享率提高。

（三）根治“大城市病”提出的要求

我国“大城市病”已经出现，特别是几个特大城市“病情”已经相当严重。“城市病”的病因，是城市规模过大，城市定位不准确，产业结构、功能区结构、能源结构不合理，基础设施、环境治理、城市管理跟不上。克服这些病因，在许多方面不能只靠城市自身的努力，还要靠城市群体的联合行动。只有通过构建城市群，形成城市间合理的分工，才能把特大城市的非核心功能分离出去，才能调整产业结构；只有通过群体的努力，才能调整城市格局和能源结构；只有通过资源共享，才能更好地实现资源利用的集约化；只有通过联防联治，才能解决水资源短缺和雾霾天气等问题。

（四）大中小城市协调发展提出的要求

“大城市病”的成因，往往是大城市孤立发展而周围的中小城市发展不充分的结果。我国目前的大城市过分膨胀而中小城市容量不足，这两者之间是互为因果的。城市群的构建并不只是一两个、两三个大城市联合，它还必须涵盖周围众多的中小城市以及小城镇。通过城市群的构建，中观城镇体系才能真正形成，大中小城市和小城镇才能真正形成一个有机的整体，不仅大城市的问题解决了，中小城市发展问题、城乡一体化问题，都可以得到更好的解决。

（五）发挥城市群体力量提出的要求

从国际交往和国际竞争的角度看，城市群的构建就显得更加重要。城市群能够产生一加一大于二的效应。在世界经济全球化的今天，一个国家或一个地区，只有通过城市群才能与世界发生更密切的联系，更能吸纳优秀人才和各种先进技术，更能提升自己的创新力、竞争力和影响力。在我们这样的大国，更是如此。

（六）有效推进城镇化提出的要求

城市群在推进城镇化进程中的重要地位不可忽视。

城镇体系分成三个层次：微观层次、中观层次、宏观层次。

宏观层次，全国城镇的发展和格局的确立，反映了一个国家城镇化的总体面貌和成果，是国家和中央政府必须通过规划和政策来解决的问题。但宏观层次相对缺少可操作性。因为宏观问题的解决，最终取决于微观和中观层次问题的解决。

微观层次，历来是受到重视的，因为单个城镇的建设，利益和责任都比较直观明确。任何一个政府都对自己管辖的城镇发展负有责任，而城镇的发展直接反映了政府的业绩。但一个一个具体城镇，虽然具有可操作性，但存在着很大的局限性，许多问题单靠微观层次是不能解决问题的，特别是城镇化发展到今天，更是如此。

城市群构建属于中观层次，介于微观和宏观之间，是两者有机联结的纽带。从城镇化的推进来说，中观层次最能承接宏观，没有中观层次的健康发展，宏观层次就是空的。中观又最能带动微观，帮助微观层次克服操作中的局限性。所以，加强中观层次，最能实现方向性和操作性的统一。因此，在推进城镇化的进程中，必须实行“中观突破，带动全盘”的战略。这也是为什么把城市群构建作为我国城镇化主体形态的原因。

五、城市群构建要点

城市群建设是我国城镇化的主体形态。

前面已经说过，我国城市群的格局存在三个阵营。这三个阵营和阵营中的每个城市群，在自然环境、地理位置、经济发展、人口规模等方面都是不同的，在整个国家的宏观城镇体系中的地位和作用也不同。但是，无论哪个阵营的城市群的构建，都是要完成城镇从“个体发展”到“群体发展”的根本转变，都是要完成相关城市从“地理集合”到“有机群体”的实质提升，其中更有规律可循。

在我国，城市群构建还是一个新课题，需要从理论和实践的结合上，研究和解决以下七个方面的问题。

（一）城市群的圈定

首先，必须确定某一个城市群应该包括哪些城市和城市群辐射的范围，还要根据地理或城市的特征起一个名字，要有特色，容易辨别，容易记忆，长期使用，作为城市群的品牌。

（二）城市群的定位

定位是最重要的，因为它决定了城市群的发展方向。城市群的定位必须依据全国宏观城镇体系的大格局，和全国宏观城镇体系总体规划相衔接，成为宏观城镇体系的有机组成单元。定位依据三个坐标：区域坐标、全国坐标、国际坐标。定位主要依据三个方面的内容：经济、政治、文化。城市群定位既要全面，又要有特色。所谓有特色，就是具有差异性、比较优势和不可替代性。

（三）城市群的结构

城市群结构包括三种。

一是城市主体结构。主要是城市群内大城市之间的横向结构和城市群内大中小城市之间的纵向结构。从世界各国的情况看，主体结构是多样的，有一主多辅的结构，有多主多辅的结构，也有平行组合的结构。

二是城市布局结构。包括一个城市的空间结构设计和各个城市之间的布局结构。布局结构也是多样的。组团式的、融通式的、沿交通线发展的、辐射型发展的，等等。

三是城乡布局结构。城市和农村之间是交叉融合的，还是彼此分隔的，如此等等。

城市群结构的选择和确定，必须从实际出发，而不是从愿望出发。既要考虑到自然条件，又要考虑到经济条件，既要考虑到现实条件，又要考虑到历史条件。结构是多样的，结构本身并没有优劣，结构选择是否和当地实际相匹配，才分出优劣。

（四）城市群的原理

城镇化的基本矛盾是要素整合和空间配置的矛盾。城镇化的三个基本要素是人口、产业、土地。之所以需要城镇化，就是通过空间配置的改变促进三个要素的最优化整合。

所以，构建城市群的最重要原理，就是群体效能大于分散个体简单相加，就是通过空间配置条件的改善达到资源整合的最优化。由城市个体的视野到城市群体的视野，首先是空间视野改变了，由较狭小的空间变成了较广阔的空间。有了更广阔的空间，就可以克服狭小空间的局限，更容易在更广更高层面，做好通过空间配置促进要素最佳整合的文章了。

城市群的原理其实就是市场经济配置资源的原理，但它突出了空间配置的重要性，更着眼于空间配置范围改变对空间配置优化的巨大作用。

（五）城市群的原则

把城市群原理落到实处，就是执行城市群原则。构建城市群的基本原则应该是“分工协同，优势互补，平等互利，共同发展”。

1. 分工协同

城市群中各城市的功能定位，特别是核心功能定位，不能完全重合，应该体现差异化。但这种差异不是为了差异而差异，应该能够更有利于合作，同时，各个城市还必须有协同做的事情，共同做的事情。分工协同是各城市之间关系的基础。

2. 优势互补

如何分工，如何协同？就是要发挥各个城市自身的比较优势，同时这些优势之间也需要尽量不重合，而是能够形成互补关系。城市优势的确定要更多从空间配置来衡量。同样的产业摆放在不同的空间，其合理性就大不相同。在城市群构建过程中，一定会根据优势互补的原则，发生产业空间配置转移和空间布局重构。

例如，工业对于北京经济发展来说，不能说不重要，但北京在自己的城区如果过多地摆放传统工业，就没有优势，不仅成本会高，还会造成污染、挤占宝贵的空间，影响北京核心功能的发挥。这就是首钢迁往河北曹妃甸的原因。

1982年，时任中共中央总书记胡耀邦对北京城市建设作出四条批示，在明确北京核心功能的时候，就没有提北京要做经济中心。习近平谈到北京定位的时候，讲了北京要做政治中心、文化中心、创新中心、国际交往中心，也没有提经济中心和工业中心。这些指示的根据都是比较优势原则，而不是说发展经济不重要。

比较优势的发挥，要靠优势互补。你的优势正好补足了我的劣势，我的优势正好补足了你的劣势，大家都在优势层面上运行，资源和空间配置的优化自然就实现了。发挥优势和优势互补常常就是同一件事情的两个方面，首钢迁往曹妃甸，既是发挥优势，又是优势互补，北京的产业结构合理了，提升了，河北的产业也发展了，提升了。

优势互补的好处人所共知，为什么真正贯彻起来不那么顺畅，行政体制的分割是客观原因，观念跟不上是主观原因。如果只看到自己的“一亩三分地”，认为“爹有，娘有，不如自己有”，就必然热衷于自己的“大而全”、“万事不求人”，优势互补的原则自然就被忽视了。

3. **平等互利**

每一个城市，都是一个主体。虽然城市不是市场主体，但它也是一个经济主体，是一个特殊的经济主体。既然是经济主体，就都有自己的经济利益和由此决定的行为意愿。

城市群如何处理不同城市主体之间的关系呢？基础性的原则应该是市场经济中各类主体关系的原则，即“平等互利”，而不应该是行政归属和管辖的原则。城市规模有大小，地位有不同，但从城市群构建的角度看，规模大、地位重要的城市，并不是规模小、地位较低或级别较低城市的上级领导，不能搞行政命令，不能搞“下级服从上级”，它们都是平等的，只能按照互利的原则办事。

多年来，曾经提出建立一些跨行政区划的经济区，如“上海经济区”，“环渤海经济区”等，河北省也提出过环京津、环渤海的“两环战略”，但成效不甚明显，原因之一就是行政思维的影响。一说建经济区，首先想到的是谁是老大，谁是老二，谁主谁从，谁领导谁，关系说不清，矛盾出来了，积极性就下去了。提出构建城市群，找到了一个更能克服行政体制分割发展区域经济的办法，同时，构建城市群必须克服行政思维，按照市场经济的平等互利原则处理各主体之间的关系。

4. **共同发展**

这是城市群追求的目标，不是一两个城市单独发展，更不是以牺牲别的城市为代价保住核心城市的发展。构建城市群体的同时，还要城乡一体化，实现城乡协调发展。

（六）城市群的规划

城市群构建是长期性的综合性的工作，我国城市群构建总体来说还处在初期阶段，因此，制定各个城市群发展的中长期总体规划十分重要。一个城镇没有长期发展规划不行，一个城市群没有长期发展规划更不行。这个规划应该经过充分论证，并经过国家批准，形成具有法律效力的文案，以保证其稳定性和持续性。

（七）城市群的推进

要研究城市群构建的具体进程，从哪些方面突破，从哪些方面深化，从哪些方面延伸。研究和制定构建城市群的路线图，并制定具体配套政策和措施。

城市群构建的推进工作非常复杂，从特定的角度我们可以把它们分成“求同”、“求异”、“同异结合”三类工作。“求同”就是协同和共同做的事情。“求异”就是按照差异化原则形成和发挥比较优势的事情。“同异结合”就是优势互补和“求同”、“求异”两类事情的衔接。

一般来说，构建城市群应该以“求同”做突破口，从那些可以协同做、必须协同做的事情开始。交通、通信、能源、水源、环境就是这样的领域。这些领域的事情，不仅是城市群形成的基础条件，而且是共同需要和共同利益，必须协同才能办好。这些领域的事情，又往往有中央政府、国家各部委的指导和投资的支持。近来，京津冀城市群推进步伐之所以加快，就是由雾霾的联防联治促成的。

“求异”在实际操作中则是比较艰难复杂的事情。如果说，“求同”主要是各个城市共同搞加法的话，那么“求异”就是既有“加法”，又有“减法”。根据不同的城市定位，我的减法可能就是你的加法，加减协调是最理想的事情。但这个过程包含着大量的工作，特别是互利原则下的衔接工作，切不可以急躁。

“同异结合”则可谓是“乘除法”了。城市群的构建，经济是基础，是主体内容。整个推进过程一定要按照“让市场在配置资源中发挥决定性作用，更好地发挥政府应有的作用”的原则进行。

（八）城市群的体制

城市群的构建与一般城市管理最大的不同，就是城市群都是跨行政区划的。既不能取消原有行政区划的作用，又不能局限于原有的行政区划。这里需要正确处理多方面的关系，主要是全国宏观和城市群中观的关系，城市群内各城镇之间的关系，特别是市场机制和政府作用之间的关系。

城市群的构建和治理，需要大量的协调工作，必须通过深化改革，逐步摸索出一套新的体制来解决这些问题。例如，在中央领导下，各个相关城市政府联合建立“城市群协调委员会”之类的机构就是一种考虑。

六、中央对京津冀城市群的推动

京津冀城市群是我国三大城市群之一。面积21.6万平方公里，人口超过1亿，包含北京、天津两个直辖市和河北的唐山、石家庄、保定、张家口、承德、秦皇岛等诸多大城市和中等城市。2013年的GDP总量，北京19500多亿元，天津12880多亿元，河北28300多亿元，总计超过6万亿元，占全国GDP总量56.88万亿元的1/10强。

考虑到京津冀城市群正处在迅猛发展的时期，向东可与渤海经济圈相衔接，更考虑到这个城市群是首都所在地，在辐射全国和加强国际交往中具有不可替代性，中央大力推进京津冀城市群的构建工作。

2005年1月，《北京市总体规划（2004—2020）》得到国务院常务会议通过。规划提出，积极推进环渤海地区的经济合作与协调发展，加强京津冀地区在产业发展、生态建设等方面的协调发展。区域交通方面，要基本形成以北京、天津为中心的“两小时交通圈”。

2005年2月，国家发改委作出批复，同意在河北省曹妃甸建设一个具有国际先进水平的钢铁联合企业，作为首钢的搬迁载体。如今，曹妃甸已经形成一定的规模。

2011年3月，国家《“十二五”规划纲要》发布，提出要“打造首都经济圈”。

2013年3月，京津冀签署《加强经济与社会发展合作协议》，而后又对大气污染的联防联控加强了工作。

2013年5月，习近平在天津调研时提出，要谱写新时期社会主义现代化的京津“双城记”。

2013年8月，习近平在北戴河主持研究河北发展问题时，又提出要推动京津冀协作发展。

2014年2月，习近平到北京调研，并对北京的城市建设提出了若干重要意见。他提出，要破解特大城市发展的难题，要遏制北京“摊大饼”式的发展，要重视雾霾的治理。他指出，首都的规划必须坚持以人为本，坚持一切从实际出发，贯通历史——现状——未来，让历史文化与自然生态永续利用，与现代化建设交相辉映。必须严格遵循规划，规划的折腾是最大的忌讳；历史文化遗产是城市的灵魂，要像爱护自己的生命一样保护好城市历史文化遗产，北京是世界著名古都，丰富的历史文化遗产是一张金名片，切实做到在保护中发展，在发展中保护；要重视修史修志工作，要让历史文物说话，把历史智慧传承下来；老城区的改造要适应不同的要求，政府工作要做深做细，群众要帮助政府把事情做好；环境治理是一个系统工程，必须作为重大的民生实事抓好；海量人口出行的北京，交通是个大难题，必须把解决交通拥堵作为城市发展的重要问题，加快形成安全、便捷、高效、绿色、经济的综合交通体系。

习近平还对北京城市发展提出五条要求：

第一，要明确城市战略定位，坚持和强化首都全国政治中心、文化中心、国际交往中心、科技创新中心的核心功能，深入实施人文北京、科技北京、绿色北京战略，努力把北京建成国际一流和谐宜居之都。

第二，要调整疏解非首都核心功能，优化三次产业结构，优化产业特别是工业项目选择，突出高端化、服务化、集聚化、融合化、低碳化，有效控制人口规模，增强区域人口均衡分布，促进区域均衡发展。

第三，要提升城市建设特别是基础设施建设的质量，形成适度超前、相互衔接、满足未来需要的功能体系，遏制城市“摊大饼”式的发展，以创造历史、追求艺术的高度负责精神，打造首都建设的精品力作。

第四，要健全城市管理体制，提高城市管理水平，尤其要加强市政建设运行管理、交通管理、环境管理、应急管理，推进城市管理目标、方法和模式现代化。

第五，要加强大气污染治理力度，应对雾霾污染、改善空气质量的首要任务是控制 PM2.5，要认真压减烧煤、严格控车、调整产业、强化管理、联防联控、依法治理，要聚焦重点领域，严格指标考核，加强依法监管和责任追究。

在北京调研期间，习近平还召开了构建京津冀城市群座谈会。他指出，京津冀协同发展，是面向未来打造首都经济圈、推进区域发展体制和机制创新的需要，是探索完善城市群布局和形态、为优化开发区域发展提供示范和样板的需要，是探索生态文明建设有效途径、促进人口经济资源环境相协调发展的需要，是实现京津冀优势互补、促进环渤海经济区域发展、带动北方腹地发展的需要，是一个重大国家战略。要坚持优势互补、互利共赢、扎实推进，加快走出一条科学持续的协同发展路子来。为此，他提出了七点要求：

第一，着力加强顶层设计，抓紧编制首都经济圈一体化发展的相关规划，明确各城市的功能定位、产业分工、城市布局、设施配置、综合交通体系等重大问题，并从财政政策、投资政策、项目安排等方面形成具体措施。

第二，着力加大对协同发展的推动，自觉打破自家“一亩三分地”思维定式，抱成团朝着顶层设计的目标一起做。充分发挥环渤海地区经济合作发展协调机制的作用。

第三，着力加快推进产业对接协作，理顺三地产业发展链条，形成区域间产业合理分布和上下游联动机制，对接产业规划，不搞同构性、同质化发展。

第四，着力调整优化城市布局和空间结构，加强城市分工协作，提高城市群一体化水平，提高其综合承载能力，促进内涵式发展。

第五，着力扩大环境容量和生态空间，加强环境生态保护合作。在已经启动的大气污染防治协作的基础上，完善防护林建设、水资源保护、水环境治理、清洁能源使用等领域合作机制。

第六，着力构建现代化交通网络体系，把交通一体化作为先行领域，加快构建快速、便捷、高效、安全、大容量、低成本的互联互通综合交通网络。

第七，着力加快推进市场一体化进程，下决心破除各种体制机制障碍，推动资本、技术、产权、人才、劳动力等生产要素在区域内自由流动和优化配置。

中央领导同志为推动京津冀城市群构建所做的一系列的工作，为全国城市群推进工作做出了示范，明确了方向、途径和方法。

第六章

新型城镇化的实施推进

科学编制系统规划

正确发挥政府的作用

合理组织推进力量

建立健全评价体系

切实强化法治保障

区别对待分类推进

推进城镇化必须首先做好全面的、科学的规划。

参与城镇化进程的有四类主体：政府、企业、居民、智库。其中，最关键的是准确界定政府的地位，正确发挥政府的作用。

“政府引导，多方参与”，所谓“多方”主要是三个方面：居民、企业、智库。居民是主体，企业是主力，智库是智力。通过政府引导，合理摆布和组织多方城镇化推进力量，更好地形成合力。

评价体系是检验评价对象的系统性标准。正确的评价体系，具有检验、监督和导向功能。

新型城镇化规模之宏大、矛盾之复杂前所未有，只有将其纳入法治轨道，才能切实保障新型城镇化顺利推进。

中国是一个“大反差”的国家。推进新型城镇化绝不能用“一刀切”的办法，只能采用“区别对待，分类推进”的方针。

第一节
科学编制系统规划

推进城镇化必须首先做好全面的、科学的规划。

“规划”是由“规”（法则、章程、标准、谋略），即战略层面和“划”（划算、步骤、措施），即战术层面这两部分组成。规划，从时间尺度说侧重于长远，从内容角度说侧重于战略，是对未来行动方案的整体性、长期性、基本性问题的规范。规划是行动的先导，没有规划的指导，行动必然陷入盲目和混乱状态。

一、制定规划的总体要求

制定新型城镇化规划，是一个艰巨而复杂的工程，需要把握如下要点。

（一）历史回顾、发展现状和走势判断

1. 历史回顾

历史回顾是制定规划的前提，目的是总结过去的经验教训，防止和避免走老路。历史回顾一般包括：总结城镇化发展历程好的经验和好的做法；找出存在的差距和问题及其原因。

2. 发展现状

发展现状是科学编制新型城镇化规划的基本出发点，主要包括如下内容：自然环境、人口规模和资源禀赋特点；社会经济发展的基本概况；城镇化所取得的主要成绩和存在的主要问题。

3. 走势判断

走势判断是制定新型城镇化规划的前瞻，包括：国内外经济发展趋势

及对本地区新型城镇化的影响；本地区经济发展趋势及对本地区新型城镇化的影响；新型城镇化进程可能面临的问题及对策。

（二）指导思想和基本原则

1. 指导思想

以科学发展观为指导，体现“四化协调”、“五位一体”要求，坚持新型城镇化的八条标准：城乡一体，以人为本，经济繁荣，城建现代，布局合理，文化发展，社会和谐，绿色低碳，走有中国特色社会主义新型城镇化道路。

2. 基本原则

城乡一体原则。着眼于城乡协调发展。

比较优势原则。根据比较优势，确定自己的模式、定位和途径。

系统筹划原则。以人口为核心，以环境作定位，以城建作载体，以土地作依托，以资金作杠杆，以制度作配套，以改革作动力，统筹规划。

积极稳妥原则。有序匹配，循序渐进，持续发展。

质量第一原则。质量标准主要是三条：协调程度、集约程度和现代化程度。

（三）主要目标、战略重点和保障措施

1. 主要目标

全国城镇化目标是到2010年城镇化率达到60%。每个地区、每个城镇应该设定自己的目标。

2. 战略重点

全国的战略重点：一是产业发展和城镇化的良性互动。二是有序推进农业转移人口市民化。三是提高城镇住房保障度和公共服务均等化。四是城乡一体化，深化农村体制改革，推动土地合理利用和节约利用。五是提高城镇建设水平，提高城镇承载力，提高城镇管理水平，治理城市病。六是推进金融体制、财税体制、土地管理制度改革。七是推进就地城镇化，

逐步解决人口和城镇合理布局问题。

这是全国城镇化的战略重点，具体到一个地区、一个城镇，要根据全国的重点结合自己的实际情况，确定自己的战略重点。

3. 保障措施

完善法治体系保障，完善宏观调控政策，完善行政管理体制。各地、各城镇要根据中央的统一政策，从自己的实际出发，制定落实和执行的措施。

（四）不同层级规划的统一和衔接

新型城镇化系统规划包括国家总规划和地方规划，地方规划又包括省、地、县、镇各个层级的规划。这些不同层级规划的关系十分重要。如果它们形成了互相衔接的有机整体，这些规划就能够发挥其应有的重要作用；如果这些不同层级的规划各行其是，互不衔接，就不能起到规划的作用，甚至发生反作用。

这就提出了两方面的要求：

一方面的要求是，一定要慎重制定全国总规划，做好顶层设计，一旦确定，就要维护国家规划的权威性。地方规划必须按照国家总规划的要求制定，不能脱离总规划，更不能违背总规划各行其是。各级地方规划也是一样，下一层级的规划，一定要遵循和落实上一层级的规划，而不能脱离违背，各行其是。

另一方面的要求是，在维护各个层级规划统一和衔接的同时，必须强调每一层级的每一个规划，必须因地制宜制定，自己独立制定，不能只是重复上一层级规划提出的要求，也不能照抄照搬其他城镇的规划。我国幅员辽阔，各地区经济社会的发展程度很不平衡，就是同一地区，由于城镇规模不同、产业不同、历史不同、文化不同、发展阶段不同等，每个城镇都有自己的个性。与上衔接的统一性，与实际衔接的差异性，这两者必须结合起来。

由于规划的多层级和需要多层级的衔接，在制定新型城镇化规划时，必须慎重从事，加强指导、学习、协调和监督，避免出现任何一种片面性。

二、要素系统规划是基础

每一个城镇规划，都是那个城镇涵盖范围的综合性总体规划。没有综合的规划不能称其为规划。但这个综合规划不是凭空产生的，也不是靠设想产生的，它是在各个要素的系统规划的基础上综合而成的，同时，各个要素系统的规划又是综合规划的组成部分。

要素系统规划主要包括：

（一）人口转移规划及其相关要素分析

制定人口系统规划时，要做好人口要素分析。在本书“农民工市民化”一节，对全国的相关情况已经做了分析，这里不再重复。需要强调的是，各地在城镇化的过程中，仅仅了解全国的情况还远远不够，必须对本地人口要素做全面分析，包括人口总量、人口分布、人口结构（年龄结构、职业结构、学历结构、劳动力结构等）、人口变化（特别是城乡人口变化）和发展趋势等，作出分析并找出本地特殊的问题。沿海地区的城镇，人口数量多，密度大，外来人口和流动人口比重大。西部地区人口数量少，密度小，外来人口和流动人口比重小。有些西部地区，城镇化率低，其中也有计算的原因。许多农民已经外出打工了，但还计算在当地农村户口之中。相比而言东部没有这个问题。

（二）土地利用规划及其相关要素分析

土地问题是城镇化的焦点。人多地少的国情决定了节约用地的头等重要性，一定要克服目前存在的土地城镇化快于人的城镇化的问题。

土地利用规划要考虑的问题是：一是全国不同主体功能区规划；二是城市建设用地的规划和管理；三是农村耕地保护和粮食安全；四是破解土地财政；五是保护农民土地权益。

在制定土地利用规划时，各地一定要从当地土地条件出发，统筹考虑城镇用地规模、土地空间结构、土地功能结构、土地利用强度、土地产出效益等因素，节约用地，集约用地，均衡用地，还要能够持续用地，防止短期把土地用完了，城镇持续发展没有土地接续。

（三）产业发展规划及其相关要素分析

产业是新型城镇化建设的基础和支撑。推进新型城镇化，关键在于推进产业发展。产业发展不起来，就没有物流、人流，税收也增加不了，就谈不上农村人口转移和城镇建设。

在过去城镇化中，出现了一些值得注意的教训：一是过分重视房地产和“造城”运动，产业发展不足，缺乏可持续发展能力，出现所谓的空城、“鬼城”现象。二是产业选择不科学，不尊重当地的资源禀赋和市场规律，凭“拍脑袋”上项目，导致重复建设和资源浪费，并最终加剧产能过剩。三是将新型城镇化的产业发展和转变经济发展方式割裂，不注重借新型城镇化建设推进产业升级和结构调整，依旧上马高污染和高耗能产业，导致新型城镇化走老路、犯老毛病，生态环境进一步恶化。四是忽视农业产业升级，导致农业效率持续低下。五是对第三产业重视不够，就业问题不能很好解决。

在制定产业发展规划时，防止只重视工业，忽视第一产业和第三产业的偏向。在发展第二产业时，一定要依据当地条件和发展趋势，选择具有竞争优势、可持续能力和自生能力的比较优势产业项目，以转变发展方式为主线，大力推进经济结构调整，促进产业升级。

（四）城镇建设规划及其相关要素分析

城镇是居民安居乐业的基本载体，城镇建设是新型城镇化的重要内容。人口的汇集、产业的集聚，是以优良的城镇建设为前提的。要建成宜业宜居绿色城镇。搞好城镇布局，工业区、商业区、服务区、文化区、行政区、居民区要合理安排。搞好老城区、新城区、新社区三区联动。搞好基础设施、公共设施建设，保护好生态环境和历史文化。

在城镇建设中，各地普遍存在的问题是：一是城市群规划水平低。目前的城市建设和规划仍以单一城市为主，缺乏构建城市群的理念和实践。二是城镇设施和城镇管理水平不高，“城市病”问题日益突出，严重影响了城镇效率和居民生活质量。三是生态城市建设滞后。大气、水、土壤等环境污染加剧，影响广泛的雾霾天气，严重损害了国民健康和国家形象。四是城镇建设“千城一面”，缺乏特色和文化。有些地方简单追求所谓的“现代化”，不尊重自然、不保护历史，导致缺乏民族特色和区域特色。五是智能城市建设进展缓慢，与世界先进水平的差距越拉越大。

在制定城镇建设规划过程中，各地一定要从实际出发，认真学习借鉴国内外先进经验，以现代化城镇建设为标杆，有针对性地解决存在的问题，把城镇建设当作百年大计抓好。

（五）交通建设规划及其相关要素分析

交通建设是新型城镇化的前提条件和驱动力之一，具有较强的支撑和引导作用。便捷、通畅、高效、安全的交通网络，对培育城市群、打造都市圈、发展物联网、缩小区域差距、促进城镇发展具有十分重要的意义，“交通先行”成为多地城镇化建设共识。

在过去的城镇化过程中，交通建设发挥了重要的促进作用，但不少地方也存在着诸多问题：一是交通建设发展不协调。在城际交通方面，存在着重高速公路轻轨道交通的倾向；在轨道交通方面，存在着重地铁轻轻轨的倾向；在交通路权上，存在着重私家车轻公共交通和自行车的倾向。二是交通出行不节能、不环保。城际轨道交通和城际公交发展滞后、高速公路的快速增长及不合理的交通规划，导致高资源投入和高能耗的小汽车出行大幅增长，消耗大量的化石能源，并带来严重的环境问题。三是交通建设功能单一。既没有很好发挥其连接城乡的功能，也没有充分发挥增加土地价值、繁荣商业活动、便利产业发展、吸引人口集聚等功能。四是交通建设缺乏前瞻性。一些地方对未来的交通需求缺乏科学评估，在新城区建设和老城区改造中，简单照搬之前的交通规划，导致交通建设迅速落伍和资源浪费。

交通建设有利于缩短时空距离，是新型城镇化的重要保障。因此，我们必须在交通建设规划的制定上狠下功夫。一是按照城市群发展的要求统筹多元交通建设。二是按照公交优先、绿色出行的要求，注重规划路权的配置和交通设施建设，鼓励和引导乘坐公共交通，减少碳排放。三是将交通规划和经济社会发展规划紧密结合，充分发挥交通建设的带动作用，以交通促发展。四是交通建设规划要适度超前。交通设施建设具有高投入和长期性的特点，交通设施一旦落后，扩容和改造的成本相当巨大。

总之，在规划交通建设时，应科学评估经济社会发展的趋势，预测未来的交通需求，实现规划适度超前。

（六）公共服务规划及其相关要素分析

基本公共服务均等化是新型城镇化建设的必然要求和主要目标。在新型城镇化进程中，基本公共服务均等化作为实现新时期社会公平与正义、保障民生与民权的重要内容，无疑成为城镇化的题中应有之义。

新型城镇化是以人为核心的，而以人为核心推动城镇化，就要深化公共服务体制改革，推进农业转移人口和市民在劳动报酬、劳动保护、子女教育、医疗服务、社会保障等基本公共服务和公共产品方面的均等化，使基本公共服务逐步由户籍人口向常住人口全覆盖。

我国公共服务体系正在加大改革力度，各地要根据国家的统一规定和政策，结合自己的实际，加以贯彻执行。

二、系统规划要制定路线图

制定新型城镇化规划，还要制定出新型城镇化发展的路线图。

路线图是以时间为坐标的规划内容。

可以把新型城镇化相关系统的关系用下图表示。下图所列内容，主要包括三个方面的含义，虚线连接的框子是推进“四化”同步协调发展的内容，粗线连接的框子是新型城镇化本身的构成内容，细线连接的框子是必须着力推进的改革内容。

图中所列的城建、产业、就业、转移人口市民化、公共服务、居住等城镇化的内容，实现起来是有顺序的。这个顺序或基本路线，可以概括为“三步走”：

首先是产业发展问题。要有清晰的经济发展战略和战略实施。

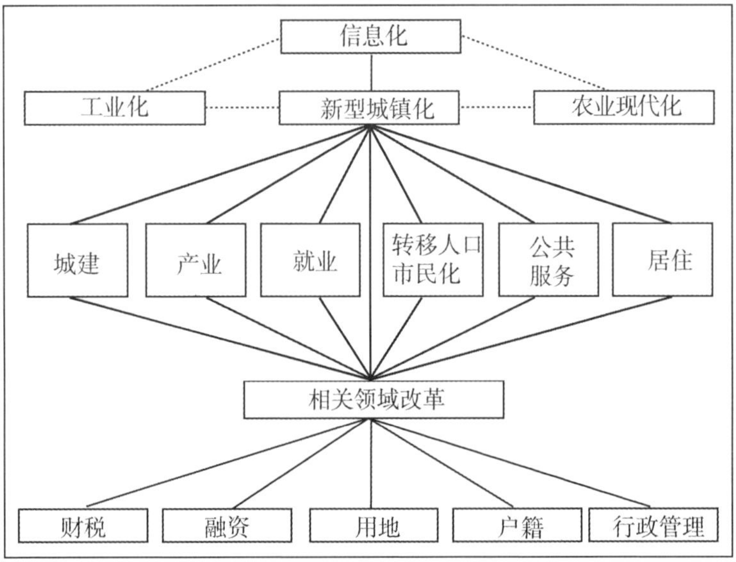

其次是城镇建设问题。城镇建设是城镇化的载体。

再次是公共服务体系完善问题。

这三步，产业发展—城镇建设—公共服务，主体顺序是不能随意改变的。产业没有发展，就大规模地搞城镇建设，最多是建设了一个空城，更会造成资金链断裂，留下许多烂尾楼和半截子工程。城镇建设不发展，没有足够的公共服务设施，没有物质保证，就搞公共服务体系均等化和提高公共服务水平，只能是纸上谈兵。

当然，在实际运行中，这三个环节又是交织和结合在一起的。城镇建设搞得好会促进产业发展，公共服务搞得好，会促进产业发展和城镇建设。这只说明了它们之间应该形成良性互动和良性循环。基本主线的顺序是不会改变的，必须把握住这个基本路线图，才不会犯大的错误。这样我们就可以明白，不能在产业发展不够、城建薄弱、财力不足的情况下，贸然试图短期内实现公共服务均等化。

图表最后一行所列的财税、融资、用地、户籍、行政管理等，这些都是城镇化的杠杆性要素，这些要素对城镇化的进程起着支持、推动、保证的作用，也起着制约和限定的作用。规划要解决的问题是，如何利用这些要素为执行路线图服务。

资金是最重要的杠杆。其中财税、融资都是资金问题。产业发展、城镇建设、公共服务都需要资金，没有资金，都无从谈起。城镇化“三步走”顺序决定着不同阶段的不同资金投向，而资金的状况制约着每一步的规模和速度。资金虽然不能改变“三步走”的顺序，但可以改变每一步进程的时间。

以土地、淡水、地理位置为代表的物质环境要素都是制约因素，必须根据这些要素的制约程度而决定利用强度。

更好地利用这些杠杆要素的关键是改革。财税体制改革、金融体制改革、用地制度的改革、行政管理体制改革，都是推进新型城镇化的重要动力。

总之，在制定城镇化路线图的时候，必须清晰产业发展—城镇建设—公共服务“三步走”，必须抓住资金活力、土地潜力、改革动力这三个关键点，加以统筹安排。

四、城镇建设规划最重要

城镇体系建设是城镇化的最终主体成果。

城镇建设是城镇体系建设的物质载体，是其核心部分和永续部分。人们往往从一个国家、一个地区、一个城镇的城镇建设来判断其城镇化的得失和成败。

城镇建设是整个城镇化中最需要规划的部分。

城镇建设规划是城镇化各类规划中最重要的规划，城镇建设规划是城镇化规划的核心。

（一）城镇建设的特点

1. 不可逆性

城镇建设是用钢筋水泥在大地上画的图画，画上了，就不能轻易再修改了。世界上有足够的事例说明，城镇建设的成就可以成为人类文明史上的里程碑，城镇建设的失误是人类社会最难改正的错误。如果说，城镇化的其他方面犯了错误、出了偏差还可以纠正和调整的话，城镇建设的失误是不能纠正和调整的。必须清楚地认识到，城镇建设不能犯错误，特别不能犯大错误。

2. **长期性**

城镇建设形成的各种建筑物、各种设施，一旦建成，不管其质量如何，格局如何，只能长期使用下去，不是几年、十几年，而是几十年、几百年，甚至永存。那些核心区的建筑、标志性建筑、公共性建筑、基础设施更是如此。城镇建设中最容易犯的错误就是囿于目前的眼光和实力，屈从于眼前的压力，搞了大量的短期建筑。1958年北京搞了不少简易楼，21世纪初建了大量的没有停车场和地下车库的住宅区，都是缺少长期性认识的表现。我国正处在城镇化高潮时期，也正处在城镇建设的高潮时期，目前二三十年的城镇建设将决定未来二三百年中国的面貌，必须以高度的历史责任感来对待这件事情。

3. **综合性**

城镇包含着政治、经济、文化、社会、生态各方面的功能，城镇建设必须满足各个方面的功能的需要，而不能顾此失彼。过去，在城镇建设方面，我们只顾了生产功能，而忽略了生活功能。现在，更多的是只顾经济功能，而忽略了文化功能和生态功能。许多城镇的建设历史文化传承丢失，文化特色很少，更有许多城镇生态环境越来越不适宜居住。这都是对城镇建设综合性认识得不够和落实得不够的表现。

4. **发展性**

任何城镇都应该不仅是能够持续存在的，而且是能够持续发展的。不能持续发展，甚至会导致不能持续存在。城镇的持续发展当然主要是依靠它的内涵，但城镇建设必须适应城镇持续发展的要求。城镇建设的发展性表现在两个方面，一方面是为城镇的未来发展留有空间，另一方面是现有的城镇建设尽量适应发展的未来。目前有的城镇把未来可用的土地都卖光了，把好的地块都让不适宜的项目占完了，城镇怎么持续发展？

对目前争议较多的宽马路、大广场，应该具体分析。这里有三种情况：第一种，目前不需要，将来也不需要。这当然是应该否定的。第二种，目前就有需要，将来更有需要。这当然是应该肯定的。第三种，目前不需要，将来有需要。这就需要慎重对待。对那些目前财力不支，硬要搞面子工程，以致引起诸多问题的项目，应该予以调整。对那些财力允许、适度超前、为未来发展创造后劲的项目，特别是那些基础性项目，则不要简单地反对。20 世纪 60 年代，万里同志主持北京长安街拓宽项目的时候，把街道的宽度定为 100 米。"文化大革命"中批判万里，说他搞"大洋古"，街道搞得太宽了。那时车辆很少，似乎批得有道理。现在看，正是这 100 米，不仅显示了北京的首都气势，而且保证了今日大流量车辆的通行。

（二）城镇建设规划的要求

城镇建设规划必须遵循上述四个特点构成的城镇建设基本规律。

在具体制定规划的时候，必须满足四个方面的要求：

1. 必须满足城镇功能，特别是核心功能的要求

没有相应的物质载体的支持，城镇的功能是不能很好发挥的。例如作为政治中心的城市，党政机关很分散，位置很偏远，不仅给集中管理带来困难，更重要的是基层的人到机关来办事，很不方便。如果主要是经济中心的功能，那么，它的工业区的建设、商业区的建设、商务区的建设、会展区的建设就要比较发达。

这里面，比较难处理的是一般城镇功能和核心功能的关系。北京的城市规划遇到的就是这个问题。北京是全国的政治中心、文化中心、科技创新中心、国际交往中心，这是不能改的核心功能。但北京要不要成为工业中心和经济中心？一直有不同的意见和不同的实际操作。一部分人认为，北京如果不成为经济中心，GDP 上不去，就没有财力搞城市建设。首钢的外迁，可以看作是工业中心的功能为核心功能让路。经济中心的功能则要靠新的思路来解决，城市群的思路、总部经济的思路、虚拟经济的思路，

可能是思考的方向。

2. 必须满足产业发展的要求

产业发展和城镇建设是互动关系，但对大多数城镇来说，产业发展不够是主要矛盾方面。因此，城镇建设必须首先考虑为产业发展服务。产业发展应该依据比较优势原则，城镇建设应该更能发挥当地的比较优势，从招商引资到企业运行，再到城市运行，都要考虑这个原则。

3. 必须满足“宜居”和生态建设的需要

城镇建设不仅要“宜业”，还要“宜居”。做到“宜居”比做到“宜业”更难。“宜居”要解决住房、公共服务设施、基础设施和生态环境问题。

4. 必须满足空间配置优化的需要

与其他方面的规划相区别，城镇建设规划的核心手段是空间配置。城镇建设所有的要求几乎都是要通过空间配置来实现的。在中国这样的人多地少的国家，做到节约用地，必须集约用地。所谓集约用地，主要是通过空间配置来实现的。

空间配置包括四个方面：

规模。即平常说的占地面积，包括整个城镇的占地面积，各类功能区的占地面积，每一个项目的占地面积。占地面积必须合理。

格局。即城镇结构。结构是由城镇的功能区设置和各功能区的空间关系形成的。商业功能区一般应该设在城镇的主要街道上，过于偏远则没有人气。教育功能区因为学校都占地较大，需要宁静的环境，应该设在城镇的外围。居住功能区和产业功能区的关系往往是个复杂的两难问题。两者不靠近，会造成大量的往返人流；两者靠近，居住环境又往往不好保证。还有级差地租问题。那些级差地租较高的地块就不适宜摆放效益较低的项目。凡此种种，都是空间结构需要解决的问题。搞城市群，则还需要有各个城镇格局的规划。

密度。即单位面积人口和产业配置的数量。密度过大或过小，都会影响土地承载率和土地效益率。密度包括整个城镇的密度和每种功能区的密度。

形成密度，不是平面的，而是立体的。密度较小的空间配置大都是平面配置，即所谓“摊大饼”。密度较大的配置，则需要向上要空间，多搞高层建筑。同时需要向下要空间，多搞地下工程，特别是地下轨道交通。

时间。空间配置的实现是一个过程，因此与时间进展是密不可分的。项目实现是应该有顺序的，道路和基础设施一般是应该先行的。城镇是逐步发展的，眼前的建设和未来的建设应该是能够衔接的。

总之，城镇建设规划必须是“四维”的，三维空间和一维时间相结合。

（三）城镇建设规划必须具备的品格

城镇建设规划的科学性。科学性不够甚至没有科学性的规划，将会使城镇建设走偏方向，在错误指导思想下制定的规划，危害很大。

城镇建设规划的权威性。城镇建设规划应该是城镇建设的“宪法”，无论哪一级的城镇建设规划都应该通过立法程序，成为一种法律性的规范。违背城镇建设规划，就是违法。

城镇建设规划的稳定性。城镇建设规划一旦确定下来，就不要随意改动，政府换届，领导人更换，都不要改变，一张图纸干到底。

五、层级系统规划的典型研究

城镇化规划是分层级的。这些层级的规划互相衔接，形成一个有机的整体，规划才是有效的规划。

现对湖北省、武汉市及江夏区这三个层级的规划做一个典型分析。

（一）湖北省规划

《湖北省城镇化与城镇发展战略规划》是由湖北省住房和城乡建设厅牵头设计的。整个规划共分三大部分，第一部分是规划内容，第二部分是规划相关的图册，第三部分是规划的说明书。规划内容共有九部分，包括前言和八个章节。前言概述了新型城镇化战略的重要性和湖北省编制新型城镇化系统规划的历程和重要意义。第一章为规划背景和指导思想。介绍了城镇化特征、发展条件综合评价、发展机遇、指导思想和规划思路。第二章为发展定位与城镇化发展目标。介绍了湖北省省域总体发展定位、城镇化总体目标和城镇化发展指标。第三章为城镇化发展战略。具体阐述了湖北省新型城镇化的区域战略、产业战略、城镇战略、空间战略和绿色战略。第四章为城镇空间组织。详细介绍了湖北省的城镇空间结构、城镇中心体系与规模结构、人口流动分区引导、城镇文化与特色。第五章为支撑体系规划。介绍了湖北省新型城镇化的产业空间布局、综合交通体系、资源环境与公共安全和城乡公共服务。第六章为次区域与重点城镇发展指引。具体介绍了湖北省四个重点区域的发展规划，主要包括武汉城市圈、宜荆城市圈、襄十隋城市圈和山地特色区。第七章为近期重大行动。详细介绍了湖北省在新型城镇化建设中即将采取的重大战略举措。第八章为制度创新与措施保障。具体阐述了湖北省为保障新型城镇化而采取的改革和创新。一是加强领导，健全机制，充分发挥城乡规划的引导和调控作用。二是深化户籍制度改革和城乡社会保障建设，推进土地制度创新，促进符合条件的农业转移人口在城镇落户。三是促进住房发展与城镇化发展的协调并进，降低城镇化门槛。四是研究制定利于促进就业增长的政策，扩大经济增长的就业效应。五是加大县域经济扶持力度，赋予县级行政单元更多发展资源。六是建立省内和跨省区域空间协调机制，近期重点推进武汉城市圈和长江经济带规划的完善和实施。

通过上面的简要介绍，我们可以发现，湖北省的新型城镇化规划具有如下特点。一是规划内容比较全面。总体规划、人口转移规划、土地利用规划、产业发展规划、城镇建设规划、交通建设规划、公共服务规划和社会保障规划一应俱全，并都有详细的分析和具体的发展规划。二是发展思路比较清晰。规划的第一章就明确了指导思想，第二章确定了定位和目标，第三章具体阐述了发展战略。在规划的前三章，就明晰了湖北省新型城镇化的总体思路。三是行动方案比较有力。规划在明确了湖北省新型城镇化的空间组织、支撑体系和区域战略的基础上，详细阐述了湖北省新型城镇化的九大举措。每项举措都明确了行动目标、行动原则和行动要点。

四是保障措施切实可行。规划的最后，详细介绍了为推进新型城镇化保驾护航的制度创新和保障措施，为新型城镇化战略的落实提供了坚实的保障。五是规划资料丰富翔实。整个规划，正文部分所占不到四分之一，其余四分之三都是图表和详细说明资料，丰富了规划的内容。

（二）武汉市规划

《武汉市城市总体规划（2010—2020）》由武汉市人民政府编制，共分为十七个部分。最前面是总则，简要介绍了规划编制的背景、指导思想、主要任务、规划依据、期限和范围。第一章为城市性质、发展目标与规模，介绍武汉市的基本情况和发展目标。第二章为市域城镇体系规划，介绍武汉市市区规划。第三章为都市发展区规划，介绍新城区规划。第四章为主城区优化调整，介绍老城区改造。第五章为综合交通规划，介绍交通支撑。第六章为工业及仓储用地布局。第七章为居住用地布局。第八章为社会事业及公共服务设施规划。第九章为生态环境保护与建设。第十章为历史文化名城保护。第十一章为资源节约、保护和利用。第十二章为市政基础设施规划。第十三章为综合防灾减灾规划。第十四章为近期建设与发展。第十五章为规划实施，明确了规划的适用范围、保障措施、监督机制和评价体系。最后是附则，明确了规划相关的其他事项。

武汉市的新型城镇化规划，内容详细、规划周全，可以说是市级规划的典范。但和湖北省规划相比，还存在许多改进空间。一是体例层次不匹配、不分明。湖北省规划的各章标题是在同一个层级上互相匹配的，武汉市规划的各章则不在一个层级上，有城镇化的发展目标这样的大标题，也有居住用地规划这样的小内容，造成了体例不匹配、内容不分明。应整合各章节，将同类内容合并在一个大标题下，比如第六章工业及仓储用地布局和第七章为居住用地布局等和用地相关的内容就应该合并为一章，标题为新型城镇化土地规划。二是图表少、资料虚。图表能够直观反映规划的细节和内容，资料可以详细解释规划的具体内涵，具有十分重要的作用。武汉市规划的图表和资料都偏少，只占了规划总内容的5%左右，远低于湖北省规划的比例。三是承上启下、左右联系不足。新型城镇化是整体战略，而非一个地区的单打独斗。武汉市的规划局限于就武汉论武汉，上没有承接湖北省的规划，下没有明晰区县的规划，也缺乏跨市区域空间协调规划。

（三）江夏区规划

《江夏区2012—2020年统筹城乡发展工作方案》是指导武汉市江夏区新型城镇化建设的规划性文件，它主要包括五部分内容。第一部分是总体要求，介绍了江夏区新型城镇化建设的总体目标、指导原则、关键环节和总体要求。第二部分是主要任务，明确了江夏区新型城镇化建设在发展规划、农业现代化、培训就业和示范试点等方面的任务。第三部分是创新体制机制，主要介绍了创新农村土地制度、创新农村经营管理制度、创新多元化投融资机制、创新户籍管理制度、完善城乡社会保障制度、创新社会管理制度等体制机制创新。第四部分是成立专班，落实责任，明确了江夏区新型城镇化建设的领导力量和工作班子。第五部分是保障措施，主要包括加强领导、健全机构、加强督察、完善考核、整体联动、合力推进等内容。

江夏区的新型城镇化工作方案，作为规划性文件，层次分明、内容实在、重点突出，对于县级新型城镇化规划，具有典型意义。但由于江夏区的工作方案并非正式的规划，距离正式的规划还有一定差距。一是缺乏江夏区新型城镇化建设的总体规划和产业布局。二是支撑体系规划薄弱，缺乏交通、生态和公共服务等内容。三是联系不足。江夏区的规划不够重视和湖北省及武汉市新型城镇化规划的联系，也缺乏跨区域协调的内容。

第二节
正确发挥政府的作用

参与城镇化进程的主体有四类：政府、企业、居民、智库。其中，最关键的是准确界定政府的地位，正确发挥政府的作用。

目前围绕政府在城镇化中的地位和作用，有诸多不同议论。所持观点按基本倾向分，大体就是两类：一类意见认为，在城镇化过程中，不应该强调甚至应该弱化政府的作用，应该放手让市场解决问题。由政府主导城镇化，就会出现以“长官意志”代替客观规律，以行政命令代替市场配置，用单纯的“政绩”观去强行推进城镇化，造成许多弊端。另一类意见认为，城镇化是一个特殊的综合系统工程，它涵盖经济、政治、社会、文化、生态各个方面，应该更多地发挥政府的统筹作用，单靠市场许多问题是不能很好解决的。

两类意见似乎是对立的，但综合来看，我们不仅要看到两类意见的对立，更要寻求两类意见的统一。中共十八届三中全会决定指出，要发挥市场在配置资源中的决定性作用，同时要更好地发挥政府应有的作用。这实际上就是两者统一的原则。

一、“有形的手”和“无形的手”

问题的实质仍然是“有形的手”和“无形的手”的关系。

改革开放以来，在经济领域，“有形的手”和“无形的手”的关系一直是人们讨论的焦点之一。

由于我国的经济改革是从计划经济出发的，改革一路走来，都是在不断加强市场作用的方向下进行的。从“计划为主，市场为辅”到“计划和市场相结合”，再到“社会主义商品经济”，再到“社会主义市场经济”，中共十八大更把市场在配置资源的“基础性作用”提升到“决定性作用”，这个过程无疑都是加强“无形的手”的作用的进程。

但是，这一方向改革的成功不应该导致产生一种错觉，认为“市场万能”，因而“有形的手”应该彻底取消。人们往往忽略了最基本的理论规范——市场和政府不是同一层次的事物。政府是社会管理主体，是上层建筑，而市场经济作为一种经济形态或经济体制，虽然与马克思说的决定社会制度的“生产关系”不等同，但也属于经济基础范畴。市场经济是和自然经济、计划经济相区别、相对立的，而与政府则是经济基础和上层建筑之间的关系，两者之间不是彼此替代的关系，而是适应不适应、衔接不衔接的问题。我们的经济改革，其实就是上层建筑和经济基础交互作用的过程：政府推动经济体制转变，市场推动政府职能转变。这也就是对中共十八届三中全会发挥市场在配置资源的决定性作用和更好发挥政府应有作用的理论解读。

必须看到，市场在配置资源方面存在着局限性。

一是市场配置资源的导向是经济效益，然而在有些领域资源配置的社会效益很重要，这是市场配置的一种局限性。

二是有的资源是有限的，甚至是稀缺的，在这种情况下，如果仅仅依靠市场配置，价格就会急剧上升，价值规律难以体现，严重影响资源的合理配置。土地资源、淡水资源就是明显的例子。

三是资源配置完全靠市场导向，可能导致区域发展差距扩大，使东部更富，西部更穷。

四是完全靠市场配置资源，可能导致居民收入差距扩大。倘若没有社会保障措施的推行，没有二次分配的调节，就会形成严重的社会问题。

世界经济学史上，常常因为对此持有不同观点而形成各种学派。但从运作市场经济的实践来看，包括自由市场经济理论盛行的国家，实质上都承认了“有形的手”的不可或缺的作用。美国在1929年采用凯恩斯主义，发挥“有形的手”的作用，度过了经济危机。2008年发生世界金融危机以来，美欧各国政府都采取了一系列措施，在此期间召开的所谓G9和G20会议，都是各国政府首脑集聚一起，而不是企业家聚集在一起，他们研究的问题实质就是如何发挥“有形的手”的作用，克服危机。

二、政府引导，多方参与

从世界各国经验和教训看，政府的作用对城镇化的发展影响重大。美国政府比较放任，出现了城市结构比较分散，城市占地过多和有的城市产业单一等问题，留下了不少后遗症。拉美国家则由于政府缺位和政策失当，出现了“过度城镇化”，经济陷入了“中等收入陷阱”。

“政府引导，多方参与”，用这个提法来界定政府在城镇化中的地位和作用，可能更恰当一些。

“多方参与”是基础，“政府引导”是关键。多方参与的效果取决于“政府引导”。

为什么要提出“政府引导”?

政府在新型城镇化中的地位和作用可能出现三种情况：到位、越位、缺位。

所谓到位，就是政府发挥了应有的作用。

推进城镇化，必须兼顾经济效益和社会效益，必须重视资源供给有限产生的约束，必须协调东、中、西部的发展，必须实现公共服务的普及化和均等化。这些都决定了政府必须到位。经济学界基本都承认，需要政府合理、有序、有度的干预，来有效解决或缓解市场局限带来的问题。

同时更要看到，新型城镇化并不是单纯的经济行为，它是涉及政治建设、经济建设、文化建设、社会建设、生态文明建设“五位一体”的综合性社会工程。我们要建立的是“市场经济”，而不是“市场社会”。不是社会的一切领域都要“市场化”，家庭不能“市场化”，政府不能“市场化”，人际关系、文化领域，包括伦理道德等不能“市场化”。城镇化中的城市建设和公共服务，既不能单靠市场的价值规律运作，也不能单靠市场自发作用解决问题。在如此复杂的综合性的城镇化系统工程的实施中，必须有一个有权威的统筹者和统领者，这个统筹者和统领者只能是政府。

所谓越位，就是政府发挥了不应该发挥的作用。

就城镇化而言，完全由政府主导城镇化，以行政命令决定一切，谁官职高谁有话语权，这种不尊重市场规律和城镇化规律，不尊重群众意愿的模式，导致政府行为的随意性，造成没有规划和规划多变、盲目扩张的造城运动、不计成本的粗放发展等诸多问题，不仅严重影响了城镇化的质量，而且严重损害了居民的利益，还留下了难以收拾的后遗症。这方面的教训不少。提“引导”，而不提“主导”，就是为了防止政府越位。

所谓缺位，就是政府没有发挥应有的作用。

造成缺位是两个方面的原因。一方面是缺乏城镇化意识，不理解城镇化的重要意义。另一方面是缺乏城镇知识，不知道如何抓好城镇化。

缺位和越位往往是并存的，一些政府同时存在既越位又缺位的问题。这就是人们常说的，“种了别人的田，荒了自己的园”。

总之，“政府引导”就是政府担负起自己的责任，遵循客观规律，实现“有形的手”和“无形的手”的协调和统一；“政府引导”就是政府发挥统筹作用，又不凭“长官意志”办事，尊重企业、居民、中介等其他主体的利益和意愿，发挥他们的积极性、主动性和创造性，让政府和多方形成合力。“政府引导，多方参与”的原则要落实到政府决策的科学化和政府行为的法制化。“引导”是从总体说的，但不应该排斥在某些局部和领域的政府应担负不可推卸的主要责任。

三、政府如何发挥引导作用

（一）政府要为新型城镇化构建顶层设计

新型城镇化是一个庞大的系统工程，涉及社会方方面面的利益，需要搞好方方面面的协调。而处理诸多利益关系和协调多方面的工作，必然需要首先搞好顶层设计或系统规划。如果没有系统性、完整性、协调性强的规划，只是走一步看一步，新型城镇化将无法有序有力有效推进。构建新型城镇化的顶层设计的责任，只有政府才有能力承担。

构建新型城镇化的顶层设计，主要包括：制定新型城镇化的总体规划和系统规划，明晰新型城镇化相关领域的改革路径，理顺新型城镇化的推进路径，确定推进城镇化的主要政策和措施。

（二）搞好发展经济的工作，为城镇化提供产业支撑

没有经济增长，没有产业支撑，城镇化是无从谈起的。而发展经济，最重要的是依托本地条件和比较优势制定清晰的经济发展战略，并坚持不懈地贯彻实施这个战略。一定要明确，没有脱离经济发展的城镇化，要把发展城镇特色经济当成城镇化的动力和支撑来抓。

（三）搞好新型城镇化宏观调控

政府需要着力在以下三个领域进行宏观调控。

一是落实和推动相关改革。要按照顶层设计的规划，制定详细政策，全面推进户籍、土地、社会保障等制度改革，并在实践中发展创新，为新型城镇化开展扫清制度障碍。

二是弥补市场的缺陷。要在尊重市场规律的基础上，运用经济、法律和行政等手段对土地、资金和劳动力等资源进行调控，避免资源浪费；要正确运用价格、税收、信贷等杠杆，调节城镇化建设中的初次分配和再分配，避免因城镇化建设拉大贫富差距。

三是解决城镇化建设中的矛盾和问题。针对新型城镇化进程中可能出现的流动人口利益受到侵害、资源利用不集约、城镇环境遭受破坏等问题，要运用法律、行政等手段进行干预，协调各群体、各部门之间的矛盾，保证城镇化的和谐发展。

（四）抓好城镇建设

城镇建设是城镇化的物质载体，城镇建设系统复杂，投资巨大，其中公共设施部分主要是公共产品，从规划到落实，必须由政府主持和牵头才能做好。

（五）统筹组织城镇化所需的基本要素

统筹组织城镇化最重要的是资金和土地。在资金方面，要善于利用政府财政资金作为杠杆，要广开融资渠道，吸纳金融机构的资金和民间资金，包括企业资金和居民资金，国内资金和国外资金，并负责把它们运用好。同时防范债务风险。在土地方面，要根据国家制度和中央政策，从当地实际出发，实现集约用地，节约用地，最大限度地发挥土地效益。

（六）加强城镇化的市场建设

发挥市场在配置资源方面的决定性作用，不仅靠政府放权，更重要的是培育市场，市场发达了，才能起决定性作用。市场建设包括劳动力市场、生产资料市场、金融市场、土地市场、房地产市场、无形资产市场等。

市场完善了，城镇化过程中的资源配置才可能依靠各个市场主体自主进行。政府要根据市场规律和本地经济发展的需要，对市场进行调控。

（七）把城镇化任务项目化，保证城镇化规划的落实

城镇化任务只有项目化才能实施。按照项目的性质（经营性项目和非经营性项目）、项目的大小和期限、项目的资金投入组成等，进行分类管理和实施，确保项目按要求完成。

（八）制定相应法律法规，营造新型城镇化良好政策环境

在新型城镇化建设中，所有主体，包括政府及其负责人，都要遵守法律法规，依法办事，有法必依，违法必究。政府的威信是在法治中建立并被居民认同的。特别需要从以下几个方面着力：一是完善农村土地产权制度和管理制度。二是完善适应城镇化发展的公共财政制度。三是完善城乡规划法律制度。四是加强环境及资源方面的法制建设。五是完善城镇化成果考核评价体系。

（九）建立健全公共服务体系

新型城镇化的核心是人的城镇化，政府是提供公共服务的主体。政府的责任：一是大力推进基本公共服务均等化。二是探索鼓励民间资本投资公共产品服务。三是改革公共服务支出的预算制度。要按辖区内常住人口而非户籍人口来确定公共服务支出的预算，减少预算和责任不匹配的现象。

（十）对城镇化过程实施有效监控

政府在城镇化的进程中要对各种项目和活动进行监督，并注意以身作则。要防止铺张浪费、追求奢华的痼疾。应从当地实际状况出发，在办公大楼建设、领导人住所建设等方面，防止严重脱离群众，造成群众不满。

政府对于城镇化过程中可能出现的危机性问题，应有预案，不要因突发事件而陷入被动状态。这里既包括社会纠纷，也包括自然灾害。事前事后政府要多征求人民群众的意见，要多向他们作解释，尽可能化解纠纷，

以保证问题得到妥善的解决。

（十一）改进政府城镇管理

根据城镇化的需要和新的情况，制定相应的管理制度，完善城镇管理机构，并明确各个机构的权力和责任。转变政府职能的根本要求是：适应经济社会发展变化的要求，把该回归市场的权力回归市场；把该放给中介组织的放给中介组织，把政府应该管的真正管住管好。

公务员是发挥政府职能的承担者，公务员队伍素质高低直接影响政府的效能。办事高效，作风廉洁，是对公务员的根本要求。要培养一批有城镇化知识的专业型干部。

（十二）加强城镇化的舆论宣传

政府必须把城镇化的舆论宣传当作大事来抓。舆论引导是政府发挥引导作用的重要手段。通过恰当的舆论引导，可以提高干部和群众的城镇化意识，可以化解诸多城镇化过程中发生的矛盾，也可以提升城镇形象，扩大城镇化效应。

第三节
合理组织推进力量

“政府引导，多方参与”，所谓“多方”主要是三个方面：居民、企业、智库。居民是主体，企业是主力，智库是智力。通过政府引导，合理摆布和组织多方城镇化推进力量，更好地形成合力。

一、居民是主体

居民是新型城镇化中的主体，这是很容易理解的，但又是最容易被忽略的。是把居民放在主体地位，让他们以主人的身份主动积极参与城镇化，还是把他们放在被动地位，消极地“被城镇化”，这一问题至今没有得到有效解决。

当前，必须深刻理解居民是新型城镇化主体的意义。

（一）城镇化的核心内容是居民的变化

城镇化是全体居民结构的大变化。首先城乡人口结构的大变化，同时必然带来农村居民结构的大变化，城镇居民结构的大变化。

城镇化是居民状态的大变化，稳定性的居民比例减少了，流动性的居民的比例增加了。出现了大量的具有更强的流动性人口。

城镇化是居民职业和生产方式的大变化。大量的原本从事农业的农村居民，转移到城市从事第二产业和第三产业，面临着就业、技能、收入等各方面的新挑战。继续留在农村的居民，面临着如何从事农业的挑战。原本在城镇的居民，面临着职业和岗位新调整的挑战。

城镇化是居民生活方式和生活环境的大变化。由农村转移到城镇的居民，面临着适应城镇生活方式和生活环境的挑战。没有定居的流动居民，面临着适应临时性和流动性生活方式和生活环境的挑战。原本的城镇居民面临着城镇人口增加，生活环境和条件改变的挑战。

总之，离开居民的变化，我们将看不清城镇化的核心内容。

（二）城镇化的根本目的是造福城乡居民

城镇化为什么要促成如此巨大的居民变化？根本目的就是要造福城乡居民。对于城镇化的发展方向，存在着不少误解和错误。有的人认为城镇化就是土地的开发，大规模开发圈地、片面刺激房地产业发展；有的人认为城镇化就是农民进城，大肆强征强拆，把农民赶上高楼。存在上述误读的根本原因在于，没有坚持以人为本，没有以居民的需求为标准。因而，他们推进的城镇化都是“物的城镇化”而非“人的城镇化”。说到底，城镇化的核心是为了人，为了人的解放和全面发展，为了满足人民群众日益增长的物质和文化需要，为了让人们生活得更幸福。而居民满意不满意、高兴不高兴、答应不答应，正是判断城镇化方向是否正确的根本标准。

（三）城镇化必须做好居民利益的调整

城镇化的根本宗旨就是造福社会造福居民，将给农村居民带来利益，将给农村转移人口带来利益，也会给原来的城镇居民带来利益。

但随着城镇化带来的居民大变化，必然带来居民利益的大调整。这种利益调整是艰巨和复杂的。说艰巨，是因为城镇化中的利益调整，许多都涉及居民的重大利益甚至是根本利益。说复杂，是因为这种利益调整涉及多重关系——不仅政府、企业、各种居民之间的多种主体之间的关系，强势群体和弱势群体之间的关系，既得利益和合理利益之间的关系，现实利益和诉求利益之间的关系，更包括城镇化产生的新的利益分配的关系，特别是在住房和公共服务方面的利益关系。

总之，城镇化需要妥善处理一系列与居民利益息息相关的复杂关系。只有在尊重居民主体地位的前提下，才能妥善解决这些问题，否则，城镇化的目标不仅不能实现，还会带来无穷的麻烦和纠纷。

（四）居民是城镇化的主体，也必然是推进新型城镇化的基本动力

城镇化造福居民基本性质，决定了城乡居民自愿参与这一伟大历史进程的积极性和主动性。他们是城镇化最原初和最基本的动力。如此广泛深刻地涉及居民利益的城镇化，离开这个基本动力是难以顺利进行的。许多成功的经验和失败的教训都说明了一个道理：凡是把城乡居民当作城镇化的基本动力，从始至终坚持依靠居民群众，事情就办得妥当和顺利；凡是把群众当作摆设甚至当作阻力，就会出现偏差和麻烦。

从社会制度说，社会主义民主政治要求必须坚持人民当家做主。在城镇化这样的关系全体居民切身利益的大事中，更要坚持人民当家做主。从科学发展观说，“以人为本”就是一切为了人，一切依靠人。从中共群众路线说，必须为了群众，依靠群众，尊重群众的首创精神。

所以，在推进城镇化工作中，坚持和发扬中共群众路线非常重要。从

城镇化规划的制定，到城镇化项目的实施，到具体问题和矛盾的解决，都必须坚持“从群众中来，到群众中去”的工作方法。必须尊重群众的意愿、群众的利益、群众的首创精神，重大问题的决策，一定要广泛征求群众的意见，并通过正当的程序作出。那些涉及众多群众利益的问题，即使决策的方向正确，但群众一时难以接受的时候，也要有所等待，经过反复酝酿和讨论稳妥地解决问题，而不是只图痛快，用简单的行政命令去强迫群众做这做那。城镇化中不可避免的宏观和微观的矛盾、局部和局部的矛盾，甚至个人和个人的矛盾，都要善于用协调的办法加以化解，防止矛盾的激化，特别要防止成为官民对抗。

要把走群众路线制度化。应该把涉及城镇化的问题，把城镇化中的决策、规划、项目、措施、具体问题和矛盾的解决，分别情况，都制定相应的制度性程序性规范，牢固确立群众的主体地位，防止政府官员在执行中的随意性。

还要发挥城乡居民对新型城镇化质量的监督作用。城镇化中的重大项目是最容易产生腐败的温床。为了切实防止腐败，一定要充分听取居民意见，发挥居民的监督作用。

二、企业是主力

在新型城镇化的实施中，一定要充分发挥企业的主力军作用。

（一）为什么说企业是新型城镇化实施中的主力军

1. 企业发展奠定了城镇化的经济基础

城镇化发展需要经济发展、产业发展作为支撑。无论是经济发展还是产业发展，都是靠企业发展来实现的。

企业是就业的载体。城镇化的核心是人的城镇化，农村人口转移到城镇，第一个问题就是就业，让农业转移人口“进得来、住得下”，“留得住、有钱挣”，都离不开企业发展。

2. 城镇建设的实施主体是企业

城镇化所需要的大量的住房建设、公共基础设施建设、公共服务设施建设，都是要靠企业才能建成的。企业的管理水平和技术水平，将决定这些建设的质量。

在实践中，我们还经常看到，一群企业集聚发展带起一座新城，甚至一个企业带起一座新城。鞍钢的建设崛起了鞍山市，胜利油田的发展带动了东营市的成立成长。当然，更多的城镇是靠企业的聚集发展起来的。城镇建设离不开企业，每个城镇的每栋楼房、每条街道、每个设施，都是靠企业建设的，它们既是城镇建设的实施者，又是城镇建设的投资者。

3. 企业是城镇化所需资金的来源

城镇化离不开大量的资金，而各种资金的最终来源是企业。企业直接投资，是城镇化所需资金的重要来源。企业缴纳的税收，是政府财政资金的主要来源；融资渠道获得的资金，最终需要企业的发展才能形成良性循环。

4. 企业是改善城乡居民生活水平的主要力量

提高城乡居民的生活水平，必须依靠企业的发展和进步。改善民生重在增加居民的收入。工业、商业、旅游等企业的发展，为城乡居民提供了多元化的收入来源。农民和企业的结合，可以拥有工资性收入和出租土地、房屋的财产性收入；城镇居民获得更多的就业机会和更好的工作岗位，可以拿到更高的工资性收入。同时，在政策的鼓励和引导下，企业不断加大对教育、卫生、文化领域的投资力度，积极为城乡居民提供优良的公共产品和公共服务。企业积极履行社会责任，成为实现社会和谐的重要支撑。

5. 市场配置资源的作用是通过企业来实现的

企业是市场主体，是市场机制运行的微观基础，市场配置资源的决定性作用，是通过企业这个市场主体来实现的。政府对企业、企业对企业、企业对居民，所有的市场行为都是通过企业这个主体来实现的。没有足够数量和质量的企业参与，城镇化是难以运用市场机制来推进的。

（二）如何充分发挥企业的主力军作用

1. 政府要重视企业在城镇化中的主力军地位

政府在筹划和推进城镇化的时候，一定要重视企业的主力军地位。在城镇化运行中，无论是政府要做的事，还是居民要满足的愿望，大都依托企业实现。企业不是政府的附属物和简单的工具，政府必须尊重企业的市场主体地位，将其作为主要依靠力量，不是以行政命令简单地指挥它们，而是更好地为它们服务。

2. 深化经济体制改革，为企业发展提供制度保障

企业主力军作用的发挥，离不开市场经济制度的保障。因此，必须适应企业发展的要求，积极深化经济体制改革，朝着市场决定资源配置的方向迈进。要加快政府职能转变，为企业发展创造更好的环境，减轻企业特别是小微企业的负担，为企业融资提供多元化、个性化的融资平台。要切实保障各种所有制经济的合法权益，保证各种所有制经济依法平等使用生产要素、公开公平公正参与市场竞争、同等受到法律保护。

3. 广泛开辟企业参与城镇化的通道，创新企业参与城镇化的方式

广泛开辟通道，一是凡是可以让企业干的事情尽量让企业去干，不要在准入方面设置很多障碍和繁杂的条件，而是给予信任和支持。一是对各种所有制企业要“一视同仁”，对民营企业不要歧视。

企业参与城镇化的方式要多种多样。一个地方的城镇化，可以吸收企业项目性介入和方面性介入，也可以做全局性的介入。可以吸收企业做实施性介入和投资性介入，也可以从规划开始就介入。方式的选择要因地制宜、因事制宜，而总的原则是国家利益、城镇利益、企业利益、居民利益的一致性，政府、企业、居民优势互补，形成合力。目前，各地都已经创造了许多这样的方式，本丛书的几本模式研究分册，就提供了这方面的具体经验，可供参考。

4. 加强政府对企业的引导和监督

政府对企业除了信任、帮助和支持以外，注意加强引导和监督也很重要。企业是市场主体，市场主体的本性是追逐利润的最大化。这就常常会发生经济效益和社会效益、环境效益的矛盾。政府的责任就是以三个效益

统一的原则引导和监督企业的行为。要鼓励它们通过“诚信、创新、责任”来追求自己的利益和长远发展，对那些违规违法追求暴利的企业要进行查处，防止少数害群之马对城镇化大业造成危害。

三、智库增智力

（一）城镇化需要智力支撑

城镇化是人干的，人是受智力支配和约束的。智力支撑决定着城镇化的方向是否明确，城镇化的途径是否清晰，城镇化的步骤是否稳妥，城镇化的措施是否合理，最后决定城镇化的结果是否理想。智力支撑问题，贯穿城镇化全过程并决定其最终结果。

城镇化所需要的智力是多层次多方面的。

城镇化学主要是研究人、业、地等要素配置和空间配置的关系，并寻求以空间优化配置来促进要素整合的优化。导入了空间，是城镇化学和其他学科的主要区别。

深入研究城镇化，又必然要涉及政治学、经济学、文化学、地理学和历史学。没有这些方面的智力做支撑，也不能正确处理要素整合和空间配置关系。

城镇化的实施更需要各种专业化的智力。产业发展、城镇规划、城镇建设、基础设施、公共服务、城镇管理都需要专门的学问，现在又提出了建设“智慧城市”，那就更需要智力的支撑了。

（二）城镇化最需要决策科学即软科学的支撑

推进城镇化最需要的是决策的智力。城镇化战略制定需要决策，城镇化规划需要决策，城镇化政策和措施的制定需要决策，推进城镇化的若干改革需要决策。城镇化过程实际上是一系列决策的过程。没有足够的智力及智慧，就没有恰当的决策，就没有城镇化顺利而健康地发展。

研究和提升决策智力的学问主要是“软科学”。“软科学”是20世纪70年代以后兴起的一门新学科。它是把哲学、自然科学、社会科学三大学术门类结合起来，为决策提供支撑的学问。对居于决策岗位的领导者来说，无论是软科学研究的内容还是软科学的思维方式，都有重要的参照作用。我们在推进城镇化的进程中，一定要更加注意发挥软科学的作用。这是增强城镇化智力支撑的关键。

（三）重视发挥智库的作用

决策是领导者的责任，一个领导者必须敢于和善于“拍板”。但决策不是领导者关门独自进行的事情。决策的正确和恰当与否，取决于决策的科学化和民主化。民主化就是集思广益。科学化就是要重视发挥智库的作用，特别是在那些专业化的领域，智库的作用是不可替代的。

改革开放以来，中国的智库得到了长足发展。20世纪80年代中期，中央专门召开了软科学大会。此后，出现了各种类型的智库，大体分为四类：党政军机关直属的智库、独立的社会科学院形式的智库、高等院校的智库、民间智库。据有关机构统计，全球智库机构总数为6826个，其中美国智库机构1828个，居世界第一。中国智库机构数目为426个，居世界第二位。我国智库虽然从总量、机制和水平上还有差距，但已经成为一支可以发挥智力作用的重要力量，为国家的发展改革和国际问题研究做出了许多智力贡献。目前，前三类智库是主力军，但弱点是行政依赖色彩比较浓厚。民间智库虽然在机制上有独特的优势，但一般规模比较小，资金筹措机制和信息共享机制存在弱点。它们都面临着自身发展和提高的问题。

在城镇化进程中如何更好地发挥这支力量的作用，则是必须重视的问题。政府要支持官办智库和民间智库的发展，更要善于利用智库和发挥智库的作用。领导者善于利用智库的“外脑”，不是没本事，而是大本事。政府还要规定，城镇化有关重要事务的决策过程中，都要把智库研究和论证作为必不可少的程序。

发挥智库的作用要实现“官、产、学”结合。有的企业在参与城镇化项目时，前期先由企业出资，聘请智库做反复的理论论证和方案的设计，为政府和企业合作做重要参考，是值得提倡的。

四、处理好四个关系

合理摆布和组织城镇化推进力量，必须处理好以下四个关系。

（一）正确处理居民、企业、政府之间的关系

居民、企业、政府是新型城镇化建设三个主要推动力量。居民、企业和政府的推进新型城镇化的目标虽然一致，但三者的利益诉求不尽相同：居民要得实惠、求福祉，企业要得利润、求发展，政府要得民心、求政绩。正确处理居民、企业和政府之间的关系，必须把坚持以人为本作为主线，兼顾各方利益诉求，使三者统一到合力推进新型城镇化上来。

过去，推进城镇化是由政府主导，各种重大事务基本上都由政府发起、政府推动，企业和居民的作用难以得到充分、有效的发挥。三股力量不平衡，政府一家独大，致使各级政府热衷于扩大城市规模，一味追求 GDP，造成对土地资源的低效利用以及对土地财政和房地产的过度依赖，从而影响了城镇化的健康发展，为城镇的未来发展埋下诸多隐患。

正确处理居民、企业、政府之间的关系，就是要打破政府主导的一元化模式，坚持“政府引导，多方参与”的原则。具体来讲，一是要对政府职能“做减法”，减少投资项目审批、减少生产经营活动审批、减少行政事业性收费，更多地发挥企业和居民的作用，不再直接干预这些主体内部活动。二是要对政府职能“做加法”，把政府的主要精力、财力集中到创造良好发展环境、提供优质公共服务、维护社会公平正义上来，全面履行好经济调节、市场监管、社会管理、公共服务职能。三是要调动居民和企业的积极性。广泛听取居民意见，真正尊重群众意愿，并自觉接受群众的监督；积极为企业发展营造良好的环境，使企业在市场中自主经营、公平竞争。

（二）正确处理正能量与负能量的关系

“正能量”一词源于英国心理学家理查德·怀斯曼的专著《正能量》。现在人们讲的正能量是指能让人积极向上、推动社会进步的因素和力量。

习近平在广东视察时首次提出，“要聚合各项相关改革协调推进的正能量”。在推进城镇化过程中，尤其需要正确处理正能量和负能量的关系。

现在看，我国城镇化建设的正能量较强，但负能量也不能低估。

正能量主要表现在三个方面：一是绝大多数干部群众认识到了城镇化建设对推动经济社会发展的重要意义，并以满腔热情投入到城镇化建设中去。二是中央高度重视城镇化建设，有关规划不断完善，相关政策陆续出台，特别是十八届三中全会作出的决定，将为全国城镇化建设提供不竭的动力。三是各地不断涌现城镇化建设的典型和成功经验，从实践上为全国新型城镇化提供了借鉴。

在推进新型城镇化中，也存在诸多不容忽视的负能量。“重大轻小”、“重城轻乡”、“重物轻人”、“重硬轻软”等错误观念，地价和房价过快上涨，劳动力和资源品价格上涨趋势，城镇化利益调整过程中一些人产生的不满情绪等实际问题，都是不可忽视的负能量。

要重视正能量，正视负能量，要发展正能量，转化负能量。不要靠过高期望值去调动正能量，要靠务实解决问题克服负能量。

（三）正确处理中央与地方的关系

在多年的探索中，我国已经初步形成了一系列调整中央与地方两个积极性的思路和办法。但是随着发展形势和利益格局的深刻变化，又遇到了若干新矛盾和新问题。

在城镇化建设领域，中央与地方关系的矛盾和问题，突出表现为“财权层层上移、事权级级下放”，基层政府事权负担沉重而财力相对不足的状况，导致了“以地谋发展”和“要地不要人”的弊端。必须按照十八届三中全会的要求，进一步调整中央和地方关系，厘清并明确中央政府和地方政府的责任、权力和利益边界，使责、权、利相匹配。

（四）正确处理改革、发展、稳定之间的关系

发展是目的，改革是动力，稳定是条件。三者有机统一，不能偏废某一方面。当前，经济改革已经进入深水区，各种矛盾和问题尖锐复杂，新

型城镇化更涉及多方利益的深层调整，更需要切实把握好改革的力度、发展的速度、社会的承受程度。城镇化是一个自然的发展过程，切不可人为地揠苗助长，操之过急，甚至举措失当，以致影响社会稳定。

第四节 建立健全评价体系

评价体系是检验评价对象的系统性标准。正确的评价体系，具有检验、监督和导向功能。

一、评价体系的要求

这里至少要把握五条：

（一）评价的全面性

要根据新型城镇化的“四化协调”、“五位一体”的内涵，建立全面的综合性的考核和评价标准，而不是把城镇化的评价和要求只归结为城镇化率和城镇化速度问题。

（二）指标的科学性

城镇化评价体系实质是城镇化工作评价体系。检验这方面工作做得如何，必须遵循要素整合和空间配置的基本规律，以城镇化进程和城镇化条件的关系作为基本内容，从匹配、全面、协调、持续四个方面来衡量。

（三）质和量的统一性

“质”是规范，“量”是体现。没有质的规范，容易失去方向。没有量的体现，容易失之空泛。

制定评价体系的难点，往往不在质的规范，而在量的体现。把质的规范转化为恰当的量化指标，是难点所在。

（四）评价的差别性

发展不平衡是城镇化的绝对规律。世界城镇化的发展就是极不平衡的。就我国来说，东部和中部、西部的发展也是不平衡的。一个省内发展也是不平衡的。这种不平衡包括资源人口条件的差别、经济发展水平的差别、城镇化进程不同阶段的差别等，因此，评价体系必须既能涵盖这些差别，又能适应这些差别。

（五）评价的可操作性

新型城镇化评价体系必须具备可操作性和实用性。

评价体系只有可操作，才有实用意义。

评价体系的实用意义表现在：一是微观上，可以对一个地方的城镇化工作进行“体检”，判断其健康程度，找出影响健康的因素和问题，为改进工作提供科学的依据。二是中观上，可以帮助同类型城镇进行比较和借鉴，可以比较具体地吸收他人的经验，借鉴他人的教训。三是宏观上，可以比较清晰地把握各地城镇化的进程和问题。

我们在前面说的中国城镇化的六个“滞后”就是这种评价的结果，但这种评价不能导致城镇化工作的“排队评比”。

二、评价体系构成

评价体系构成的基础是：**一是满足上述评价体系的五条要求**，即具有全面性、科学性、质量数量统一性、差别性、可操作性。**二是体现新型城镇化的八条基本标准**，即城乡一体、以人为本、经济繁荣、城建现代、布局合理、文化发展、社会和谐、绿色低碳。**三是建立相应的指标体系**，没有指标的评价体系，至多是理论体系，而不是评价体系。所以，评价指标体系是评价体系的实际内容。

评价指标体系的建立包括：单个评价指标的设立和指标关系的设定。其中，指标关系又包括纵向的层次关系和横向权重关系。

设置评价指标体系是一件复杂的工作。需要做好三方面的工作：

(一) 借鉴国外的评价指标

发达国家城市化起步较早，一些机构组织和学者个人都曾提出过评价指标。比如，美国斯坦福大学莫文斯教授选择人均 GDP、城市人口比例、受中等教育、职业教育的人占总人口比例、受高等教育的人占青年适龄人口的比例、第三产业产值占 GDP 的比例、每百人医生数、人口自然增长率和人均寿命 8 项指标构建了城镇化的指标评价体系；联合国开发计划署基于生活水平（人均 GDP)、预期寿命和教育水准三类指标，构建了人文发展指数（HDI)，用于类比各国经济和社会发展水平；联合国可持续发展委员会构建了国家可持续发展评价体系，其中包括经济、社会、环境、制度 4 个维度在内的共计 58 个核心指标；经济合作与发展组织则为了重点强调污染问题等关键环境信息，建立了可持续发展指标体系；瑞士洛桑国际管理开发学院发布的国际竞争力评估指标体系，包括了经济表现、政府效率、企业效率和基础设施 4 个方面，共计 314 项指标。这些指标体系都可供我们借鉴。

(二) 借鉴我国全面小康社会指标体系

中共十六大提出全面建设小康社会以来，许多机构、学者经过努力逐步完善了建设小康社会的指标体系，确定了经济发展、生活水平、社会进步、民主法治和资源环境五大类衡量指标。

指标一：经济发展。不仅要经济总量增加（如人均地区生产总值等)，还要注重产业结构调整（如二、三产业增加值占 GDP 的比重、信息化发展水平)，更要防止城乡差距进一步拉大（如城乡居民收入比）等。

指标二：生活水平。将反映居民生活水平的关键指标纳入考核。其中包括居民消费状况（如城乡居民家庭人均消费性支出、恩格尔系数等)；居民住房水平（如人均住房面积等)。

指标三：社会进步。社会进步的含义很宽泛，从科技教育，到社会保障，覆盖了社会发展的方方面面。从目前来看，通常被纳入体系的主要有教育事业费支出比例、卫生经费支出比例、城镇就业人员社会保险综合覆盖率、城市每万人拥有公共交通车辆等指标。

指标四：民主法治。法治建设的完善，政府职能的转变，廉政建设的进展，社区居委会依法自治达标率、农村村委会依法自治达标率，法治建设满意度等指标。

指标五：资源环境。资源环境指标中的细分指标较多，最有代表性的是反映能源消耗的单位 GDP 能耗、反映环境质量空气质量达到二级标准的天数比例和反映环境质量水平的城镇绿化覆盖率，等等。

（三）把握新型城镇化评价指标的特点

城镇化，从横向看是一个综合系统，从纵向看是一个历史进程，从内容看是要素整合和空间配置的关系。城镇化评价指标体系，必须是基于这三个方面联动的“三维体系”。

目前通用的城镇化数量性指标主要是两个，一个是城镇化率，一个是城镇化速度。在我国又多了一个城镇常住人口和户籍人口的数量和比率。这些指标并不能简单地用来做评价指标。

比如城镇化率，虽然从理论上说，城镇化率表示城镇化水平，但对某一个具体对象进行评价的时候，却不能认为城镇化率越高越好。拉美国家的城镇化率高于北美，却是标志着“过度城镇化”的问题。因此，需要建立辅助性的指标。例如可以建立“城镇化对称指数”，用对称指标考察农村人口比重和第一产业比重是否对称，城镇人口比重和第二、第三产业的比重是否对称，不对称即是问题。目前我国农村人口按常住人口计算为 46%，而第一产业在 GDP 中所占比重为 11%，是 1∶5 的关系，是不对称的，表示着城镇化滞后。

再比如城镇化速度，也不是越快越好，或者越慢越好。需要建立辅助的“城镇化匹配指数”，用它来界定速度是否合理。从世界各国的实践经验看，城镇化速度大体有四条线：年增长 0.3% 以下为低速度，年增长 0.4%～0.7% 为中速度，年增长 0.8%～1.1% 为高速度，年增长 1.1% 以上为超高速度。评价具体对象时，如何判断速度是否合理呢？主要看两个匹配度。一个是速度和阶段的匹配度。一般说，城镇化初期阶段和城镇化后期阶段，速度比较慢，城镇化中期阶段，速度比较快，属于正常现象。另一个是城镇化速度和 GDP 增长速度的匹配度。

从世界各国的实践经验看，城镇化的速度和 GDP 增长速度大约应该保持在 1∶10 关系的范围。GDP 增长速度提高 10%，城镇化率提高 1%，这就属于比较匹配。我国在 21 世纪最初的 10 年，GDP 增长速度基本保持在 10%以上，城镇化率提高速度基本在 1.1%到 1.39%之间，略显偏高，但基本匹配。拉美国家在 20 世纪 90 年代，只有少数年份 GDP 增长速度超过或接近 10%，多数年份增速很低，甚至有负增长，它的城镇化速度一度一直在 1%以上，就不匹配了，由“过速城镇化”造成了“过度城镇化”。

对我国城镇化的速度问题，有不同的见解。有的主张高速城镇化，有的主张低速城镇化，还有的主张不考核城镇化速度。他们所持的理由，从一个侧面看，都不无道理。其实关键在于“度”的把握。如果我们把“城镇化率”和“城镇化对称指数”、“城镇化速度”和“城镇化匹配指数”结合起来运用，具体问题具体分析，争议的问题就可以迎刃而解了。评价体系主要用于对一个地区城镇化进程进行诊断，而不是鼓励盲目攀比。

三、新型城镇化评价指标的设置

依据前面论述，现将新型城镇化评价指标体系分四个层级设计如下（见表 1）：

一级指标：对新型城镇化的综合评价指标，即最高级评价指标。

二级指标：根据新型城镇化内容所确立的指标，即经济发展、社会进步、城乡关系、现代设施、生活方式、人居环境、城镇管理。

三级指标：对二级指标细化成 23 个三级指标，尽可能体现所对应二级指标的各个方面。

四级指标：充分考虑指标的代表性、数据的可获取性及计算上的可操作性，选取 63 个指标，全面系统地对新型城镇化进行量化描述，构成指标体系最基本的要素。

指标性质一般分四种：一种是“极大”，越大越好；一种是“极小”，越小越好；一种是“居中”，离指数越近越好；一种是“区间”，在特定区间范围内最好。

表1 新型城镇化评价指标

一级指标	二级指标	三级指标	四级指标	指标性质
新型城镇化评价指标综合指数	经济发展	经济规模	GDP（亿元）	极大
			固定资产投资额（亿元）	极大
			地方财政收入	极大
		发展速度	GDP增长速度	极大
		经济结构	第三产业增加值占GDP比重	极大
			非农业人口比重（%）	极大
			高新技术产业发展速度	极大
		经济效益	全员劳动生产率（元/人）	极大
			经济密度	极大
	社会进步	教育科技	每万人拥有高等学校在校人数（人）	极大
			公共教育经费支出占GDP比重的发展速度（%）	极大
			研究与开发经费支出占GDP比重（%）	极大
		医疗卫生	每万人拥有医院床位数（张）	极大
			每万人拥有医生数	极大
			每万人拥有医生发展速度	极大
		社会保障	基本医疗保险参保率（%）	极大
			基本养老保险参保率（%）	极大
			失业保险参保率（%）	极大
			城镇失业登记人数	极小
			城市保障房建设完成率（%）	极大

（续表）

一级指标	二级指标	三级指标	四级指标	指标性质
新型城镇化评价指标综合指数	社会进步	社会安全	每万人刑事案件立案数（件）	极小
			每万人交通事故件数（件）	极小
	城乡关系	收入情况	城乡居民人均收入差距	极小
			城乡居民人均收入差距缩小速度	极大
		生活保障	城乡社会保障覆盖率差距（%）	极小
			城乡千人拥有医生数差距（%）	极小
	现代设施	道路交通	人均拥有道路面积（平方米）	极大
			每万人拥有公共汽（电）车数量（辆）	极大
			人均道路面积发展速度	极大
		供水排水	城镇用水普及率	极大
			排水管道密度（%）	极大
		电气邮政	城镇用电保证率（%）	极大
			城镇燃气普及率（%）	极大
			城镇邮电局所数（个）	极大
	生活方式	生活水平	人均可支配收入（元）	极大
			人均住宅建筑面积（平方米）	极大
			人均住宅建筑面积发展速度	极大
		生活质量	恩格尔系数（%）	极小
			平均预期寿命（岁）	极大
		文化生活	每百万人公共图书馆图书总藏量（册）	极大
			每万人拥有影剧院数（个）	极大
			每万人拥有影剧院数增长率	极大
		生活现代化	电话普及率	极大
			万人国际互联网用户数（户）	极大
			每百户拥有家用汽车数量（辆）	极大

（续表）

一级指标	二级指标	三级指标	四级指标	指标性质
新型城镇化评价指标综合指数	人居环境	人口密度	市区人口密度	区间
			暂住人口占城镇人口的比重	极小
		城镇绿化	人均公共绿地面积（平方米）	极大
			人均公共绿地面积发展速度	极大
		污染处理	环境噪声达标率（%）	极大
			工业废水排放达标率（%）	极大
			生活垃圾无害化处理率（%）	极大
			空气质量综合指数（%）	极大
		资源消耗	城镇新建建筑节能标准实施率	极大
			人均水资源量	极大
			每万元 GDP 综合能耗（千瓦时P万元）	极小
	城镇管理	管理理念	以人为本理念	极大
			可持续发展理念	极大
			民主法治理念	极大
			政策创新理念	极大
		管理方式	办事效率和服务质量的满意度	极大
			重大事件应对能力	极大
			依法行政程度	极大

现对这个体系加以说明。

（一）经济发展指标

选取 GDP、固定资产投资额和财政收入 3 个指标来反映经济规模。在通常情况下，经济规模越大，城镇化程度也越高。选取 GDP 增速反映经济发展速度，GDP 增速越大说明经济增长潜力越大。

但是，规模和速度并不能完全体现经济发展的质量，为此选择第三产业增加值占 GDP 比重、非农业人口比重、高新技术产业发展速度 3 个指标和全员劳动生产率、经济密度2个指标分别反映经济结构和效益，其中第三产业增加值占GDP比重、非农业人口比重和经济密度在以往城镇化评价体系中较为常见。考虑到新型城镇化更强调以高新技术产业、高素质劳动力推动经济进步，这里选取了高新技术产业发展速度和全员劳动生产率来做衡量指标。

（二）社会进步指标

选取每万人拥有高等学校在校人数、公共教育经费支出占GDP比重的发展速度、研究与开发经费支出占GDP比重3个指标反映教育科技的发展水平，其中公共教育经费支出占GDP比重的发展速度体现了政府对教育投资的力度，该指标值越大，说明地区教育水平提升潜力越大。选取每万人拥有医院床位数、每万人拥有医生数2个国际公认评价城镇化过程中医疗卫生的状况，同时选取每万人拥有医生发展速度来考核医疗卫生发展趋势。选用基本医疗保险、养老保险和失业保险3种参保率来反映社会保障能力，参保率越高表明更多的居民在享受社会保障。新型城镇化建设面临着就业压力、房价上涨，低收入居民住房压力增大等问题，因此选取城市保障房建设完成率加以考核，选用城镇失业登记人数评价就业情况。

此外，新型城镇化意味着人口聚集，社会安全问题也随之凸显，因此选用每万人刑事案件立案数和每万人交通事故件数2个指标来衡量社会安全状况，并且这两个指标值越低，则社会安全程度越高。

（三）城乡关系指标

城乡发展差距主要分收入情况和生活保障两个方面来衡量。前者选用城乡居民收入差距及差距缩小速度的指标来评价，后者选用城乡社会保障覆盖率差距和城乡千人拥有医生数差距2个指标评价。差距越小且缩小速度越快，说明在城镇化进程中，城乡间差异越小，即符合新型城镇化协调发展这一基本要求。

（四）现代设施指标

道路交通设施是现代设施的重要组成部分，选用人均拥有道路面积、每万人拥有公共汽（电）车数量和人均道路面积发展速度3个指标从发展水平和发展速度两个方面来评价道路交通状况。选用城镇用电保证率、城镇燃气普及率和城镇邮电局所数3个指标来反映城镇电气邮政的保证能力，这3个指标越高，说明城镇电气邮政普及率越高；选用城镇用水普及率衡量城镇供水保证能力。此外，近年来城市内涝事故频发，城市排水系统建设日益受到关注，因此将排水管道密度这一指标也纳入评价体系。

（五）生活方式指标

在这个指标下，选用了人均可支配收入、人均住宅建筑面积及发展速度3个细分指标。其中，选用人均住宅建筑面积发展速度，是为了考察在城镇化进程中，居民居住状况会不会因人口激增而变差。同时，选取恩格尔系数和平均预期寿命2个指标来反映居民生活质量。前者以食品支出总额占个人消费支出总额的比重来计算，数值越低说明居民富裕程度越高；后者与居民生活质量呈显著正相关关系，即值越高说明生活质量越高。用每百万人公共图书馆图书总藏量、每万人拥有影剧院数来衡量居民文化生活现状，其中考虑到影剧院的建设可以带动一系列丰富文化生活项目的增加，因此选取每万人拥有影剧院数增长率来评价居民文化生活方面的改善速度。

此外，选用电话普及率、万人国际互联网用户数和每百户拥有家用汽车数量3个指标来反映居民生活的现代化程度，这些指标值比前面所讲的现代设施指标更能从微观上反映居民所享受的生活的现代化程度。

（六）人居环境指标

选用市区人口密度和暂住人口占城镇人口的比重2个指标来反映人口密度现状。市区人口密度是一个区间型指标，其值过大会带来诸如交通堵塞等问题，从而降低城镇居民居住环境质量，其值过小又不符合新型城镇化建设的宗旨，只有落在与城镇现状相符合的区间内才比较理想。暂住人口占城镇人口的比重反映了“人”的城镇化，其值越小，一定程度上说明人口城镇化率越高。选用人均公共绿地面积和发展速度2个指标来反映城镇绿化现状及潜力。选用工业废水排放达标率、生活垃圾无害化处理率、空气质量综合指数和环境噪声达标率 4 个指标从水污染、垃圾污染、空气污染和噪声污染 4 个角度考核城镇污染治理情况。

此外，新型城镇化是一个大量消耗资源的过程，通过选取城镇新建建筑节能标准实施率、人均水资源量和每万元 GDP 能耗 3 个指标来考核资源消耗情况，标准实施率、人均水资源量越高，每万元 GDP 能耗越低，说明城镇化进程中节能减排越有成效。

（七）城镇管理指标

城镇管理水平体现在管理理念和管理方式两个方面。基于新型城镇化对政府职能转变的要求，我们选取以人为本、可持续发展、民主法治和政策创新 4 个指标来评价管理理念，该指标可通过专家打分等方式进行评价测量，等级越高，说明政府管理理念越先进。

对于管理方式，则选取了办事效率和服务质量的满意度、重大事件应对能力和依法行政程度 3 个指标，这些指标均可通过对居民抽样调查获得，其中依法行政尤为重要，这是因为在城镇化建设中必然出现大量土地征用、流动人口管理等问题。政府在处理这些问题时只有依法办事，才能做到公平、公正。

四、评价体系的运用

（一）新型城镇化评价体系的发布

必须加快新型城镇化评价体系的制定和发布，以使新型城镇化建设得到更趋科学的引导。同时，评价体系只有在实际运用中不断地加以完善，才能发挥其服务于新型城镇化建设的真正作用。

新型城镇化评价体系发布，可先进行试点应用，然后逐步推向全国。新型城镇化评价体系发布要充分考虑不同地区间的发展实际。我国各个地区间的城镇化发展水平存在较大差距，发展速度也不平衡，这就要求新型城镇化评价体系在各地具体运用中要因地制宜，有针对性地进行调整，使各地区在新型城镇化的核心评价项目上保持一致性，同时通过微调，让评价体系能够对地区发展质量作出更合理的评估。

（二）新型城镇化评价体系的群众评价

新型城镇化是以人为核心的城镇化，如果缺少群众的认可，那就偏离了根本目标。因此在新型城镇化评价体系的运用过程中，应当积极保持与群众的互动，畅通意见反馈渠道、搭建有效的信息收集平台，利用群众的评价意见和建议，对新型城镇化评价体系的运用效果加以考量，及时发现、修正评价体系中的不足。

（三）新型城镇化评价体系的评价监督

全面、准确、科学，是构建新型城镇化评价体系的首要目标。然而，在具体评价过程中，一些测量信息可能因为数据“表现欠佳”而被刻意隐瞒，甚至被随意篡改或被粉饰。这就需要及时引入城镇居民、新闻媒体和上级政府三位一体的内外部监督评价体系，以提高新型城镇化评价体系的透明度。

城镇居民的监督具有随机性、灵活性和广泛性的特点，但在通常情况下，其监督力量又过于分散，难以形成合力，加上没有足够通畅的渠道来表达，就会导致无法形成直接而有效的监督。**要注意解决居民“不想言”、“不敢言”、“不会言”的问题。**

相比城镇居民，新闻媒体不仅拥有多种渠道，并且能够利用公共资源发布信息，在短期内更能引起社会的巨大反响。新闻媒体对新型城镇化评价体系的监督，涉及多方利益，甚至事关当地政府的工作绩效，因而容易受到外界力量的阻挠和干扰，必须健全新闻媒体监督权的保障机制。同时，为了取得更好效果，要加强与有关部门的配合，选取更客观的评价指标、调整更准确的评价数据等，对于所反映的问题，应及时组织力量予以解决。

对新型城镇化评价体系的监督，上级政府作为内部监督体系的主要组成部分，具有更强的强制力和执行力。上级部门要充分利用自身的监督优势，保持对整个评价体系实施过程中的全方位监督，并对各指标的评价结果进行仔细核查。对新型城镇化评价体系的实施情况也要建立一系列内容全面、方法科学、结果公正的评议考核制度。

（四）新型城镇化评价成果的运用

构建新型城镇化评价体系，根本目的是支持和指导新型城镇化建设。利用评价成果，了解现状、发现问题、调整战略，为下一步找准工作重点，才使评价体系发挥了真正作用。

具体来讲，新型城镇化评价成果主要运用在以下三个方面。

1. 评价成果有助于进一步树立建设新型城镇化的发展理念

城镇化是一个老话题，而新型城镇化却是一个新诠释，更需要在全新的发展观念引导下集思广益，寻求新的发展路径。评价结果的发布不仅能够吸引全社会关注，更重要的是可以促使更多人才和有识之士参与到新型城镇化建设的实践中来。

2. 评价成果有助于全面了解并深刻认识新型城镇化发展所处的阶段与发展态势

从表面上看，评价成果也许就是一个个数值。然而，这些数值的背后却反映出新型城镇化建设“质”与“量”的方方面面。利用评价结果，不仅可以对城镇化水平进行全面评定，还可以对每一项指标所代表的具体工作进行深入分析，既可以找到值得继续坚持、加以复制的成功经验，又可以直观地发现城镇化进程中的薄弱环节和存在的突出问题。

3. 评价成果有助于为新型城镇化战略的修订提供有价值的参考依据

新型城镇化建设既需要顶层设计，也需要“摸着石头过河”，这就需要我们利用评价成果，更准确找到存在的问题，从而对症下药，有针对性地解决问题，提高城镇化工作的效率。

第五节
切实强化法治保障

新型城镇化规模之宏大、矛盾之复杂前所未有，只有将其纳入法治轨道，才能切实保障新型城镇化顺利推进。

一、法治保障的重要意义

新型城镇化法治保障的重要意义表现在：

（一）可以保障城镇化更能够按照客观规律推进

推进城镇化的最基础的要求是两个：一个是把各个方面的要求集合成一个有机的整体，协调推进。一个是实施的不同阶段、不同领导都要坚持既定的方向，持续推进。

推进城镇化最容易犯和最怕犯的毛病，就是各方面的不协调和各阶段的不持续。“甲部门要建，乙部门要拆”、“张书记要挖，李书记要填”是常见的事。解决不协调和不持续问题，就需要有超然于各个部门之上和超越时间限制的更有权威性的规范，这就是法律和法规。

（二）可以保障人的尊严和群众利益

新型城镇化覆盖了几乎全社会各种人群，这就需要将维护人的尊严放在重要位置。只有依靠法律，并在法律面前人人平等，才能保障人的尊严。

新型城镇化过程中将发生重大利益调整，其中，弱势群体的利益最容易受到侵犯。没有法律的规范，很难划清合理合法利益和不合理、不合法利益的界限，出了问题，无从裁决，无法纠正。这就必然引发和激化一系列社会矛盾，造成社会的不稳定。

（三）可以保障公共设施、公共服务等公共利益

公共设施的建设管理，公共服务的建立健全，包括生态环境的保护，是城镇化中基础性的工作。它们的服务对象是全社会的居民，是整个社会的群体。而且，这些公共设施和公共服务必然是各类主体长期建设的过程，没有明确而权威的法制规范政府和居民的行为，就会陷于无序状态，公共利益得不到保证。

（四）可以保障建设和谐社会

构建法治社会是构建和谐社会的基础。和谐社会必定是运行有序的社会。社会生活各个方面都有章可循，有法可依，社会才能有序。

新型城镇化建设涉及多方利益，不同的诉求往往形成各种利益冲突。只有通过法律规范，才能明确界定处理各种关系的原则，依据这些原则有效地解决各种纠纷，创造稳定、公平、和谐的社会环境。

（五）可以防范城镇化过程中出现的风险

除了城镇化进程走弯路以外，城镇化中最容易出现的风险是金融方面的风险。城镇化建设需要大量资金支持，如果没有明确的法律法规对政府投融资平台法人治理结构、责任主体作出界定，地方政府甚至可以随意设立公司制的融资平台，导致政府担保及其责任后果在法律上缺少问责，极易引发地方政府的债务危机，使城镇化走上“邪路”。

西方发达国家在城市化过程中注意法治保障的经验值得借鉴。西方国家最早用“宣言法”，继而是《城市规划法》来解决工业化造成的大量劳动力向城市聚集所引发的诸多问题。他们的经验可以概括为以下几点。

1. 法律体系要健全，推进城市化要有法可依

西方国家的城市规划法起初都是针对具体问题的单行法。随着立法经验的积累，逐渐形成三个层次构成的法律体系，即核心主干法是“城市规划法”，下一层是各种城市规划专项法，再向下是各项城市规划从属法律，整个体系庞大而周密，基本实现了所有问题的解决有法可依。据统计，英

国自1909年起，先后颁布40余部关于城市的法规，目前已经形成了由中央、地区和地方三级组成的完善的规划制定管理体系。2004年新修订的《城乡规划法》，更将原来的指导性地区规划上升为立法性规范。

2. 城市规划要科学，要能推进城市化建设可持续发展

区域规划要与整体规划相结合，保证统一性，不失灵活性。各国城市规划法的层级结构要求下位法必须服从上位法，在保证国家规划的政策指引下，结合地方特点制定城市规划，否则无法获得审核通过。例如德国的城市规划法的规划层次就被划分为四级，即国家的空间秩序规划，各州有州域规划，各州之间订立的区域规划，各地方的建设指导规划。再如美国，在城市规划时重点进行区域规划，由各地方政府组成的区域协会共同完成，由此将地方政府的规划法统一到区域规划之下，协调发展。

3. 法律制定需要高度公众参与，可操作性要强

欧美和日本等发达国家在制定规划法案中都强调要不断完善公众参与规划的法律制度。如德国《建设法典》规定，在规划制定过程中必须尽早告知市民有关规划的目标、规划方案和影响，以便及早听取市民的意见进行规划修改。城乡规划在接受市议会审议时，必须向公众公开展示并听取意见一个月。英国2004年颁布的《规划和强制性收购法》中明确规定：在主要的地方规划政策文件中，必须包括一份“社区参与申明”，表明公众参与了从规划制定开始的一系列活动。

4. 城市规划法要与土地利用、环保等理念密切结合

例如美国，在20世纪30年代就制定了《水土保持和国土资源配给法》，保护全国优质耕地。同时，坚持长期的科学化综合管理，鼓励公众参与耕地保护。1955年，美国政府设立了土地利用委员会，其职能就是致力于依靠综合政策和法律，来保持优质耕地的数量及其应有的价值。

二、我国法治保障基本状况

改革开放以来，我国城市规划法规的变革经历了渐进式的发展过程。

在这一过程中，既有一些应当肯定的成绩，又存在诸多矛盾和问题。

当前，必须正确认识我国法治保障面临的形势。

（一）我国城市规划法规建设进程

我国城市法规的建立，大致经历了三个阶段。

1. 颁布和实施城市法规阶段

1989 年，全国人大常委会颁布《中华人民共和国城市规划法》，这是我国在总结新中国成立以来经验教训的基础上，制定和颁布的第一部城市规划、城市建设和城市管理方面的法律，也是涉及城市建设和发展全局的一部基本法。它的颁布和实施，对于建设具有中国特色的社会主义现代化城市，改善城市的投资环境和劳动、生活环境，具有重大的指导意义，发挥了重要作用，标志着我国城市规划法规建设开启了一个新的阶段。

2. 颁布和实施规划建设管理条例阶段

1993 年，国务院颁布施行了《村庄和集镇规划建设管理条例》。这一法规是指导我国村镇建设的基本法规，对于促进村镇建设活动的规范化和法制化发挥了重要作用。自此，我国的城乡规划制定和实施管理依据“一法一条例”，初步建立了城乡规划基本运作制度。

3. 颁布和实施城乡规划法阶段

2007 年 10 月，第十届全国人民代表大会常务委员会第三十次会议通过了《中华人民共和国城乡规划法》，并以此法取代了《城市规划法》。自 2008 年 1 月起，我国实施新的《城乡规划法》。该法在许多方面借鉴了西方国家城市规划的经验，为我国城镇化的发展提供了较为有力的法律保障。

（二）法治保障存在的矛盾和问题

我国推进城镇化的法治保障虽有较大进步，但远远落后于城镇化发展要求，并存在诸多亟待解决的矛盾和问题。

1. 法治保障滞后

经济发展迅速、城镇规模扩张，许多地方城镇化发展急需发展规划和相关的法律法规加以规范和指导，但这些方面的法规迟迟不能出台，因为无法可依，各方面的管理跟不上，出现了许多问题。

例如，广西巴马以长寿之乡闻名，近些年旅游业迅猛发展，游客由以往的每年几千人次增加到2013年的200万人次。农民为了接待潮水般的旅游者，当地农民不断建高自己的房屋，众多十几层小楼汇集而成的楼群，已经把当地的山水遮盖得面目全非。如此众多旅游者的到来，使当地水源受到了污染，大量的垃圾破坏了环境。问及当地政府对这些问题为什么不管，回答是因为规划还没有批下来。可是，如果再拖一些时日，规划批下来了，面对既成事实，又能有多大作用呢？

2014年1月，香格里拉古镇发生火灾，烧掉了这座千年古城的五分之一的古建筑。大火之所以能够如此蔓延，原因之一就是房屋之间距离太近，没有坚持房屋之间最小距离的规范。

类似的案例不少，都为我们敲响了警钟。法治保障跟不上，必然发生大量的自发的“破坏性建设”，经济似乎发展了，但不可复制的极其宝贵的古镇却陷入了消失的危险。法治保障跟不上，也使得城镇的安全得不到保障，造成难以弥补的损失。

2. 缺乏对弱势群体在利益分配上的法规保障

城镇化的过程实际上是农民离开土地成为市民的过程。由于土地制度设计上存在严重不足，体制机制中的消极因素没有消除，尤其是缺乏保护农民权益的法规，致使在土地利用和收益分配中出现了许多问题，诸如违法占用土地、大量浪费和闲置土地、侵害群众权益等。更为严重的是，农民在土地收益这一关键环节上没有法规保障，受害无法诉，法院无法判。加上现行的征地补偿测算方法不能体现土地的稀缺性和土地的潜在利用价值，难以准确地反映被征土地的实际价值，土地交易市场化程度低，政府和地产开发商把持土地溢价，农民难以从被征土地上获得应有的收益。

3. 转移农民市民化的专项立法严重滞后

非农化的农民工还没有实现市民化，这是中国城镇化仍然滞后于工业化的主要体现。农民工无法享受城镇住房保障和社会福利保障，因此无法融入城市成为真正的市民。迄今为止，我国并没有针对实现农民工公共福利的法律出台，严重影响城镇化的进程和质量，而且也影响社会的稳定。

4. 监督机制不完善，不能有效维护法律严肃性

在推进城镇化过程中，不仅遇到了缺乏重要法规的问题，而且对已有法规的执行也存在“有法不依、违法不究、执法不严、无法落实”等问题。由于对违反城市规划法的惩治力度不强，相较其他类型犯罪的违法成本低，致使违法现象屡查屡犯；由于监督机制不健全不得力，违法行为屡有发生，法律权威性受到挑战。例如，规划法中已经将“违章建筑”上升到了“违法建筑”的法律高度，但有些政府官员、企业负责人并没有形成相应的守法意识，把城镇化建设中的违法建设当作普通的违章行为，抱着查出来交罚金了事的思想，根本没有法制观念。

（三）法治保障面临的机遇

1. 国家更加重视城镇化法治建设

近几年，根据城镇化发展中出现的矛盾和问题，尤其是城乡居民的强烈呼声，中央更加注重强化城镇化的法治保障。中共十八大明确提出“全面推进依法治国”，并对保障城镇化特别是农民和农民工利益提出了具体的要求。中共十八届三中全会通过的《关于全面深化改革若干重大问题的决定》，更加明确指出，“城乡二元结构是制约城乡发展一体化的主要障碍，必须健全体制机制，形成以工促农、以城带乡、工农互惠、城乡一体的新型工农城乡关系，让广大农民平等参与现代化进程、共同分享现代化成果。”同时，还对构建新型农业经营体系、赋予农民更多财产权利、推进城乡要素平等交换和公共资源均衡分配、完善城镇化健康发展体制机制等方面作出了一系列更加明确的规定。这不仅为切实强化法治保障指明了方向，而且为加快法治保障体系建设提供了依据。

2. 城镇化进程中对法治保障提出了迫切需求

城镇化中遇到的矛盾和问题亟待用法律手段解决。推进城镇化中需要规范政府与市场关系，需要建立统一开放、有序竞争的市场体系，需要提高城镇化效率和质量，还有城镇化中的民主权利、政府管理、环境保护、安全生产等方面问题的解决，都迫切需要法治保障。

3. **法治观念的深入人心**

新型城镇化的法治保障如果没有广大民众的理解和支持，仅凭“政策讲讲”、“政府喊喊”，是难以实现最终目标的。伴随着现代文明的不断推进，特别是中共十八大“全面推进依法治国”的提出，法治观念已经深入人心。公民法治意识的增强，使得法制建设不再呈现“一头热”现象，全社会的积极参与和对法治保障的讨论、实施、监督正逐渐成为常态。大环境的有力支持、强烈的需求和认识的到位，这一系列的变化是助推新型城镇化法治保障顺利开展的难得机遇。

（四）法治保障面临的挑战

1. **法治保障面临着多元诉求的挑战**

随着利益多元格局的形成，多元诉求更加突出。加强城镇化法治保障，不仅需要覆盖所有的领域，实现各方面、各层次法律的配套，而且要求兼顾各种利益诉求，体现以人为本，使全体居民共享现代化建设的成果。这就给强化城镇化法治保障带来了更大难度。

2. **法治保障面临着公平与效率的挑战**

对于新型城镇化而言，公平和效率必须“兼得”。如果缺乏效率，新型城镇化就会失去前进的动力；丢失公平，新型城镇化也就偏离了协调发展、以人为本的根本理念。新型城镇化法治保障就是要实现两条腿走路，在两者之间寻求法治保障的平衡点就成为重大难题，既不能过分强调公平，让城镇化向平均化的方向发展，使城镇化建设受到束缚，失去活力；也不能完全放任自由竞争，忽视弱势群体的权利诉求，以及公共服务和环境保护，使城镇化进程中出现数量更多、矛盾更尖锐的社会问题。

3. **法治保障面临着传统观念的挑战**

尽管改革开放以后，特别是近10年来，法治观念逐步深入人心，但在一些偏远地区和基层政府，乡土社会中的“人治”思想和地方保护观念等依然比较顽固，对法治保障不熟悉、不理解，甚至不支持的现象比比皆是。这无形中给法治保障的推进带来了极大的阻碍。如何在不断完善法治保障的过程中加快法治保障理念向农村的传递，如何引导和鼓励基层政府和居民认识法治保障的重要性和迫切性，都是推进城镇化法治保障之路上必须跨越的障碍。

三、加强法治保障的基本路径

（一）法治保障的指导思想

1. 全过程保障

新型城镇化实质上是人的城镇化，法治保障必须贯穿于城镇化的全过程。就是说，只要新型城镇化不断发展，法治保障就要不断强化，既不能中断，也不能弱化。同时，以人为本的法治保障要体现在立法、执法、司法、法律服务、普法和监督等全过程。

2. 全方面保障

以人为本体现在新型城镇化的方方面面，涉及所有领域。这就要求新型城镇化法治保障必须以中共领导为根本保证，以服务广大群众为宗旨，以构建社会主义和谐社会为目标，以经济建设为中心，按照依法治国基本方略的要求，全面推进新型城镇化过程中经济、政治、文化、社会和生态文明建设的法治化，从而全面保障人民物质生活水平和精神文明水平不断得到提高。

3. 公平公正保障

坚持以人为本实施法治保障，必须体现公平公正原则。绝不能只保障少数人的权益，而损害人民群众的根本利益。立法过程中注重不同利益群体尤其是农民、农民工群体的诉求，充分听取他们的意见，使法治保障源头就体现公正公平原则。要坚持从群众中来、到群众中去，实行民主立法、开门立法，充分发扬民主、集思广益。要自觉接受人民群众的监督。

群众是法治保障的受益者。法治保障到位不到位、效果好不好，最终要看群众满意不满意、评价好不好。

（二）法治保障的目标任务

新型城镇化是“五位一体”的城镇化。法治保障必须涵盖：

1. 经济建设的法治保障

核心是市场经济法治化，既能有效地保障市场对资源配置的决定性作用，又能规范政府管理经济的行为，对于推进经济持续健康发展具有重要的作用。其中，特别要注意按照我国社会主义基本经济制度，保障多种所有制经济成分共同发展。

2. 政治建设的法治保障

社会经济发展到一定阶段，公民的法治意识会逐步提升，并开始表达自我的政治诉求。新型城镇化法治保障就是要积极创造条件，让人民群众广泛参与到城镇化建设的管理中去，强化群众参与，使得新型城镇化的法治建设切实保障公民所享有的权利。

3. 文化建设的法治保障

新型城镇化不仅涉及诸如城市建设等“有形”业绩的发展，还涉及“无形”文化的发展；不仅涉及现代文化的发展，还要涉及历史文化的保护和继承。文化建设的法治保障，就是实现对健康文化发展的保障，也要实现对历史文化传承的保障。而后一点，往往是薄弱环节。

4. 社会建设的法治保障

城镇化是社会结构的根本性的重大变化。由传统的农村结构为主体的社会，转变成以现代城镇为主体的社会。如何处理好新的社会结构下的城乡关系，特别是当人口主体逐步转移到城镇以后，城镇人口迅速膨胀，如何处理好城镇中各个阶层、各个群体之间的关系，就成为迫切需要解决的新课题。城镇的规模扩大和水平现代化，都需要加强和改进城镇的城镇管理和社会管理。而要做好这些，最基础的是加强法治建设，提高法治保障程度和水平。

5. 生态文明建设的法治保障

在生态文明建设中，宏观和微观的矛盾、眼前和长远的矛盾尤为突出。在这种情况下，只靠讲道理是不能解决问题的。必须建立和使用强制性手段，使只顾微观利益而损害宏观利益者、为了眼前利益而损害长远利益者，得到法治手段的制止和惩治。

（三）法治保障的基本措施

1. 树立法治思维

知法、懂法、用法、守法是法治思维最基本的要求，各类主体，特别是政府，必须以这样的法治思维来推进新型城镇化。要通过一系列实践活动，牢固树立法治权威，同时使法治思维“内化”为自觉遵守的价值目标。政府做到“依法行政”，居民能够“以法律己”。

2. 加强理论研究

理论研究的出发点和目标都是为了推动新型城镇化法治建设不断完善。紧扣时代的发展脉搏，紧密围绕新型城镇化发展过程中涌现的新需求，才能确保理论研究成果具有现实意义。对研究课题应该作出合理的统筹规划，找准理论研究的着力点，避免因“胡子眉毛一把抓”而失去研究方向。

3. 确立改革意识

现实中，制度体系的建立和完善不可能一劳永逸，也不可能一成不变，随着环境及条件的变化，制度体系也要不断完善。面对新型城镇化的新形势、新要求、新问题，必须通过改革，消除既得利益障碍，打破原有制度壁垒，完善和创新法治体系。

4. 强化法治保障的宣传教育

法治宣传要更讲实效。目前，就事论事地解决具体问题比较多，脱离实际喊口号式的宣传比较多，结合实际的法治宣传教育比较少。要善于通过正反两方面的典型案例，进行生动鲜活的法治教育。要拓宽法治保障宣传的途径，更好地利用各种媒体，创造更多宣传形式，使法治宣传更为群众喜闻乐见，更能深入人心。

第六节
区别对待分类推进

中国是一个“大反差”的国家。推进新型城镇化绝不能用“一刀切”的办法，只能采用“区别对待，分类推进”的方针。

一、加快中西部城市群建设

我国城镇化发展不平衡，首先表现在东部、中部、西部三个不同区域之间城镇化发展不平衡。东部城镇化率为 62.2%，中部城镇化率为 48.5%，西部城镇化率为 44.8%。东部比中部高出近 14 个百分点，比西部高出近 18 个百分点。

这种城镇化率的差别，标志着三个不同区域在城镇化中要解决的重点问题很不相同。东部地区面临的主要是内涵提升和质量提升的问题，要解决人口迅速膨胀带来的“城市二元结构”问题、人口聚集压力过大的问题、城镇承载过大的问题、“大城市病”和生态环境恶化问题。而中西部面临的主要是产业支撑力不够，城镇规模和容量不足的问题。

城镇化率的差别还包含着全国人口分布不尽合理的问题。东部的城镇化容纳了大量来自中西部的人口，全国人口普查显示，东部占全国人口的比重在增加，而中西部在减少。本来存在的区域人口分布不平衡的问题，事实上进一步加剧了。

解决区域不平衡的问题，要靠东部城镇化的提升，更要靠中西部城镇化的加速。偌大的中西部的城镇化如何加速？特别是人口密度较低的西部地区城镇化如何加速？不能采取撒芝麻盐的办法，关键在于实施“中观突破”的战略，集中力量加速发展城市群。

《国家城镇化规划》提出，要培育发展中西部地区城市群，在中西部城镇体系比较健全、城镇经济比较发达、中心城市辐射带动作用明显的重点开发区域，加快产业集群发展和人口聚集，培育和发展若干新的城市群。这样的思路，对于相对地多人少、地广人稀的中西部来说，更能够攒拢拳头，加快中西部城镇化的发展，也能够优化全国城镇体系格局。

中西部城镇化和城市群发展应该走与东部不同的道路。它应该更加重视发挥自己在资源、环境等方面的比较优势，形成有特色的优势产业；应该更加重视产业转移的作用，吸纳东部有市场、有效益的劳动密集产业到自己的地区来；应该更加重视“就近城镇化”，吸引当地农民进城和外出农民工返乡；应该借鉴东部地区城镇化的经验教训，从一开始就重视城乡一体化，重视各个城镇的不同定位，重视各个城镇之间建立分工协作、互动互促、合作共赢的关系，形成合理的城乡格局和城镇格局；应该更加重视历史文化传承，使城镇建设实现现代化和地方特色、民族特色有机结合；应该更加重视制定恰当的优惠政策和改善政府管理，造就城市群发展的良好软环境。后发有后发优势。在这些举措的基础上，再加上国家对中西部的政策支持，中西部的城市群，完全有条件形成自己的特色和独特的魅力，也有可能在若干方面超越沿海城市群。

二、地方性和多样化

城镇化的差异，不仅存在于大的区域之间，也存在于一个省份的不同区域之间，甚至也存在于同一区域的不同城镇之间。因此必须充分认识城镇化和城镇建设的地方性和多样化。

（一）推进城镇化是地方性极强的工作

具体的城镇化工作都是地方性的。任何城镇都是在一个具体地方成长起来的。一个城镇的产业发展，虽然可以在要素整合上“打通”地域局限，可以在全国以至全世界整合资源，但它终归要受到当地自然环境、地理位置、土地条件、历史条件、文化条件、经济发展等既定条件的制约，最终又要落实到当地，既不能改变自己的条件，也不能把别人的这些条件拿过来为我所用。城镇化的平台只能当地建设，城镇化的成果只能当地享用。城镇设施、住宅街道，只能当地建、当地用，不能运到别处去卖。有的地方，靠造势炒热了房地产，但当地消化不了，出现了许多烂尾楼，别人也救不了。

（二）推进城镇化要更加重视当地数据

现在论述城镇化大都是根据全国的数据做宏观的论述。全国性的数据反映不了地域的差别。前面列举的我国东部、中部、西部不同的城镇化率，就证明了这个问题。本区域的数据当然更有接近性，但也不能直接说明本城镇的状况和存在的问题。所以，推进城镇化要更加重视本城镇当地数据的收集、整理和利用。

全国数据、大区域数据可以使我们认清大的趋势，但解决地方实际问题则必须依靠当地的数据。例如要搞清当地城镇人口的增量和增速，当地农村人口的减量和减速，当地城镇人口和农村实际人口的比重变化，等等。对于一个城镇来讲，完整的当地数据才是推进城镇化的基础依据，对实际工作更有用。

（三）推进城镇化首先搞清自己属于“哪一类”

推进城镇化，就一个城镇来讲是改变自己。改变自己必须首先认识自己。认识自己的第一关，是确定自己属于“哪一类”。

每个城镇都需要通过六个“不同”认识自己的“类别”：不同国家、不同地区、不同规模、不同模式、不同定位、不同阶段。这六个“不同”是层层递进、逐步聚焦的关系。最后集中到“这一类”。

例如，重庆就可以这样概括它的类别：它是中国西部的大城市，是地处长江上游辐射我国大西南地区的经济中心，是正处在城镇化中期阶段的一座山城。这样一来它在城镇化中存在的问题和需要解决的问题就比较容易搞清楚了。

一个城镇搞清自己属于哪一类很重要。所谓区别，首先是类别。类别都搞不清楚，区别怎么搞清楚？区别搞不清楚，区别对待怎么落实？有的城镇总是想越高越好，越大越好，中心越多越好，本来应该是做区域经济中心，非要做全国经济中心，甚至要做国际中心，结果就把自己搞得“不伦不类”。一定要认识到，不同类别决定着城镇化的具体目标和道路，借鉴他人经验的时候，也必须注意不同的类别，否则也会“张冠李戴”。这里存在一个最重要的原理：普遍性寓于特殊性之中，操作性也寓于特殊性之中。

（四）推进城镇化最终要靠认识自己“这一个”

严格地说，找到自己“这一类”不够，还需要找到自己“这一个”。不能简单地用“这一类”代替“这一个”。

在构建城市群时，这个问题尤其重要。一个城市群的各个城镇，由于地理比较接近，往往有许多共同点，只靠类别还不能完全搞清楚它们之间的区别，也就会在城市定位上发生雷同和模糊的问题。例如京津冀城市群的北京和天津之间，在国家、区域、规模、模式这些层次上，很难找到它们的区别，它们都是东部沿海发达的大城市。但是从“这一个”角度则很容易区别，北京是首都，天津则不是。这样，两者不同定位的主要根据就找到了。

如果说“分类”的办法是按照六个“不同”做标准的话，那么，确认“这一个”则要靠从自己城镇的实际出发。世界上没有两片相同的树叶，没有任何一种分类方法可以把树叶的区别说清楚，它们每个都是“这一个”。城镇也是如此。世界上没有两个绝对相同的城镇。除了自己以外，用怎样的类别归纳都不能把它们描述清楚。

“区别对待，分类推进”，是从宏观和中观的领导层面说的。微观上看每一个城镇的城镇化，实际上只能“分个推进”，没有“分个推进”，分类推进也不能落实。

总之，在城镇化的进程中，每个城镇虽然必须以全局性的规划和政策为指导，但更必须从当地实际出发，确定自己的城镇模式、城镇化进程、

当前重点解决的问题，切不可本本主义，也不可照搬他地经验。

三、资源禀赋的区别

资源禀赋的区别对城镇化有重大影响。其中，有三类地区的资源禀赋，对城镇化甚至有决定性的影响。这三类地区是：牧区、林区和矿区。

（一）牧区

牧区地广人稀，城镇本来就比较少。以内蒙古大片草原牧场为例，那里除了市（盟）所在地以外，城镇规模都不大，绝大多数城镇都是小城镇，基础差，人口不多，本地财政力量有限。

今天的牧民大多不愿意现在迁入城镇，他们认为城镇生活不如在牧场中生活舒适。自家的牧场只要经营有方，年收入比在工厂中做工收入多，而且不必每天准时上班下班。他们至多愿意在城镇中有一套房子，把子女送到城镇学校中学习，自己仍在牧场中自由自在地工作和生活。

一些牧区城镇也有所发展。城镇里工业园区、物流园区需要的工人，是从邻近省招募来的农民工。城镇人口比例提高，主要是外地农民迁来的结果。也有一些牧区因牧场沙化严重，政府动员牧民迁入附近的小城镇，根据自己特长找一份工作。

牧区城镇化需要注意以下几点：

1. 加强牧场资源保护

城镇化不应该消灭放牧业，而应该保护和提升放牧业。首要问题是保护牧场资源。牧场退化，与大自然气候变化有关，也与放牧过度有关。通过政府的支持和恰当的放牧方法，草场衰退是可以缓解乃至可以复旺的。

2. 不宜强调牧民市民化

牧民一般只会放牧，进了城镇，难以就业。况且，如果牧场经营得好，牧民的收入并不低。在牧区这样的地方，绝不能只着眼于城镇化率的提高，而应该首先着力于牧业发展和居民收入的提高。

3. 牧区需要侧重解决城乡一体化

促进牧区发展和全地区发展更紧密地联系在一起。牧区发展为城镇提供更多的畜产品，城镇需求成为牧业发展的动力；城镇的发展为草场保护和牧业提升提供更多的技术、资金、人才的支持。

4. 牧区城镇化应该以发展小城镇为主

小城镇特别要注意发展为牧业生产服务和为牧民生活服务的服务业，小城镇应该成为当地畜产品的集散地和牧业生产资料的供应地，小城镇也可以成为那些覆盖全国市场的大型肉奶类企业的重要网点所在地。这样的小城镇，交通建设成为最重要的问题，因为只有便捷的交通才能够把这一切变成可能。

（二）林区

林区通常也是地广人稀的地区。林区有大片森林，即使在计划经济时期，林区的生活仍大致稳定。平原地带的农民遇到灾荒，常常逃到林区去谋生，有些人后来就不回去了，在这里打工为生，或开垦一小块荒地，种些粮食，还有些人做起了小买卖。林区的一些小集镇，往往是外来逃荒者聚居形成的。

和牧民不同，林区的人多数是愿意成为城镇居民的。无论是国有林场的职工还是从内地迁移来从事商业、手工业或服务业的人，大多是愿意住在城镇中的。即使他们本人仍在国有林场及其周边工作，也希望将来退休以后住到城镇中去。

林业资源和牧业资源的情况也不相同。如果说，牧业资源的衰退是大自然变化的结果，那么，林业资源的枯竭，则主要是过度开发造成的，资源减少的速度很快，且很难短时间恢复。

林区的城镇化需要注意几点：

1. 必须把林业接续作为最重要的事情做好

没有森林不能发展林业，没有林业不成其为林区。森林资源的特点就是两句话：“可再生”，给了我们希望；“不能短期再生”，增加了保护这种资源的艰巨性。过去砍伐的森林，都是老天爷和老祖宗几百年、上千年乃至更久远的时间留下来的。再造森林，虽然不一定需要同样长的时间，但至少也要十几年、几十年的时间。不管时间周期多长，这件事是必定要做的。因为，森林的覆盖不仅是当地经济发展所必需，更是环境保护所必需的。

2. **必须解决林业接续的政策问题**

从造林到成材，从投入到产出，是个相当长的周期。林业接续的关键是林权问题和资金问题，可以用“谁种谁管谁有”的办法解决。国家政策性资金投入，将来的效益归国家所有；用优惠政策吸引民营企业资金投入，将来的效益归企业所有；发动广大林业职工种树，将来的效益归个人。

3. **林区的城镇化可以先走“新社区”的道路**

在东北一些林区，利用停止砍伐的机会，把原来的工棚式简陋宿舍改建扩建为职工新村，这是可喜的现象。这些新社区经过一定时间的努力，可以发展成为林区新城镇。

（三）矿区

矿区城镇的形成，一种是国家或地方政府投资开矿，以后就形成了小集镇或城镇，另一种是改革开放以后，允许民间资本进入矿区开矿，招来外地农民工，职工及其家属聚集在一起，形成了新的城镇。

矿区和牧区、林区都不同。资源开采前景大体上可知：只要矿产资源蕴藏量丰富，矿区将继续兴盛；反之，如果矿产资源开始枯竭，新投资者不会前来，原有投资者也会陆续撤离，矿区城镇就会由盛转衰，矿工人数递减，以致最终成为一座被遗弃的废城镇。唯一的希望在于有可替代的产业。而可替代产业形成又绝非易事。

发展替代产业的困难主要是四个问题：谁是投资者？原来的采矿民营企业愿意为替代产业的兴起和发展而投资吗？原来就业的矿工愿意和能够转入新的替代产业吗？替代产业的竞争力能支撑城镇的繁荣和增长吗？

矿区的城镇化需要注意以下几点：

1. 及早筹划和发展替代产业

所谓及早，就是在开矿业还比较兴旺的时候，就做这件事，不要一棵树上吊死。经济繁荣，资金充裕，人气旺盛，信用度高，发展其他产业相对容易。等到矿业衰败了，这些好条件已不复存在了。我国东北的大庆、盘锦等地区做得比较好，他们的经验值得重视。

2. 注意转变体制

因为矿区的城镇是依托采矿企业发展起来的，许多城镇功能也都是“企业管社会”的体制，职工的衣食住行都由企业包办了，没有社会化。这样的城镇，与其说是一个城镇，不如说是一个大企业。这样的体制必然限制了城镇的发展和多种产业的发展。因此，必须转变这类社企不分、政企不分的体制。

3. 注意城镇建设的科学性

采矿产业有一个特点，就是它的供求关系波动较大，即使资源充裕，由于市场变化，市场需求的减少，也会对产业形成巨大的影响。一些矿区城镇，在市场兴旺、效益很好的时候，往往会头脑发热，大兴土木，大搞城镇建设，当市场变化矿产品销路不畅的时候，就出现了危机，放大了市场变化带来的困难。近年来，内蒙古鄂尔多斯市和陕西榆林市出现的就是这种情况。

综合牧区、林区、矿区三种类型地区的城镇化，我们可以得出两个结论：

第一，这些地方的城镇化，与所依托的资源密不可分，甚至主要依赖资源。必须对资源支撑有特别深入的认识。资源是自己的优势，又是自己的制约。这种制约，既有量上的制约，又有市场的制约。必须对自己拥有资源的禀赋有深入的认识。草场和森林都是可再生的。决定草场资源状况的因素可能是天人参半，决定林业资源状况则可能是人的因素更多一些。矿产资源是不可再生的，如何开采就成了决定性因素。

第二，这些地方的城镇化，中央政府和省级政府应该给予特殊的关注。所谓特殊关注，主要是两条，一条是不能把这些地方的城镇化和其他地方“一锅煮”，牧业形态、林业形态以至矿业形态都有其特殊性，这些地方不可片面追求城镇化率。一条是国家对这些地方应该给予更多的支持。这种支持，不是“恩赐”，而是对这些地方过去贡献应做的“补偿”和“回报”。

四、最后一道关口

在我们讲了新型城镇化的战略、规划、方针、政策、措施等之后，我们还必须提及“最后一个关口”——工作作风和工作方法。

先列举两个案例。

案例一：土地面积差异。

一个村在建立股份合作社的时候，首先进行各家各户的土地确权。对土地面积丈量以后，发现有些农户承包土地实际面积和承包合同写的面积不一样，有多有少。原来，当初实行“包产到户”，没有认真丈量土地，一些地块只凭干部的印象数字就写到合同里，多年就按照这个数字计算。

如何处理丈量面积和承包面积出入问题，就成了一个难题。丈量面积少于承包面积的，要求补足以后入股；丈量面积多于承包面积的，要求按照丈量面积入股。各自都有自己的充分理由。丈量后面积少的农户说，我已经吃亏了这么多年，不能让我继续吃亏。丈量后面积多的农户说，多了不是我的责任，应该按实际情况纠正。由于涉及农户的重大利益，又没有现成的法律法规可以遵循，建立股份合作社的事情只好拖下来。

案例二：征地费用拨款。

一个高速公路工程向沿途农户征地，说好了征地费用每亩 6 万元，政府、企业、村民委员会都签好了合同，公路修好后，高速公路建设公司把征地款及时拨给县里。但由县向村拨款的时候，进行不下去了。

原来，各村被占用土地的质量不一样，有的占的是沙荒地，有的占的是好农田。占农田的村认为，我们的好地，怎么能和他们一样呢？占沙荒地的村认为，说的就是每亩 6 万元，没说什么地。尽管县和镇都想调解，但没有调解的标准和办法。征地款就这样几年发不下去，农民上访，谁也不敢接待，问题也找不到责任人。

这两个案例发人深思。它告诉我们，即便理论、路线、方针、政策、规划、措施都没有问题，但落实的时候，工作作风和工作方法出了问题，不仅好的政策落实不了，还会生出一些新的难以解决的问题。这一“最后的关口”，对所有的事情都有最后的否定权！

毫无疑问，我们必须高度重视工作作风和工作方法这一关！

关于工作作风和工作方法，已经有许多论述和要求。**工作作风最核心的就是认真负责，工作方法最核心的就是细致和周到。**认真是态度问题，负责是责任问题，细致是落实问题，周到是风险问题。以认真的态度，担负起自己的责任，细致地考虑整个落实链条的所有环节，设想可能出问题的地方，事情才能办好。所有问题都发生在不认真、不负责，不细致、不周到。“细节决定成败”，讲的是企业经营，其实一切工作都是如此。

解决工作作风和工作方法，也是一个重要的干部教育问题，但光靠教育还不能解决问题，必须建立责任制。责任不仅要落实到单位和部门，还必须落实到人。出了问题可以找到责任人。重要的工作必须形成责任制文件，有案可查。不同单位之间要形成有法律效力的合同，清晰规定各方的权、责、利，同时要制定相应的实施细则。**总之，要使工作作风和工作方法方面的建设走上制度化和法制化的轨道。**

第七章

新型城镇化研究总结

本书做出的主要归纳
本书提出的一些新观点
新型城镇化方法论

新型城镇化是一个复杂艰巨且综合性很强的系统工程。要顺利地推进新型城镇化，首先要在理论上有一个全面认识，把握其规律性，才能拥有预见性和主动性，避免盲目性和片面性。

第一节
本书做出的主要归纳

一、城镇化基本规律的六个要点

城镇化基本规律的六个要点包括：一个根据——劳动生产率，二力协调——工业的拉力和农业的推力，三个要素——人、业、地，四类主体——政府、企业、居民、智库，五种杠杆——资源、资金、技术、文化、谋略，一个成果——城镇体系。

二、世界城镇化经验教训的五项原则

世界城镇化经验教训的五项原则包括：有序原则、匹配原则、同步原则、渐进原则、持续原则。

三、中国城镇化基本国情条件

中国城镇化基本国情条件包括：人口条件：人口众多，分布不均；土地条件：人均量低，耕地短缺；淡水条件：严重不足，南多北少；经济条件：二元结构，区域差异。

四、新中国城镇化历程的六个阶段

新中国城镇化历程的六个阶段包括：起步阶段、波动阶段、停滞阶段、平稳发展阶段、快速发展阶段、新型城镇化阶段。

五、中国城镇化存在的六个“滞后”

目前中国城镇化存在的六个“滞后”分别是：城镇化滞后于工业化，

人口城镇化滞后于土地城镇化，城市建设滞后于城镇化速度，城镇住房建设滞后于城镇人口增长，农民工身份转换滞后于职业转换，城镇管理滞后于城镇发展。

六、新型城镇化理论内涵的三个要点

新型城镇化理论内涵的三个要点包括：科学发展观为指导，体现“四化协调”和“五位一体”。

七、新型城镇化的八条标准规范

新型城镇化的八条标准规范包括：城乡一体、以人为本、经济繁荣、城建现代、布局合理、文化发展、社会和谐、绿色低碳。

八、新型城镇化的八条运作规范

新型城镇化的八条运作规范包括：以人口为核心，以产业为支撑，以环境做定位，以城建做载体，以土地为依托，以资金做杠杆，以制度做配套，以改革为动力。

九、“城乡一体化”的五个条件

“城乡一体化”的五个条件包括：城乡之间生产率水平相近或相当；城乡之间产业有机衔接，要素整合，优势互补，互惠互利；城乡之间体制有机衔接，城乡之间形成各类要素的统一市场；城乡之间管理有机衔接，户籍制度统一，公共服务基本均等；城乡之间从风貌到生活，各具优势，各有特色，互不替代，难分高低。城乡一体化不是一样化，不能“千城一面”、“城乡一面”，要尊重自然、善待历史，突出特色，建设有美感、有文化、有个性的城乡一体化。

十、新型城镇化推动持续发展的四种力量

新型城镇化推动持续发展的四种力量包括：延续“劳动力红利”；扩

大消费需求；扩大投资需求；助推经济转型。

十一、新型城镇化的四个重点课题

新型城镇化的四个重点课题包括：农民工市民化和公共服务问题；土地问题；城镇住房问题；资金和财税问题。

十二、新型城镇化的五大战略重点

新型城镇化的五大战略重点包括：注重产业发展和城镇化互动；注重“城乡一体化”；注重“就近城镇化”；注重农村新社区建设；注重构建现代化城镇体系。

十三、构建城市群的八个要点

构建城市群的八个要点包括：城市群的圈定；城市群的定位；城市群的结构；城市群的原理；城市群的原则；城市群的规划；城市群的推进；城市群的体制。

十四、推进新型城镇化的六项工作

推进新型城镇化的六项工作包括：科学编制系统规划；正确发挥政府作用；合理组织推进力量；建立健全评价体系；切实强化法治保障；区别对待分类推进。

第二节 本书提出的一些新观点

一、提出城镇化的基本规律和基本要素

城镇化的基本规律是正确处理要素整合和空间配置之间的关系；城镇

化的基本要素是人、业、地。人是核心，业是支撑，地是载体。

二、提出农村人口转移的“元链条”：地点转换、职业转换、身份转换

地点转换的条件是农业发展和体制放开，职业转换的条件是工业和第三产业的发展，身份转换的条件是城镇住房和公共服务体系完善。

三、提出城镇化可以延续“劳动力红利”

“劳动力红利”实质是“城镇化红利”。正处在城镇化中期的中国，劳动力红利并没有消失。

四、提出必须坚定通过城镇化扩大内需的方针

一个时期消费贡献率下降，是因为外贸拉动力增长更快，而且外贸拉动离不开城镇化提供的劳动力的支持。同时，城镇化对扩大投资拉动也起到很大的作用。

五、提出正确处理人口总流向和人口自由流动的关系

城镇化的人口总流向是由农村到城镇。但这个总流向是一个历史过程，同时又是通过自由流动来实现的。农民工市民化要根据农民的意愿，各类城镇之间的人口容量要能够自由调整，也应该鼓励创业人才向农村流动。户籍制度改革的方向应该把导向鼓励和自由流动结合起来。

六、提出全面认识产业发展和城镇化互动

这个互动既应该包括产业发展和城镇化在量上的互动，也包括在质上的互动；既应该包括工业发展和城镇化的互动，也应该包括第三产业发展和城镇化互动；既应该包括自身产业发展和城镇化的互动，也应该包括产业转移和城镇化互动。

七、提出土地是城镇化的焦点问题

这是因为土地资源在数量上和质量上的刚性约束。土地利用上存在着两个矛盾：宏观和微观的矛盾、眼前和长远的矛盾；存在着两个争夺：城镇用地和农业用地在数量上的争夺，土地增值利益的多方面的争夺。必须通过改革恰当地处理这些矛盾。

八、提出资金是城镇化运作的主要杠杆

必须靠政府资金撬动社会资金来解决这个问题。必须靠财税改革解决政府的资金问题，靠市场机制解决社会资金问题。

九、提出解决城镇住房问题的基本思路

政府的政策目标应该是让全体居民“有房住”，而不是“有住房”。必须靠“买房”和“租房”两条腿解决住房问题。政府要制定和实施系统性的住房政策。这个政策体系包括供方、需方、市场三个方面：有效地扩大供给，维护市场的统一性，区别对待不同居民。

十、提出“老城区、新城区、新社区”三区联动的方法

在推进城镇化进程中，这种空间划分的方法，才能比较容易解决城镇化中要素整合和空间配置的关系，减少许多矛盾和纠葛。

十一、提出“农村资源产业化”

“农业产业化”，可以延伸到“农村资源产业化”。农村的自然风光、农村的生活方式、农村的文化习俗，都可以形成产业，又不破坏农村风貌。“农业产业化”、“农村资源产业化”和“农业现代化”是交叉的概念。“产业化”强调市场机制，“现代化”强调科技武装。

十二、提出注意抓好农村经济体制的深化改革

“包产到户”的成功是阶段性成果，必须继续解决农村经济体制和现

代化、市场化衔接的问题。许多地方已经进行了可贵的探索。深化改革不是“翻烙饼”，不能采取“运动式”，只能采取渐进式和多样化。

十三、提出重新审视农业现代化的内涵问题

工业化的农业是不是农业发展的方向？美国的农业是不是所有国家的标杆？所有农产品是不是都是低价产品的代名词？第一产业产值在国民经济中的比重是不是越低越好？农业人口是不是越少越好？有机农业的出现和发展给了我们很多启示。

十四、提出注重“就近城镇化”

中国农村转移人口众多，应更加注重“就近城镇化”，使县、镇两级城镇容纳更多转移人口。这是中国城镇化的特色，也是把世界通行的“城市化”概念改为“城镇化”的原因。

十五、提出城镇化“双向而行”的思想

城镇化要靠人和各种要素向城镇聚集实现，也要靠各种要素向农村聚集和农村自身提升来实现。我国珠江三角洲和长江三角洲已经有许多农村，通过工业化实现了城镇化。

十六、提出现代化城镇体系建设应实施“中观突破”战略

城镇体系包括三个层次：宏观层次、中观层次、微观层次。中国的城镇化目前需要更多地从中观层次——“城市群”层次上进行突破，以中观落实宏观，带动微观。城市群建设是中国城镇化的主体形态。

十七、提出“无形的手”和“有形的手”的准确理论定位

“无形的手”属于经济基础范畴，“有形的手”属于上层建筑范畴，两者不在一个层面，不是绝对对立、你存我亡的关系，而是彼此结合和适应的关系。市场“无形的手”要用够，政府“有形的手”要用好，这才是全

面的观点。

十八、提出“政府引导，多方参与”的推进城镇化原则

“政府引导”是关键，政府要到位，不能缺位，也不能越位。“多方参与”是基础，居民是主体，企业是主力，智库增智力。

十九、提出要树立“现代城镇新理念”

城镇理念是城镇化的价值取向。价值取向错了一切都会错。传统城镇理念片面重视产业发展、聚集效应和集中规模，现代城镇理念则更重视分散规模、适宜居住、生态环境。传统的城镇构筑的是“水泥森林”，现代城镇则更强调城镇和自然的融合、城镇和农村的融合。

二十、提出建设“美丽中国”、“美丽城镇”的难度

建设“美丽中国”比建设“富裕中国”更难，建设“美丽城镇”比建设“富裕城镇”更难。“富裕北京”做到了，但距离“美丽北京”还有很长的路要走。

二十一、提出城镇化是新能源革命的重要机遇

实现富裕而又美丽的城镇，关键在于新能源革命，改变能源结构，由以化石能源为主体转变为以新能源为主体。新型城镇化建设必须把新能源革命放在重要地位。

二十二、提出建立新的城镇化量化评价指标

除了已有的城镇化率和城镇化速度这两个指标外，应建立“城镇化对称指数”，用以衡量城镇化和产业发展之间是否协调的关系，辨别城镇化是否过度和滞后；应建立“城镇化匹配指数”，用以衡量城镇化速度和GDP增长速度的关系，辨别城镇化的速度是否恰当。

二十三、提出城镇化要特别注意现代化和历史文化传统的衔接

这种衔接是通过文化实体衔接和文化元素衔接两个层面来进行的。对原有的旧城区，特别要注意文化实体的衔接，使历史文化实体传延下去。对扩建的新城区，则要更加注意文化元素的衔接，使历史文化焕发青春。农村新社区建设中则要实体和元素并重，实现古镇、古村落和现代社区齐放光辉。老城区、新城区、新社区侧重不同，但它们都应该既是现代的，又是传统的。

二十四、提出城镇化要重视发挥智库的作用

城镇化既需要专业化的知识，又需要综合运用这些专业化的知识。城镇化受到国情条件的制约，同时主观决策对其有重大影响。因此，更需要作用于决策的“软科学”，需要“官、产、学”相结合的研究和决策方式。

如此等等。

第三节
新型城镇化方法论

最后我们从哲学层面探讨一下新型城镇化方法论。

城镇化方法论可以概括为“二三论”。即用“一分为二”的思维方法认识城镇化的各种矛盾，用“一分为三”的思维方法寻求解决各种矛盾的途径和方法。

一、从“二”的角度看

第一，用“一分为二”的方法，认识城镇化的基本矛盾是要素整合和

空间配置这两者之间的关系。

第二，用“一分为二”的方法，认识城镇化的发展基本动力是工业拉力和农业推力这两者之间的协调。

第三，用“一分为二”的方法，认识城镇化包含的诸多双向关系。

第四，用“一分为二”的方法，认识城镇的效应原理。

城镇的效应都要做一分为二的理解。除了聚集和扩散的对立统一、规模和密度的对立统一，还有：复杂和简单的对立统一，城镇比农村结构复杂得多，但又能使办事简便得多。流动性和稳定性的对立统一，城镇要大量的人流、物流、信息流，但它又是稳定的，人们知道到什么地方办什么事。匿名性和知名性的对立统一，在城里人们遇到的大都是陌生人，但正是在这里造就名人、名企、名牌。地域性和全球性对立统一，任何城镇都是地域性的，但任何城镇都是处在世界性的网络之中。只有懂得这些对立统一，才知道怎样建设城镇和管理城镇。

二、用“三”的角度看

第一，用“一分为三”的方法找到解决问题的思路。

基本矛盾是要素整合和空间配置的矛盾，但解决问题，就要研究三方面的问题：研究要素整合问题，研究空间配置问题，更要研究要素整合和空间配置的关系问题。

城镇化动力，要研究工业问题，要研究农业问题，更要研究工业和农业协调问题。城镇效应也是一样，重点也是研究聚集和扩散、规模和密度、复杂和简单、流动和稳定的关系问题。所有问题都是靠两方面的结合解决。

只讲二，不讲三，是我们最常见的片面的认识方法和工作方法。

第二，用“一分为三”的方法认识和评价城镇化。

城镇化进程：初期、中期、后期。

城镇化状态：滞后城镇化、过度城镇化、对称城镇化。

城镇化速度：超速、慢速、适速。

城镇体系：宏观、中观、微观。

城镇规模：大城市、中城市、小城市。

空间配置：布局、规模、密度。

城镇功能：生产区、生活区、生态区。

如此等等。

三维尺度，才是全面的尺度。

第三，用“一分为三”的方法解析城镇化这个大系统。

城镇化涵盖的要素很多，但无非是三类要素：

主体要素：政府、企业和智库、居民。

基本要素：人口、产业、土地。

杠杆要素：资源（含资金）、政策、文化。

明确了这三类要素，就可以把复杂的问题简单化，就知道应该抓什么，应该怎样抓。

第四，用“一分为三”的方法可以防止认识和行为上的片面性。

只讲“二”不讲“三”，容易只看到“对立”，看不到“统一”，容易各执一端，以至走极端。“三”才是对立统一事物现实存在状态的最高概括。也是解决问题的最全面的方法。例如，把人、业、地三个要素全面考虑，就可以防止城镇化中的任何一种片面性。例如，强调现代化和传承历史文化衔接和融合，就会防止用现代化消灭历史文化和用保护历史文化阻碍现代化这两种片面性。

第五，用“一分为三”的方法可以使我们抓到工作要领。

世界有三种形态的存在，即实体存在、关系存在、意识存在。

城镇是三种基本存在形态有机统一的综合体。可以直接看到的城镇建筑、街道、公用设施等，是实体存在。城镇的精神、文化、习俗等，是意识存在。城镇和乡村之间的关系，城镇实体和城镇意识之间的关系，城镇建设和城镇产业之间的关系，城镇实体中各个功能区之间的关系，城镇中各类人群之间的关系，等等，都是关系存在。关系无处不在，事物各个方面有内部关系，事物之间有外部关系。

这三种存在，缺一不可，但最应该引起我们重视的是关系存在。

最能够决定事物性质、质量、运行方向的，不是实体存在，也不是意识存在，而是关系存在。

城镇化的实质内容是关系的改变。城乡关系改变，第一、第二、第三产业之间关系改变。这两个基础关系的改变，带来了一系列的改变。衡量城镇化必须用关系标准。城镇化率超越了产业发展水平，是过度城镇化，城镇化率低于产业发展水平，是滞后城镇化，标准是两者的关系。衡量其他还有诸多方面，诸如城镇化速度、城镇结构、政府的作用等，都要用"关系标准"。

推进城镇化的要领是抓住关系改变。

城镇化的工作千头万绪，最重要的是对城镇化各种关系的认识和分析。分清全局性关系、基础性关系、主导性关系、关键性关系、敏感性关系、迫切性关系等，与城镇化相关的制度、规划、战略、政策和措施是什么？它们是在认识关系存在的基础上，遵循关系存在的客观规律而制定的关系规范。这些关系规范有中长期的，有短期的；有强制性的，有引导性的；有直接作用的，有间接作用的；有成熟的，也有探索性的。但它们共同之点，都是通过关系存在的力量促进实体存在和意识存在的改变，推动事物的发展。

总之，关系存在处于中介地位。关系存在既可以转化为实体存在，也可以转化为意识存在，实体存在和意识存在之间的相互转化，都要通过关系存在。在复杂艰巨的城镇化工作中，只有运用关系存在的衡量标准，发挥关系存在的杠杆作用，利用关系存在的中介力量，才能抓住要领，顺利地实现新型城镇化的伟大目标。

重要附录

国家新型城镇化规划
（2014—2020年）

目　录

《国家新型城镇化规划（2014—2020年）》，根据中国共产党第十八次全国代表大会报告、《中共中央关于全面深化改革若干重大问题的决定》、中央城镇化工作会议精神、《中华人民共和国国民经济和社会发展第十二个五年规划纲要》和《全国主体功能区规划》编制，按照走中国特色新型城镇化道路、全面提高城镇化质量的新要求，明确未来城镇化的发展路径、主要目标和战略任务，统筹相关领域制度和政策创新，是指导全国城镇化健康发展的宏观性、战略性、基础性规划。

第一篇　规划背景

我国已进入全面建成小康社会的决定性阶段，正处于经济转型升级、加快推进社会主义现代化的重要时期，也处于城镇化深入发展的关键时期，必须深刻认识城镇化对经济社会发展的重大意义，牢牢把握城镇化蕴含的巨大机遇，准确研判城镇化发展的新趋势、新特点，妥善应对城镇化面临的风险挑战。

第一章　重大意义

城镇化是伴随工业化发展，非农产业在城镇集聚、农村人口向城镇集中的自然历史过程，是人类社会发展的客观趋势，是国家现代化的重要标志。按照建设中国特色社会主义“五位一体”总体布局，顺应发展规律，因势利导，趋利避害，积极稳妥扎实有序推进城镇化，对全面建成小康社会、加快社会主义现代化建设进程、实现中华民族伟大复兴的中国梦，具有重大现实意义和深远历史意义。

——城镇化是现代化的必由之路。工业革命以来的经济社会发展史表明，一国要成功实现现代化，在工业化发展的同时，必须注重城镇化发展。当今中国，城镇化与工业化、信息化和农业现代化同步发展，是现代化建设的核心内容，彼此相辅相成。工业化处于主导地位，是发展的动力；农业现代化是重要基础，是发展的根基；信息化具有后发优势，为发展注入新的活力；城镇化是载体和平台，承载工业化和信息化发展空间，带动农业现代化加快发展，发挥着不可替代的融合作用。

——城镇化是保持经济持续健康发展的强大引擎。内需是我国经济发展的根本动力，扩大内需的最大潜力在于城镇化。目前我国常住人口城镇化率为53.7%，户籍人口城镇化率只有36%左右，不仅远低于发达国家80%的平均水平，也低于人均收入与我国相近的发展中国家60%的平均水平，还有较大的发展空间。城镇化水平持续提高，会使更多农民通过转移就业提高收入，通过转为市民享受更好的公共服务，从而使城镇消费群体不断扩大、消费结构不断升级、消费潜力不断释放，也会带来城市基础设施、公共服务设施和住宅建设等巨大投资需求，这将为经济发展提供持续的动力。

——城镇化是加快产业结构转型升级的重要抓手。产业结构转型升级是转变经济发展方式的战略任务，加快发展服务业是产业结构优化升级的主攻方向。目前我国服务业增加值占国内生产总值比重仅为46.1%，与发达国家74%的平均水平相距甚远，与中等收入国家53%的平均水平也有较大差距。城镇化与服务业发展密切相关，服务业是就业的最大容纳器。城镇化过程中的人口集聚、生活方式的变革、生活水平的提高，都会扩大生活性服务需求；生产要素的优化配置、三次产业的联动、社会分工的细化，也会扩大生产性服务需求。城镇化带来的创新要素集聚和知识传播扩散，有利于增强创新活力，驱动传统产业升级和新兴产业发展。

——城镇化是解决农业、农村、农民问题的重要途径。我国农村人口过多、农业水土资源紧缺，在城乡二元体制下，土地规模经营难以推行，传统生产方式难以改变，这是“三农”问题的根源。我国人均耕地仅0.1公顷，农户户均土地经营规模约0.6公顷，远远达不到农业规模化经营的门槛。城镇化总体上有利于集约节约利用土地，为发展现代农业腾出宝贵空间。随着农村人口逐步向城镇转移，农民人均资源占有量相应增加，可以促进农业生产规模化和机械化，提高农业现代化水平和农民生活水平。

城镇经济实力提升，会进一步增强以工促农、以城带乡能力，加快农村经济社会发展。

——城镇化是推动区域协调发展的有力支撑。改革开放以来，我国东部沿海地区率先开放发展，形成了京津冀、长江三角洲、珠江三角洲等一批城市群，有力推动了东部地区快速发展，成为国民经济重要的增长极。但与此同时，中西部地区发展相对滞后，一个重要原因就是城镇化发展很不平衡，中西部城市发育明显不足。目前东部地区常住人口城镇化率达到62.2%，而中部、西部地区分别只有48.5%、44.8%。随着西部大开发和中部崛起战略的深入推进，东部沿海地区产业转移加快，在中西部资源环境承载能力较强地区，加快城镇化进程，培育形成新的增长极，有利于促进经济增长和市场空间由东向西、由南向北梯次拓展，推动人口经济布局更加合理、区域发展更加协调。

——城镇化是促进社会全面进步的必然要求。城镇化作为人类文明进步的产物，既能提高生产活动效率，又能富裕农民、造福人民，全面提升生活质量。随着城镇经济的繁荣，城镇功能的完善，公共服务水平和生态环境质量的提升，人们的物质生活会更加殷实充裕，精神生活会更加丰富多彩；随着城乡二元体制逐步破除，城市内部二元结构矛盾逐步化解，全体人民将共享现代文明成果。这既有利于维护社会公平正义、消除社会风险隐患，也有利于促进人的全面发展和社会和谐进步。

第二章　发展现状

改革开放以来，伴随着工业化进程加速，我国城镇化经历了一个起点低、速度快的发展过程。1978—2013年，城镇常住人口从1.7亿人增加到7.3亿人，城镇化率从17.9%提升到53.7%，年均提高1.02个百分点；城市数量从193个增加到658个，建制镇数量从2173个增加到20113个。京津冀、长江三角洲、珠江三角洲三大城市群，以2.8%的国土面积集聚了18%的人口，创造了36%的国内生产总值，成为带动我国经济快速增长和参与国际经济合作与竞争的主要平台。城市水、电、路、气、信息网络等基础设施显著改善，教育、医疗、文化体育、社会保障等公共服务水平明显提高，人均住宅、公园绿地面积大幅增加。城镇化的快速推进，吸纳了大量农村劳动力转移就业，提高了城乡生产要素配置效率，推动了国民经济持续快速发展，带来了社会结构深刻变革，促进了城乡居民生活水平全面提升，取得的成就举世瞩目。

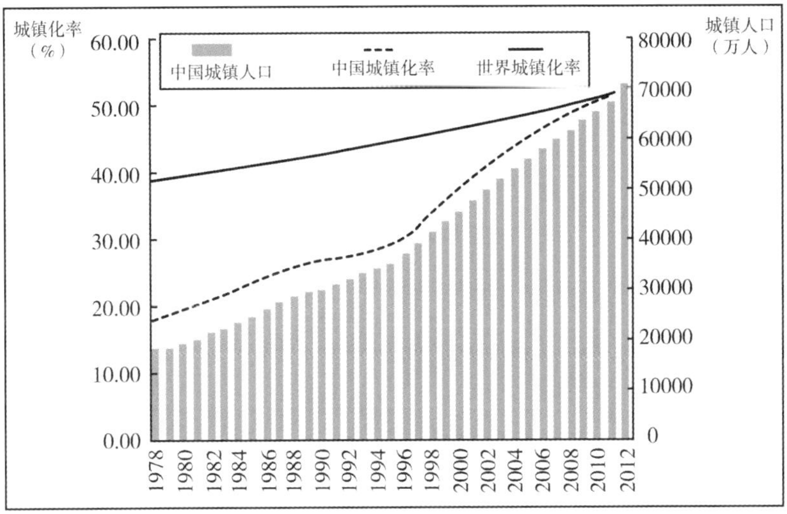

图1 城镇化水平变化

表1 城市（镇）数量和规模变化情况（单位：个）

	1978年	2010年
城市	193	658
1000万以上人口城市	0	6
500万～1000万人口城市	2	10
300万～500万人口城市	2	21
100万～300万人口城市	25	103
50万～100万人口城市	35	138
50万以下人口城市	129	380
建设镇	2173	19410

注：2010年数据根据第六次全国人口普查数据整理

表 2 城市基础设施和服务设施变化情况

指 标	2000 年	2012 年
用水普及率（%）	63.9	97.2
燃气普及率（%）	44.6	93.2
人均道路面积（平方米）	6.1	14.4
指 标	2000 年	2012 年
人均住宅建筑面积（平方米）	20.3	32.9
污水处理率（%）	34.3	87.3
人均公园绿地面积（平方米）	3.7	12.3
普通中学（所）	14473	17333
病床数（万张）	142.6	273.3

在城镇化快速发展过程中，也存在一些必须高度重视并着力解决的突出矛盾和问题。

——大量农业转移人口难以融入城市社会，市民化进程滞后。目前农民工已成为我国产业工人的主体，受城乡分割的户籍制度影响，被统计为城镇人口的 2.34 亿农民工及其随迁家属，未能在教育、就业、医疗、养老、保障性住房等方面享受城镇居民的基本公共服务，产城融合不紧密，产业集聚与人口集聚不同步，城镇化滞后于工业化。城镇内部出现新的二

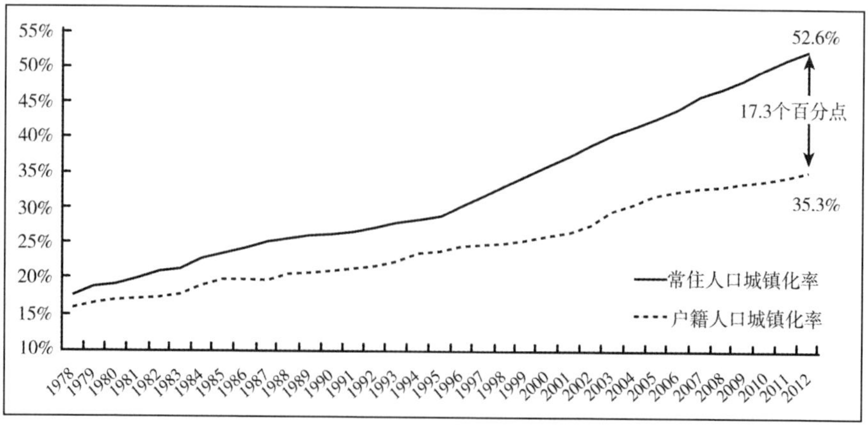

图 2 常住人口城镇化率与户籍人口城镇化率的差距

元矛盾，农村留守儿童、妇女和老人问题日益凸显，给经济社会发展带来诸多风险隐患。

——“土地城镇化”快于人口城镇化，建设用地粗放低效。一些城市“摊大饼”式扩张，过分追求宽马路、大广场，新城新区、开发区和工业园区占地过大，建成区人口密度偏低。1996—2012 年，全国建设用地年均增加 724 万亩，其中城镇建设用地年均增加 357 万亩；2010—2012 年，全国建设用地年均增加 953 万亩，其中城镇建设用地年均增加 515 万亩。2000—2011 年，城镇建成区面积增长 76.4%，远高于城镇人口 50.5%的增长速度；农村人口减少 1.33 亿人，农村居民点用地却增加了 3045 万亩。一些地方过度依赖土地出让收入和土地抵押融资推进城镇建设，加剧了土地粗放利用，浪费了大量耕地资源，威胁到国家粮食安全和生态安全，也加大了地方政府性债务等财政金融风险。

——城镇空间分布和规模结构不合理，与资源环境承载能力不匹配。东部一些城镇密集地区资源环境约束趋紧，中西部资源环境承载能力较强地区的城镇化潜力有待挖掘；城市群布局不尽合理，城市群内部分工协作不够、集群效率不高；部分特大城市主城区人口压力偏大，与综合承载能力之间的矛盾加剧；中小城市集聚产业和人口不足，潜力没有得到充分发挥；小城镇数量多、规模小、服务功能弱，这些都增加了经济社会和生态环境成本。

——城市管理服务水平不高，“城市病”问题日益突出。一些城市空间无序开发、人口过度集聚，重经济发展、轻环境保护，重城市建设、轻管理服务，交通拥堵问题严重，公共安全事件频发，城市污水和垃圾处理能力不足，大气、水、土壤等环境污染加剧，城市管理运行效率不高，公共服务供给能力不足，城中村和城乡接合部等外来人口集聚区人居环境较差。

——自然历史文化遗产保护不力，城乡建设缺乏特色。一些城市景观结构与所处区域的自然地理特征不协调，部分城市贪大求洋、照搬照抄，脱离实际建设国际大都市，“建设性”破坏不断蔓延，城市的自然和文化个性被破坏。一些农村地区大拆大建，照搬城市小区模式建设新农村，简单用城市元素与风格取代传统民居和田园风光，导致乡土特色和民俗文化流失。

——体制机制不健全，阻碍了城镇化健康发展。现行城乡分割的户籍管理、土地管理、社会保障制度，以及财税金融、行政管理等制度，固化着已经形成的城乡利益失衡格局，制约着农业转移人口市民化，阻碍着城乡发展一体化。

第三章　发展态势

根据世界城镇化发展普遍规律，我国仍处于城镇化率30％～70％的快速发展区间，但延续过去传统粗放的城镇化模式，会带来产业升级缓慢、资源环境恶化、社会矛盾增多等诸多风险，可能落入“中等收入陷阱”，进而影响现代化进程。随着内外部环境和条件的深刻变化，城镇化必须进入以提升质量为主的转型发展新阶段。

——城镇化发展面临的外部挑战日益严峻。在全球经济再平衡和产业格局再调整的背景下，全球供给结构和需求结构正在发生深刻变化，庞大生产能力与有限市场空间的矛盾更加突出，国际市场竞争更加激烈，我国面临产业转型升级和消化严重过剩产能的挑战巨大；发达国家能源资源消费总量居高不下，人口庞大的新兴市场国家和发展中国家对能源资源的需求迅速膨胀，全球资源供需矛盾和碳排放权争夺更加尖锐，我国能源资源和生态环境面临的国际压力前所未有，传统高投入、高消耗、高排放的工业化城镇化发展模式难以为继。

——城镇化转型发展的内在要求更加紧迫。随着我国农业富余劳动力减少和人口老龄化程度提高，主要依靠劳动力廉价供给推动城镇化快速发展的模式不可持续；随着资源环境瓶颈制约日益加剧，主要依靠土地等资源粗放消耗推动城镇化快速发展的模式不可持续；随着户籍人口与外来人口公共服务差距造成的城市内部二元结构矛盾日益凸显，主要依靠非均等化基本公共服务压低成本推动城镇化快速发展的模式不可持续。工业化、信息化、城镇化和农业现代化发展不同步，导致农业根基不稳、城乡区域差距过大、产业结构不合理等突出问题。我国城镇化发展由速度型向质量型转型势在必行。

——城镇化转型发展的基础条件日趋成熟。改革开放30多年来我国经济快速增长，为城镇化转型发展奠定了良好物质基础。国家着力推动基本公共服务均等化，为农业转移人口市民化创造了条件。交通运输网络的不断完善、节能环保等新技术的突破应用，以及信息化的快速推进，为优化城镇化空间布局和形态，推动城镇可持续发展提供了有力支撑。各地在城镇化方面的改革探索，为创新体制机制积累了经验。

第二篇 指导思想和发展目标

我国城镇化是在人口多、资源相对短缺、生态环境比较脆弱、城乡区域发展不平衡的背景下推进的，这决定了我国必须从社会主义初级阶段这个最大实际出发，遵循城镇化发展规律，走中国特色新型城镇化道路。

第四章 指导思想

高举中国特色社会主义伟大旗帜，以邓小平理论、“三个代表”重要思想、科学发展观为指导，紧紧围绕全面提高城镇化质量，加快转变城镇化发展方式，以人的城镇化为核心，有序推进农业转移人口市民化；以城市群为主体形态，推动大中小城市和小城镇协调发展；以综合承载能力为支撑，提升城市可持续发展水平；以体制机制创新为保障，通过改革释放城镇化发展潜力，走以人为本、四化同步、优化布局、生态文明、文化传承的中国特色新型城镇化道路，促进经济转型升级和社会和谐进步，为全面建成小康社会、加快推进社会主义现代化、实现中华民族伟大复兴的中国梦奠定坚实基础。

要坚持以下基本原则：

——以人为本，公平共享。以人的城镇化为核心，合理引导人口流动，有序推进农业转移人口市民化，稳步推进城镇基本公共服务常住人口全覆盖，不断提高人口素质，促进人的全面发展和社会公平正义，使全体居民共享现代化建设成果。

——四化同步，统筹城乡。推动信息化和工业化深度融合、工业化和城镇化良性互动、城镇化和农业现代化相互协调，促进城镇发展与产业支撑、就业转移和人口集聚相统一，促进城乡要素平等交换和公共资源均衡配置，形成以工促农、以城带乡、工农互惠、城乡一体的新型工农、城乡关系。

——优化布局，集约高效。根据资源环境承载能力构建科学合理的城镇化宏观布局，以综合交通网络和信息网络为依托，科学规划建设城市群，严格控制城镇建设用地规模，严格划定永久基本农田，合理控制城镇开发边界，优化城市内部空间结构，促进城市紧凑发展，提高国土空间利用效率。

——生态文明，绿色低碳。把生态文明理念全面融入城镇化进程，着力推进绿色发展、循环发展、低碳发展，节约集约利用土地、水、能源等资源，强化环境保护和生态修复，减少对自然的干扰和损害，推动形成绿色低碳的生产生活方式和城市建设运营模式。

——文化传承，彰显特色。根据不同地区的自然历史文化禀赋，体现区域差异性，提倡形态多样性，防止千城一面，发展有历史记忆、文化脉络、地域风貌、民族特点的美丽城镇，形成符合实际、各具特色的城镇化发展模式。

——市场主导，政府引导。正确处理政府和市场关系，更加尊重市场规律，坚持使市场在资源配置中起决定性作用，更好发挥政府作用，切实履行政府制定规划政策、提供公共服务和营造制度环境的重要职责，使城镇化成为市场主导、自然发展的过程，成为政府引导、科学发展的过程。

——统筹规划，分类指导。中央政府统筹总体规划、战略布局和制度安排，加强分类指导；地方政府因地制宜、循序渐进抓好贯彻落实；尊重基层首创精神，鼓励探索创新和试点先行，凝聚各方共识，实现重点突破，总结推广经验，积极稳妥扎实有序推进新型城镇化。

第五章　发展目标

——城镇化水平和质量稳步提升。城镇化健康有序发展，常住人口城镇化率达到60%左右，户籍人口城镇化率达到45%左右，户籍人口城镇化率与常住人口城镇化率差距缩小2个百分点左右，努力实现1亿左右农业转移人口和其他常住人口在城镇落户。

——城镇化格局更加优化。“两横三纵”为主体的城镇化战略格局基本形成，城市群集聚经济、人口能力明显增强，东部地区城市群一体化水平和国际竞争力明显提高，中西部地区城市群成为推动区域协调发展的新的重要增长极。城市规模结构更加完善，中心城市辐射带动作用更加突出，中小城市数量增加，小城镇服务功能增强。

——城市发展模式科学合理。密度较高、功能混用和公交导向的集约紧凑型开发模式成为主导，人均城市建设用地严格控制在100平方米以内，建成区人口密度逐步提高。绿色生产、绿色消费成为城市经济生活的主流，节能节水产品、再生利用产品和绿色建筑比例大幅提高。城市地下管网覆盖率明显提高。

——城市生活和谐宜人。稳步推进义务教育、就业服务、基本养老、基本医疗卫生、保障性住房等城镇基本公共服务覆盖全部常住人口，基础设施和公共服务设施更加完善，消费环境更加便利，生态环境明显改善，空气质量逐步好转，饮用水安全得到保障。自然景观和文化特色得到有效保护，城市发展个性化，城市管理人性化、智能化。

——城镇化体制机制不断完善。户籍管理、土地管理、社会保障、财税金融、行政管理、生态环境等制度改革取得重大进展，阻碍城镇化健康发展的体制机制障碍基本消除。

专栏1　新型城镇化主要指标

指　标	2012年	2020年
城镇化水平		
常住人口城镇化率（%）	52.6	60左右
户籍人口城镇化率（%）	35.3	45左右
基本公共服务		
农民工随迁子女接受义务教育比例（%）		≥99

（续表）

专栏1　新型城镇化主要指标		
城镇失业人员、农民工、新成长劳动力免费接受基本职业技能培训覆盖率（%）		≥95
城镇常住人口基本养老保险覆盖率（%）	66.9	≥90
城镇常住人口基本医疗保险覆盖率（%）	95	98
城镇常住人口保障性住房覆盖率（%）	12.5	≥23
基础设施		
百万以上人口城市公共交通占机动化出行比例（%）	45 *	60
城镇公共供水普及率（%）	81.7	90
城市污水处理率（%）	87.3	95
城市生活垃圾无害化处理率（%）	84.8	95
城市家庭宽带接入能力（Mbps）	4	≥50
城市社区综合服务设施覆盖率（%）	72.5	100
资源环境		
人均城市建设用地（平方米）		≤100
城镇可再生能源消费比重（%）	8.7	13
城镇绿色建筑占新建建筑比重（%）	2	50
城市建成区绿地率（%）	35.7	38.9
地级以上城市空气质量达到国家标准的比例（%）	40.9	60

注：①带 * 为2011年数据。

②城镇常住人口基本养老保险覆盖率指标中，常住人口不含16周岁以下人员和在校学生。

③城镇保障性住房：包括公租房（含廉租房）、政策性商品住房和棚户区改造安置住房等。

④人均城市建设用地：国家《城市用地分类与建设用地标准》规定，人均城市建设用地标准为65.0～115.0平方米，新建城市为85.1～105.0平方米。

⑤城市空气质量国家标准：在1996年标准基础上，增设了PM2.5浓度限值和臭氧8小时平均浓度限值，调整了PM10、二氧化氮、铅等浓度限值。

第三篇 有序推进农业转移人口市民化

按照尊重意愿、自主选择，因地制宜、分步推进，存量优先、带动增量的原则，以农业转移人口为重点，兼顾高校和职业技术院校毕业生、城镇间异地就业人员和城区城郊农业人口，统筹推进户籍制度改革和基本公共服务均等化。

第六章 推进符合条件农业转移人口落户城镇

逐步使符合条件的农业转移人口落户城镇，不仅要放开小城镇落户限制，也要放宽大中城市落户条件。

第一节 健全农业转移人口落户制度

各类城镇要健全农业转移人口落户制度，根据综合承载能力和发展潜力，以就业年限、居住年限、城镇社会保险参保年限等为基准条件，因地制宜制定具体的农业转移人口落户标准，并向全社会公布，引导农业转移人口在城镇落户的预期和选择。

第二节 实施差别化落户政策

以合法稳定就业和合法稳定住所（含租赁）等为前置条件，全面放开建制镇和小城市落户限制，有序放开城区人口 50 万～100 万的城市落户限制，合理放开城区人口 100 万～300 万的大城市落户限制，合理确定城区人口 300 万～500 万的大城市落户条件，严格控制城区人口 500 万以上的特大城市人口规模。大中城市可设置参加城镇社会保险年限的要求，但最高年限不得超过 5 年。特大城市可采取积分制等方式设置阶梯式落户通道调控落户规模和节奏。

第七章 推进农业转移人口享有城镇基本公共服务

农村劳动力在城乡间流动就业是长期现象，按照保障基本、循序渐进的原则，积极推进城镇基本公共服务由主要对本地户籍人口提供向对常住人口提供转变，逐步解决在城镇就业居住但未落户的农业转移人口享有城镇基本公共服务问题。

第一节 保障随迁子女平等享有受教育权利

建立健全全国中小学生学籍信息管理系统，为学生学籍转接提供便捷服务。将农民工随迁子女义务教育纳入各级政府教育发展规划和财政保障范畴，合理规划学校布局，科学核定教师编制，足额拨付教育经费，保障农民工随迁子女以公办学校为主接受义务教育。对未能在公办学校就学的，采取政府购买服务等方式，保障农民工随迁子女在普惠性民办学校接受义务教育的权利。逐步完善农民工随迁子女在流入地接受中等职业教育免学费和普惠性学前教育的政策，推动各地建立健全农民工随迁子女接受义务教育后在流入地参加升学考试的实施办法。

第二节 完善公共就业创业服务体系

加强农民工职业技能培训，提高就业创业能力和职业素质。整合职业教育和培训资源，全面提供政府补贴职业技能培训服务。强化企业开展农民工岗位技能培训责任，足额提取并合理使用职工教育培训经费。鼓励高等学校、各类职业院校和培训机构积极开展职业教育和技能培训，推进职业技能实训基地建设。鼓励农民工取得职业资格证书和专项职业能力证书，并按规定给予职业技能鉴定补贴。加大农民工创业政策扶持力度，健全农民工劳动权益保护机制。实现就业信息全国联网，为农民工提供免费的就业信息和政策咨询。

专栏 2 农民工职业技能提升计划

01 **就业技能培训**

对转移到非农产业务工经商的农村劳动者开展专项技能或初级技能培训。依托技工院校、中高等职业学校、职业技能实训基地等培训机构，加大各级政府投入，开展政府补贴农民工就业技能培训，每年培训 1000 万人次，基本消除新成长劳动力无技能从业现象。对少数民族转移就业人员实行双语技能培训。

（续表）

专栏2 农民工职业技能提升计划
02 **岗位技能提升培训** 对与企业签订一定期限劳动合同的在岗农民工进行提高技术水平培训。鼓励企业结合行业特点和岗位技能需求，开展农民工在岗技能提升培训，每年培训农民工1000万人次。
03 **高技能人才和创业培训** 对符合条件的具备中高级技能的农民工实施高技能人才培训计划，完善补贴政策，每年培养100万高技能人才。对有创业意愿并具备创业条件的农民工开展提升创业能力培训。
04 **劳动预备制培训** 对农村未能继续升学并准备进入非农产业就业或进城务工的应届初高中毕业生、农村籍退役士兵进行储备性专业技能培训。
05 **社区公益性培训** 组织中高等职业院校、普通高校、技工院校开展面向农民工的公益性教育培训，与街道、社区合作，举办灵活多样的社区培训，提升农民工的职业技能和综合素质。
06 **职业技能培训能力建设** 依托现有各类职业教育和培训机构，提升改造一批职业技能实训基地。鼓励大中型企业联合技工院校、职业院校，建设一批农民工实训基地。支持一批职业教育优质特色学校和示范性中高等职业院校建设。

第三节 扩大社会保障覆盖面

扩大参保缴费覆盖面，适时适当降低社会保险费率。完善职工基本养老保险制度，实现基础养老金全国统筹，鼓励农民工积极参保、连续参保。依法将农民工纳入城镇职工基本医疗保险，允许灵活就业农民工参加当地城镇居民基本医疗保险。完善社会保险关系转移接续政策，在农村参加的养老保险和医疗保险规范接入城镇社保体系，建立全国统一的城乡居民基本养老保险制度，整合城乡居民基本医疗保险制度。强化企业缴费责任，扩大农民工参加城镇职工工伤保险、失业保险、生育保险比例。推进商业保险与社会保险衔接合作，开办各类补充性养老、医疗、健康保险。

第四节　改善基本医疗卫生条件

根据常住人口配置城镇基本医疗卫生服务资源，将农民工及其随迁家属纳入社区卫生服务体系，免费提供健康教育、妇幼保健、预防接种、传染病防控、计划生育等公共卫生服务。加强农民工聚居地疾病监测、疫情处理和突发公共卫生事件应对。鼓励有条件的地方将符合条件的农民工及其随迁家属纳入当地医疗救助范围。

第五节　拓宽住房保障渠道

采取廉租住房、公共租赁住房、租赁补贴等多种方式改善农民工居住条件。完善商品房配建保障性住房政策，鼓励社会资本参与建设。农民工集中的开发区和产业园区可以建设单元型或宿舍型公共租赁住房，农民工数量较多的企业可以在符合规定标准的用地范围内建设农民工集体宿舍。审慎探索由集体经济组织利用农村集体建设用地建设公共租赁住房。把进城落户农民完全纳入城镇住房保障体系。

第八章　建立健全农业转移人口市民化推进机制

强化各级政府责任，合理分担公共成本，充分调动社会力量，构建政府主导、多方参与、成本共担、协同推进的农业转移人口市民化机制。

第一节　建立成本分担机制

建立健全由政府、企业、个人共同参与的农业转移人口市民化成本分担机制，根据农业转移人口市民化成本分类，明确成本承担主体和支出责任。

政府要承担农业转移人口市民化在义务教育、劳动就业、基本养老、基本医疗卫生、保障性住房以及市政设施等方面的公共成本。企业要落实农民工与城镇职工同工同酬制度，加大职工技能培训投入，依法为农民工缴纳职工养老、医疗、工伤、失业、生育等社会保险费用。农民工要积极参加城镇社会保险、职业教育和技能培训等，并按照规定承担相关费用，提升融入城市社会的能力。

第二节 合理确定各级政府职责

中央政府负责统筹推进农业转移人口市民化的制度安排和政策制定，省级政府负责制定本行政区农业转移人口市民化总体安排和配套政策，市县政府负责制定本行政区城市和建制镇农业转移人口市民化的具体方案和实施细则。各级政府根据基本公共服务的事权划分，承担相应的财政支出责任，增强农业转移人口落户较多地区政府的公共服务保障能力。

第三节 完善农业转移人口社会参与机制

推进农民工融入企业、子女融入学校、家庭融入社区、群体融入社会，建设包容性城市。提高各级党代会代表、人大代表、政协委员中农民工的比例，积极引导农民工参加党组织、工会和社团组织，引导农业转移人口有序参政议政和参加社会管理。加强科普宣传教育，提高农民工科学文化和文明素质，营造农业转移人口参与社区公共活动、建设和管理的氛围。城市政府和用工企业要加强对农业转移人口的人文关怀，丰富其精神文化生活。

第四篇 优化城镇化布局和形态

根据土地、水资源、大气环流特征和生态环境承载能力，优化城镇化空间布局和城镇规模结构，在《全国主体功能区规划》确定的城镇化地区，按照统筹规划、合理布局、分工协作、以大带小的原则，发展集聚效率高、辐射作用大、城镇体系优、功能互补强的城市群，使之成为支撑全国经济增长、促进区域协调发展、参与国际竞争合作的重要平台。构建以陆桥通道、沿长江通道为两条横轴，以沿海、京哈京广、包昆通道为三条纵轴，以轴线上城市群和节点城市为依托、其他城镇化地区为重要组成部分，大中小城市和小城镇协调发展的“两横三纵”城镇化战略格局。

第九章 优化提升东部地区城市群

东部地区城市群主要分布在优化开发区域，面临水土资源和生态环境

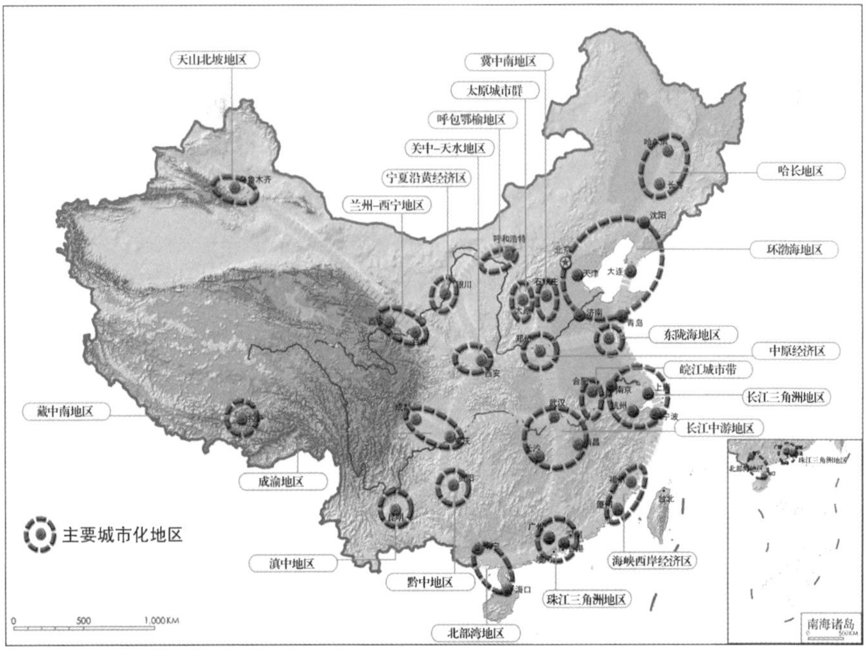

图 3 《全国主体功能区规划》确定的城镇化战略格局示意图

压力加大、要素成本快速上升、国际市场竞争加剧等制约，必须加快经济转型升级、空间结构优化、资源永续利用和环境质量提升。

京津冀、长江三角洲和珠江三角洲城市群，是我国经济最具活力、开放程度最高、创新能力最强、吸纳外来人口最多的地区，要以建设世界级城市群为目标，继续在制度创新、科技进步、产业升级、绿色发展等方面走在全国前列，加快形成国际竞争新优势，在更高层次参与国际合作和竞争，发挥其对全国经济社会发展的重要支撑和引领作用。科学定位各城市功能，增强城市群内中小城市和小城镇的人口经济集聚能力，引导人口和产业由特大城市主城区向周边和其他城镇疏散转移。依托河流、湖泊、山峦等自然地理格局建设区域生态网络。

东部地区其他城市群，要根据区域主体功能定位，在优化结构、提高效益、降低消耗、保护环境的基础上，壮大先进装备制造业、战略性新兴产业和现代服务业，推进海洋经济发展。充分发挥区位优势，全面提高开放水平，集聚创新要素，增强创新能力，提升国际竞争力。统筹区域、城乡基础设施网络和信息网络建设，深化城市间分工协作和功能互补，加快一体化发展。

第十章　培育发展中西部地区城市群

中西部城镇体系比较健全、城镇经济比较发达、中心城市辐射带动作用明显的重点开发区域，要在严格保护生态环境的基础上，引导有市场、有效益的劳动密集型产业优先向中西部转移，吸纳东部返乡和就近转移的农民工，加快产业集群发展和人口集聚，培育发展若干新的城市群，在优化全国城镇化战略格局中发挥更加重要作用。

加快培育成渝、中原、长江中游、哈长等城市群，使之成为推动国土空间均衡开发、引领区域经济发展的重要增长极。加大对内对外开放力度，有序承接国际及沿海地区产业转移，依托优势资源发展特色产业，加快新型工业化进程，壮大现代产业体系，完善基础设施网络，健全功能完备、布局合理的城镇体系，强化城市分工合作，提升中心城市辐射带动能力，形成经济充满活力、生活品质优良、生态环境优美的新型城市群。依托陆桥通道上的城市群和节点城市，构建丝绸之路经济带，推动形成与中亚乃至整个欧亚大陆的区域大合作。

中部地区是我国重要粮食主产区，西部地区是我国水源保护区和生态涵养区。培育发展中西部地区城市群，必须严格保护耕地特别是基本农田，严格保护水资源，严格控制城市边界无序扩张，严格控制污染物排放，切实加强生态保护和环境治理，彻底改变粗放低效的发展模式，确保流域生态安全和粮食生产安全。

第十一章　建立城市群发展协调机制

统筹制定实施城市群规划，明确城市群发展目标、空间结构和开发方向，明确各城市的功能定位和分工，统筹交通基础设施和信息网络布局，加快推进城市群一体化进程。加强城市群规划与城镇体系规划、土地利用规划、生态环境规划等的衔接，依法开展规划环境影响评价。中央政府负责跨省级行政区的城市群规划编制和组织实施，省级政府负责本行政区内的城市群规划编制和组织实施。

建立完善跨区域城市发展协调机制。以城市群为主要平台，推动跨区域城市间产业分工、基础设施、环境治理等协调联动。重点探索建立城市群管理协调模式，创新城市群要素市场管理机制，破除行政壁垒和垄断，促进生产要素自由流动和优化配置。建立城市群成本共担和利益共享机制，加快城市公共交通“一卡通”服务平台建设，推进跨区域互联互通，促进基础设施和公共服务设施共建共享，促进创新资源高效配置和开放共享，推动区域环境联防联控联治，实现城市群一体化发展。

第十二章　促进各类城市协调发展

优化城镇规模结构，增强中心城市辐射带动功能，加快发展中小城市，有重点地发展小城镇，促进大中小城市和小城镇协调发展。

第一节　增强中心城市辐射带动功能

直辖市、省会城市、计划单列市和重要节点城市等中心城市，是我国城镇化发展的重要支撑。沿海中心城市要加快产业转型升级，提高参与全球产业分工的层次，延伸面向腹地的产业和服务链，加快提升国际化程度和国际竞争力。内陆中心城市要加大开发开放力度，健全以先进制造业、战略性新兴产业、现代服务业为主的产业体系，提升要素集聚、科技创新、高端服务能力，发挥规模效应和带动效应。区域重要节点城市要完善城市功能，壮大经济实力，加强协作对接，实现集约发展、联动发展、互补发展。特大城市要适当疏散经济功能和其他功能，推进劳动密集型加工业向外转移，加强与周边城镇基础设施连接和公共服务共享，推进中心城区功能向1小时交通圈地区扩散，培育形成通勤高效、一体发展的都市圈。

第二节　加快发展中小城市

把加快发展中小城市作为优化城镇规模结构的主攻方向，加强产业和公共服务资源布局引导，提升质量，增加数量。鼓励引导产业项目在资源环境承载力强、发展潜力大的中小城市和县城布局，依托优势资源发展特色产业，夯实产业基础。加强市政基础设施和公共服务设施建设，教育医疗等公共资源配置要向中小城市和县城倾斜，引导高等学校和职业院校在中小城市布局、优质教育和医疗机构在中小城市设立分支机构，增强集聚要素的吸引力。完善设市标准，严格审批程序，对具备行政区划调整条件的县可有序改市，把有条件的县城和重点镇发展成为中小城市。培育壮大陆路边境口岸城镇，完善边境贸易、金融服务、交通枢纽等功能，建设国际贸易物流节点和加工基地。

专栏3 重点建设的陆路边境口岸城镇
01 **面向东北亚** 丹东、集安、临江、长白、和龙、图们、珲春、黑河、绥芬河、抚远、同江、东宁、满洲里、二连浩特、甘其毛都、策克
02 **面向中亚西亚** 喀什、霍尔果斯、伊宁、博乐、阿拉山口、塔城
03 **面向东南亚** 东兴、凭祥、宁明、龙州、大新、靖西、那坡、瑞丽、磨憨、畹町、河口
04 **面向南亚** 樟木、吉隆、亚东、普兰、日屋

第三节　有重点地发展小城镇

按照控制数量、提高质量，节约用地、体现特色的要求，推动小城镇发展与疏解大城市中心城区功能相结合、与特色产业发展相结合、与服务“三农”相结合。大城市周边的重点镇，要加强与城市发展的统筹规划与功能配套，逐步发展成为卫星城。具有特色资源、区位优势的小城镇，要通过规划引导、市场运作，培育成为文化旅游、商贸物流、资源加工、交通枢纽等专业特色镇。远离中心城市的小城镇和林场、农场等，要完善基础设施和公共服务，发展成为服务农村、带动周边的综合性小城镇。对吸纳人口多、经济实力强的镇，可赋予同人口和经济规模相适应的管理权。

专栏4 县城和重点镇基础设施提升工程
01 **公共供水** 加强供水设施建设，实现县城和重点镇公共供水普及率85%以上。
02 **污水处理** 因地制宜建设集中污水处理厂或分散型生态处理设施，使所有县城和重点镇具备污水处理能力，实现县城污水处理率达85%左右、重点镇达70%左右。
03 **垃圾处理** 实现县城具备垃圾无害化处理能力，按照以城带乡模式推进重点镇垃圾无害化处理，重点建设垃圾收集、转运设施，实现重点镇垃圾收集、转运全覆盖。
04 **道路交通** 统筹城乡交通一体化发展，县城基本实现高等级公路连通，重点镇积极发展公共交通。
05 **燃气供热** 加快城镇天然气（含煤层气等）管网、液化天然气（压缩天然气）站、集中供热等设施建设，因地制宜发展大中型沼气、生物质燃气和地热能，县城逐步推进燃气替代生活燃煤，北方地区县城和重点镇集中供热水平明显提高。
06 **分布式能源** 城镇建设和改造要优先采用分布式能源，资源丰富地区的城镇新能源和可再生能源消费比重显著提高。鼓励条件适宜地区大力促进可再生能源建筑应用。

第十三章 强化综合交通运输网络支撑

完善综合运输通道和区际交通骨干网络，强化城市群之间交通联系，加快城市群交通一体化规划建设，改善中小城市和小城镇对外交通，发挥综合交通运输网络对城镇化格局的支撑和引导作用。到2020年，普通铁路网覆盖20万以上人口城市，快速铁路网基本覆盖50万以上人口城市；普通国道基本覆盖县城，国家高速公路基本覆盖20万以上人口城市；民用航空网络不断扩展，航空服务覆盖全国90%左右的人口。

第一节 完善城市群之间综合交通运输网络

依托国家“五纵五横”综合运输大通道，加强东中部城市群对外交通骨干网络薄弱环节建设，加快西部城市群对外交通骨干网络建设，形成以铁路、高速公路为骨干，以普通国省道为基础，与民航、水路和管道共同组成的连接东西、纵贯南北的综合交通运输网络，支撑国家“两横三纵”城镇化战略格局。

第二节 构建城市群内部综合交通运输网络

按照优化结构的要求，在城市群内部建设以轨道交通和高速公路为骨干，以普通公路为基础，有效衔接大中小城市和小城镇的多层次快速交通运输网络。提升东部地区城市群综合交通运输一体化水平，建成以城际铁路、高速公路为主体的快速客运和大能力货运网络。推进中西部地区城市群内主要城市之间的快速铁路、高速公路建设，逐步形成城市群内快速交通运输网络。

第三节 建设城市综合交通枢纽

建设以铁路、公路客运站和机场等为主的综合客运枢纽，以铁路和公路货运场站、港口和机场等为主的综合货运枢纽，优化布局，提升功能。依托综合交通枢纽，加强铁路、公路、民航、水运与城市轨道交通、地面公共交通等多种交通方式的衔接，完善集疏运系统与配送系统，实现客运“零距离”换乘和货运无缝衔接。

第四节 改善中小城市和小城镇交通条件

加强中小城市和小城镇与交通干线、交通枢纽城市的连接，加快国省干线公路升级改造，提高中小城市和小城镇公路技术等级、通行能力和铁路覆盖率，改善交通条件，提升服务水平。

第五篇 提高城市可持续发展能力

加快转变城市发展方式，优化城市空间结构，增强城市经济、基础设施、公共服务和资源环境对人口的承载能力，有效预防和治理“城市病”，建设和谐宜居、富有特色、充满活力的现代城市。

第十四章 强化城市产业就业支撑

调整优化城市产业布局和结构，促进城市经济转型升级，改善营商环境，增强经济活力，扩大就业容量，把城市打造成为创业乐园和创新摇篮。

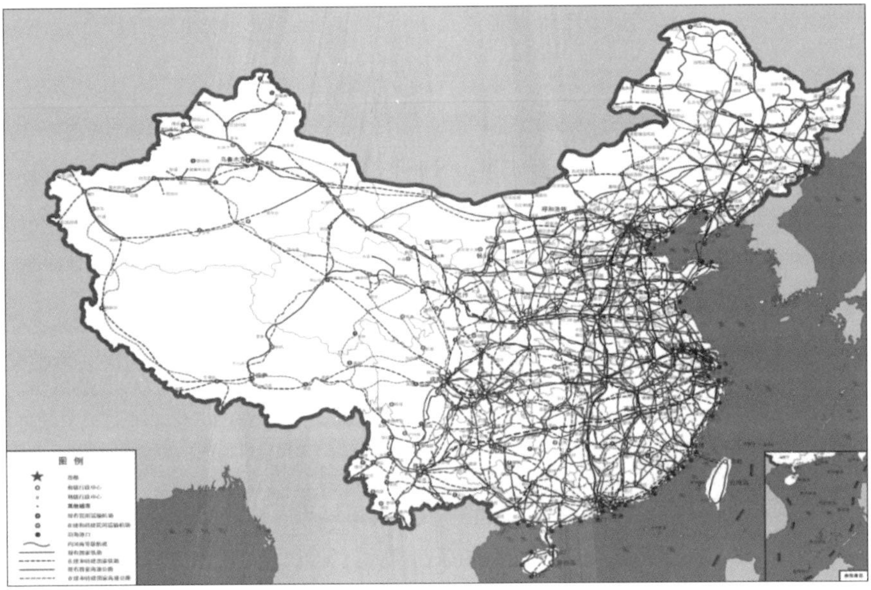

图 4 全国主要城市综合交通运输网络示意图

第一节 优化城市产业结构

根据城市资源环境承载能力、要素禀赋和比较优势，培育发展各具特色的城市产业体系。改造提升传统产业，淘汰落后产能，壮大先进制造业和节能环保、新一代信息技术、生物、新能源、新材料、新能源汽车等战略性新兴产业。适应制造业转型升级要求，推动生产性服务业专业化、市场化、社会化发展，引导生产性服务业在中心城市、制造业密集区域集聚；适应居民消费需求多样化，提升生活性服务业水平，扩大服务供给，提高服务质量，推动特大城市和大城市形成以服务经济为主的产业结构。

强化城市间专业化分工协作，增强中小城市产业承接能力，构建大中小城市和小城镇特色鲜明、优势互补的产业发展格局。推进城市污染企业治理改造和环保搬迁。支持资源枯竭城市发展接续替代产业。

第二节 增强城市创新能力

顺应科技进步和产业变革新趋势，发挥城市创新载体作用，依托科技、教育和人才资源优势，推动城市走创新驱动发展道路。营造创新的制度环境、政策环境、金融环境和文化氛围，激发全社会创新活力，推动技术创新、商业模式创新和管理创新。建立产学研协同创新机制，强化企业在技术创新中的主体地位，发挥大型企业创新骨干作用，激发中小企业创新活力。建设创新基地，集聚创新人才，培育创新集群，完善创新服务体系，发展创新公共平台和风险投资机构，推进创新成果资本化、产业化。加强知识产权运用和保护，健全技术创新激励机制。推动高等学校提高创新人才培养能力，加快现代职业教育体系建设，系统构建从中职、高职、本科层次职业教育到专业学位研究生教育的技术技能人才培养通道，推进中高职衔接和职普沟通。引导部分地方本科高等学校转型发展为应用技术类型高校。试行普通高校、高职院校、成人高校之间的学分转换，为学生多样化成才提供选择。

第三节 营造良好就业创业环境

发挥城市创业平台作用，充分利用城市规模经济产生的专业化分工效应，放宽政府管制，降低交易成本，激发创业活力。完善扶持创业的优惠政策，形成政府激励创业、社会支持创业、劳动者勇于创业新机制。运用财政支持、税费减免、创业投资引导、政策性金融服务、小额贷款担保等手段，为中小企业特别是创业型企业发展提供良好的经营环境，促进以创业带动就业。促进以高校毕业生为重点的青年就业和农村转移劳动力、城镇困难人员、退役军人就业。结合产业升级开发更多适合高校毕业生的就业岗位，实行激励高校毕业生自主创业政策，实施离校未就业高校毕业生就业促进计划。合理引导高校毕业生就业流向，鼓励其到中小城市创业就业。

第十五章　优化城市空间结构和管理格局

按照统一规划、协调推进、集约紧凑、疏密有致、环境优先的原则，统筹中心城区改造和新城新区建设，提高城市空间利用效率，改善城市人居环境。

第一节　改造提升中心城区功能

推动特大城市中心城区部分功能向卫星城疏散，强化大中城市中心城区高端服务、现代商贸、信息中介、创意创新等功能。完善中心城区功能组合，统筹规划地上地下空间开发，推动商业、办公、居住、生态空间与交通站点的合理布局与综合利用开发。制定城市市辖区设置标准，优化市辖区规模和结构。按照改造更新与保护修复并重的要求，健全旧城改造机制，优化提升旧城功能。加快城区老工业区搬迁改造，大力推进棚户区改造，稳步实施城中村改造，有序推进旧住宅小区综合整治、危旧住房和非成套住房改造，全面改善人居环境。

专栏 5　棚户区改造行动计划
01 **城市棚户区改造** 加快推进集中成片城市棚户区改造，逐步将其他棚户区、城中村改造统一纳入城市棚户区改造范围，到 2020 年基本完成城市棚户区改造任务。
02 **国有工矿棚户区改造** 将位于城市规划区内的国有工矿棚户区统一纳入城市棚户区改造范围，按照属地原则将铁路、钢铁、有色、黄金等行业棚户区纳入各地棚户区改造规划组织实施。
03 **国有林区棚户区改造** 加快改造国有林区棚户区和国有林场危旧房，将国有林区（场）外其他林业基层单位符合条件的住房困难人员纳入当地城镇住房保障体系。
04 **国有垦区危房改造** 加快改造国有垦区危房，将华侨农场非归难侨危房改选统一纳入垦区危房改造中央补助支持范围。

第二节　严格规范新城新区建设

严格新城新区设立条件，防止城市边界无序蔓延。因中心城区功能过度叠加、人口密度过高或规避自然灾害等原因，确需规划建设新城新区，必须以人口密度、产出强度和资源环境承载力为基准，与行政区划相协调，科学合理编制规划，严格控制建设用地规模，控制建设标准过度超前。统筹生产区、办公区、生活区、商业区等功能区规划建设，推进功能混合和产城融合，在集聚产业的同时集聚人口，防止新城新区空心化。加强现有开发区城市功能改造，推动单一生产功能向城市综合功能转型，为促进人口集聚、发展服务经济拓展空间。

第三节　改善城乡接合部环境

提升城乡接合部规划建设和管理服务水平，促进社区化发展，增强服务城市、带动农村、承接转移人口功能。加快城区基础设施和公共服务设施向城乡接合部地区延伸覆盖，规范建设行为，加强环境整治和社会综合治理，改善生活居住条件。保护生态用地和农用地，形成有利于改善城市生态环境质量的生态缓冲地带。

第十六章　提升城市基本公共服务水平

加强市政公用设施和公共服务设施建设，增加基本公共服务供给，增强对人口集聚和服务的支撑能力。

第一节　优先发展城市公共交通

将公共交通放在城市交通发展的首要位置，加快构建以公共交通为主体的城市机动化出行系统，积极发展快速公共汽车、现代有轨电车等大容量地面公共交通系统，科学有序推进城市轨道交通建设。优化公共交通站点和线路设置，推动形成公共交通优先通行网络，提高覆盖率、准点率和运行速度，基本实现 100 万人口以上城市中心城区公共交通站点 500 米全覆盖。强化交通综合管理，有效调控、合理引导个体机动化交通需求。推动各种交通方式、城市道路交通管理系统的信息共享和资源整合。

第二节　加强市政公用设施建设

建设安全高效便利的生活服务和市政公用设施网络体系。优化社区生活设施布局，健全社区养老服务体系，完善便民利民服务网络，打造包括物流配送、便民超市、平价菜店、家庭服务中心等在内的便捷生活服务圈。加强无障碍环境建设。合理布局建设公益性菜市场、农产品批发市场。统筹电力、通信、给排水、供热、燃气等地下管网建设，推行城市综合管廊，新建城市主干道路、城市新区、各类园区应实行城市地下管网综合管廊模式。加强城镇水源地保护与建设和供水设施改造与建设，确保城镇供水安全。加强防洪设施建设，完善城市排水与暴雨外洪内涝防治体系，提高应对极端天气能力。建设安全可靠、技术先进、管理规范的新型配电网络体系，加快推进城市清洁能源供应设施建设，完善燃气输配、储备和供应保障系统，大力发展热电联产，淘汰燃煤小锅炉。加强城镇污水处理及再生利用设施建设，推进雨污分流改造和污泥无害化处置。提高城镇生活垃圾无害化处理能力。合理布局建设城市停车场和立体车库，新建大中型商业设施要配建货物装卸作业区和停车场，新建办公区和住宅小区要配建地下停车场。

第三节　完善基本公共服务体系

根据城镇常住人口增长趋势和空间分布，统筹布局建设学校、医疗卫生机构、文化设施、体育场所等公共服务设施。优化学校布局和建设规模，合理配置中小学和幼儿园资源。加强社区卫生服务机构建设，健全与医院分工协作、双向转诊的城市医疗服务体系。完善重大疾病防控、妇幼保健等专业公共卫生和计划生育服务网络。加强公共文化、公共体育、就业服务、社保经办和便民利民服务设施建设。创新公共服务供给方式，引入市场机制，扩大政府购买服务规模，实现供给主体和方式多元化，根据经济社会发展状况和财力水平，逐步提高城镇居民基本公共服务水平，在学有所教、劳有所得、病有所医、老有所养、住有所居上持续取得新进展。

第十七章　提高城市规划建设水平

适应新型城镇化发展要求，提高城市规划科学性，加强空间开发管制，健全规划管理体制机制，严格建筑规范和质量管理，强化实施监督，提高城市规划管理水平和建筑质量。

第一节　创新规划理念

把以人为本、尊重自然、传承历史、绿色低碳理念融入城市规划全过程。城市规划要由扩张性规划逐步转向限定城市边界、优化空间结构的规划，科学确立城市功能定位和形态，加强城市空间开发利用管制，合理划定城市“三区四线”，合理确定城市规模、开发边界、开发强度和保护性空间，加强道路红线和建筑红线对建设项目的定位控制。统筹规划城市空间功能布局，促进城市用地功能适度混合。合理设定不同功能区土地开发利用的容积率、绿化率、地面渗透率等规范性要求。建立健全城市地下空间开发利用协调机制。统筹规划市区、城郊和周边乡村发展。

专栏6　城市“三区四线”规划管理
01 **禁建区** 基本农田、行洪河道、水源地一级保护区、风景名胜区核心区、自然保护区核心区和缓冲区、森林湿地公园生态保育区和恢复重建区、地质公园核心区、道路红线、区域性市政走廊用地范围内、城市绿地、地质灾害易发区、矿产采空区、文物保护单位保护范围等，禁止城市建设开发活动。
02 **限建区** 水源地二级保护区、地下水防护区、风景名胜区非核心区、自然保护区非核心区和缓冲区、森林公园非生态保育区、湿地公园非保育区和恢复重建区、地质公园非核心区、海陆交界生态敏感区和灾害易发区、文物保护单位建设控制地带、文物地下埋藏区、机场噪声控制区、市政走廊预留和道路红线外控制区、矿产采空区外围、地质灾害低易发区、蓄滞洪区、行洪河道外围一定范围等，限制城市建设开发活动。

（续表）

专栏6　城市“三区四线”规划管理
03 **适建区** 在已经划定为城市建设用地的区域，合理安排生产用地、生活用地和生态用地，合理确定开发时序、开发模式和开发强度。
04 **绿线** 划定城市各类绿地范围的控制线，规定保护要求和控制指标。
05 **蓝线** 划定在城市规划中确定的江、河、湖、库、渠和湿地等城市地表水体保护和控制的地域界线，规定保护要求和控制指标。
06 **紫线** 划定国家历史文化名城内的历史文化街区和省、自治区、直辖市人民政府公布的历史文化街区的保护范围界线，以及城市历史文化街区外经县级以上人民政府公布保护的历史建筑的保护范围界线。
07 **黄线** 划定对城市发展全局有影响、必须控制的城市基础设施用地的控制界线，规定保护要求和控制指标。

第二节　完善规划程序

完善城市规划前期研究、规划编制、衔接协调、专家论证、公众参与、审查审批、实施管理、评估修编等工作程序，探索设立城市总规划师制度，提高规划编制科学化、民主化水平。推行城市规划政务公开，加大公开公示力度。加强城市规划与经济社会发展、主体功能区建设、国土资源利用、生态环境保护、基础设施建设等规划的相互衔接。推动有条件地区的经济社会发展总体规划、城市规划、土地利用规划等“多规合一”。

第三节　强化规划管控

保持城市规划权威性、严肃性和连续性，坚持一本规划一张蓝图持之以恒加以落实，防止换一届领导改一次规划。加强规划实施全过程监管，确保依规划进行开发建设。健全国家城乡规划督察员制度，以规划强制性内容为重点，加强规划实施督察，对违反规划行为进行事前事中监管。严格实行规划实施责任追究制度，加大对政府部门、开发主体、居民个人违法违规行为的责任追究和处罚力度。制定城市规划建设考核指标体系，加强地方人大对城市规划实施的监督检查，将城市规划实施情况纳入地方党政领导干部考核和离任审计。运用信息化等手段，强化对城市规划管控的技术支撑。

第四节 严格建筑质量管理

强化建筑设计、施工、监理和建筑材料、装修装饰等全流程质量管控。严格执行先勘察、后设计、再施工的基本建设程序，加强建筑市场各类主体的资质资格管理，推行质量体系认证制度，加大建筑工人职业技能培训力度。坚决打击建筑工程招投标、分包转包、材料采购、竣工验收等环节的违法违规行为，惩治擅自改变房屋建筑主体和承重结构等违规行为。健全建筑档案登记、查询和管理制度，强化建筑质量责任追究和处罚，实行建筑质量责任终身追究制度。

第十八章 推动新型城市建设

顺应现代城市发展新理念新趋势，推动城市绿色发展，提高智能化水平，增强历史文化魅力，全面提升城市内在品质。

第一节 加快绿色城市建设

将生态文明理念全面融入城市发展，构建绿色生产方式、生活方式和消费模式。严格控制高耗能、高排放行业发展。节约集约利用土地、水和能源等资源，促进资源循环利用，控制总量，提高效率。加快建设可再生能源体系，推动分布式太阳能、风能、生物质能、地热能多元化、规模化应用，提高新能源和可再生能源利用比例。实施绿色建筑行动计划，完善绿色建筑标准及认证体系、扩大强制执行范围，加快既有建筑节能改造，大力发展绿色建材，强力推进建筑工业化。合理控制机动车保有量，加快新能源汽车推广应用，改善步行、自行车出行条件，倡导绿色出行。实施大气污染防治行动计划，开展区域联防联控联治，改善城市空气质量。完善废旧商品回收体系和垃圾分类处理系统，加强城市固体废弃物循环利用和无害化处置。合理划定生态保护红线，扩大城市生态空间，增加森林、湖泊、湿地面积，将农村废弃地、其他污染土地、工矿用地转化为生态用地，在城镇化地区合理建设绿色生态廊道。

专栏 7　绿色城市建设重点
01 **绿色能源** 推进新能源示范城市建设和智能微电网示范工程建设，依托新能源示范建设分布式光伏发电示范区。在北方地区城镇开展风电清洁供暖示范工程。选择部分县城开展可再生能源热利用示范工程，加强绿色能源县建设。
02 **绿色建筑** 推进既有建筑供热计量和节能改造，基本完成北方采暖地区居住建筑供热计量和节能改造，积极推进夏热冬冷地区建筑节能改造和公共建筑节能改造。逐步提高新建建筑能效水平，严格执行节能标准。积极推进建筑工业化、标准化，提高住宅工业化比例。政府投资的公益性建筑、保障性住房和大型公共建筑全面执行绿色建筑标准和认证。
03 **绿色交通** 加快发展新能源、小排量等环保型汽车，加快充电站、充电桩、加气站等配套设施建设，加强步行和自行车等慢行交通系统建设，积极推进混合动力、纯电动、天然气等新能源和清洁燃料车辆在公共交通行业的示范应用。推进机场、车站、码头节能节水改造，推广使用太阳能等可再生能源。继续严格实行运营车辆燃料消耗量准入制度，到 2020 年淘汰全部黄标车。
04 **产业园区循环化改造** 以国家级和省级产业园区为重点，推进循环化改造，实现土地集约利用、废物交换利用、能量梯级利用、废水循环利用和污染物集中处理。
05 **城市环境综合整治** 实施清洁空气工程，强化大气污染综合防治，明显改善城市空气质量；实施安全饮用水工程，治理地表水、地下水，实现水质、水量双保障；开展存量生活垃圾治理工作；实施重金属污染防治工程，推进重点地区污染场地和土壤修复治理。实施森林、湿地保护与修复。

（续表）

专栏7　绿色城市建设重点
06 **绿色新生活行动** 在衣食住行游等方面，加快向简约适度、绿色低碳、文明节约方式转变。培育生态文化，引导绿色消费，推广节能环保型汽车、节能省地型住宅。健全城市废旧商品回收体系和餐厨废弃物资源化利用体系，减少使用一次性产品，抑制商品过度包装。

第二节　推进智慧城市建设

统筹城市发展的物质资源、信息资源和智力资源利用，推动物联网、云计算、大数据等新一代信息技术创新应用，实现与城市经济社会发展深度融合。强化信息网络、数据中心等信息基础设施建设。促进跨部门、跨行业、跨地区的政务信息共享和业务协同，强化信息资源社会化开发利用，推广智慧化信息应用和新型信息服务，促进城市规划管理信息化、基础设施智能化、公共服务便捷化、产业发展现代化、社会治理精细化。增强城市要害信息系统和关键信息资源的安全保障能力。

专栏8　智慧城市建设方向
01 **信息网络宽带化** 推进光纤到户和“光进铜退”，实现光纤网络基本覆盖城市家庭，城市宽带接入能力达到50Mbps，50%家庭达到100Mbps，发达城市部分家庭达到1Gbps，推动4G网络建设，加快城市公共热点区域无线局域网覆盖。
02 **规划管理信息化** 发展数字化城市管理，推动平台建设和功能拓展，建立城市统一信息平台，统筹推进城市规划、国土利用、城市管网、园林绿化、环境保护等市政基础设施管理的数字化和精准化。

（续表）

专栏 8　智慧城市建设方向
03 **基础设施智能化** 发展智能交通，实现交通诱导、指挥控制、高度管理和应急处理的智能化。发展智能电网，支持分布式能源的接入、居民和企业用电的智能管理。发展智能水务，构建覆盖供水全过程、保障供水质量安全的智能供排水和污水处理系统。发展智能管网，实现城市地下空间、地下管网的信息化管理和运行监控智能化。发展智能建筑，实现建筑设施、设备、节能、安全的智慧化管控。
04 **公共服务便捷化** 建立跨部门跨地区业务协同、共建共享的公共服务信息服务体系。利用信息技术，创新发展城市教育、就业、社保、养老、医疗和文化的服务模式。
05 **产业发展现代化** 加快传统产业信息化改造，推进制造模式向数字化、网络化、智能化、服务化转变。积极发展信息服务业，推动电子商务和物流信息化集成发展，创新并培育新型业态。
06 **社会治理精细化** 在市场监管、环境监管、信用服务、应急保障、治安防控、公共安全等社会治理领域，深化信息应用，建立完善相关信息服务体系，创新社会治理方式。

第三节　注重人文城市建设

发掘城市文化资源，强化文化传承创新，把城市建设成为历史底蕴厚重、时代特色鲜明的人文魅力空间。注重在旧城改造中保护历史文化遗产、民族文化风格和传统风貌，促进功能提升与文化文物保护相结合。注重在新城新区建设中融入传统文化元素，与原有城市自然人文特征相协调。加强历史文化名城名镇、历史文化街区、民族风情小镇文化资源挖掘和文化生态的整体保护，传承和弘扬优秀传统文化，推动地方特色文化发展，保存城市文化记忆。培育和践行社会主义核心价值观，加快完善文化管理体制和文化生产经营机制，建立健全现代公共文化服务体系、现代文化市场体系。鼓励城市文化多样化发展，促进传统文化与现代文化、本土文化与外来文化交融，形成多元开放的现代城市文化。

专栏9　人文城市建设重点
01 **文化和自然遗产保护** 加强国家重大文化和自然遗产地、国家考古遗址公园、全国重点文物保护单位、历史文化名城名镇名村保护设施建设，加强城市重要历史建筑和历史文化街区保护，推进非物质文化遗产保护利用设施建设。
02 **文化设施** 建设城市公共图书馆、文化馆、博物馆、美术馆等文化设施，每个社区配套建设文化活动设施，发展中小城市影剧院。
03 **体育设施** 建设城市体育场（馆）和群众性户外体育健身场地，每个社区有便捷实用的体育健身设施。
04 **休闲设施** 建设城市生态休闲公园、文化休闲街区、休闲步道、城郊休憩带。
05 **公共设施免费开放** 逐步免费开放公共图书馆、文化馆（站）、博物馆、美术馆、纪念馆、科技馆、青少年宫和公益性城市公园。

第十九章　加强和创新城市社会治理

树立以人为本、服务为先理念，完善城市治理结构，创新城市治理方式，提升城市社会治理水平。

第一节　完善城市治理结构

顺应城市社会结构变化新趋势，创新社会治理体制，加强党委领导，发挥政府主导作用，鼓励和支持社会各方面参与，实现政府治理和社会自我调节、居民自治良性互动。坚持依法治理，加强法治保障，运用法治思维和法治方式化解社会矛盾。坚持综合治理，强化道德约束，规范社会行为，调节利益关系，协调社会关系，解决社会问题。坚持源头治理，标本兼治、重在治本，以网格化管理、社会化服务为方向，健全基层综合服务管理平台，及时反映和协调人民群众各方面各层次利益诉求。加强城市社会治理法律法规、体制机制、人才队伍和信息化建设。激发社会组织活力，加快实施政社分开，推进社会组织明确权责、依法自治、发挥作用。适合由社会组织提供的公共服务和解决的事项，交由社会组织承担。

第二节 强化社区自治和服务功能

健全社区党组织领导的基层群众自治制度，推进社区居民依法民主管理社区公共事务和公益事业。加快公共服务向社区延伸，整合人口、劳动就业、社保、民政、卫生计生、文化以及综治、维稳、信访等管理职能和服务资源，加快社区信息化建设，构建社区综合服务管理平台。发挥业主委员会、物业管理机构、驻区单位积极作用，引导各类社会组织、志愿者参与社区服务和管理。加强社区社会工作专业人才和志愿者队伍建设，推进社区工作人员专业化和职业化。加强流动人口服务管理。

第三节 创新社会治安综合治理

建立健全源头治理、动态协调、应急处置相互衔接、相互支撑的社会治安综合治理机制。创新立体化社会治安防控体系，改进治理方式，促进多部门城市管理职能整合，鼓励社会力量积极参与社会治安综合治理。及时解决影响人民群众安全的社会治安问题，加强对城市治安复杂部位的治安整治和管理。理顺城管执法体制，提高执法和服务水平。加大依法管理网络力度，加快完善互联网管理领导体制，确保国家网络和信息安全。

第四节 健全防灾减灾救灾体制

完善城市应急管理体系，加强防灾减灾能力建设，强化行政问责制和责任追究制。着眼抵御台风、洪涝、沙尘暴、冰雪、干旱、地震、山体滑坡等自然灾害，完善灾害监测和预警体系，加强城市消防、防洪、排水防涝、抗震等设施和救援救助能力建设，提高城市建筑灾害设防标准，合理规划布局和建设应急避难场所，强化公共建筑物和设施应急避难功能。完善突发公共事件应急预案和应急保障体系。加强灾害分析和信息公开，开展市民风险防范和自救互救教育，建立巨灾保险制度，发挥社会力量在应急管理中的作用。

第六篇　推动城乡发展一体化

坚持工业反哺农业、城市支持农村和多予少取放活方针，加大统筹城乡发展力度，增强农村发展活力，逐步缩小城乡差距，促进城镇化和新农村建设协调推进。

第二十章　完善城乡发展一体化体制机制

加快消除城乡二元结构的体制机制障碍，推进城乡要素平等交换和公共资源均衡配置，让广大农民平等参与现代化进程、共同分享现代化成果。

第一节　推进城乡统一要素市场建设

加快建立城乡统一的人力资源市场，落实城乡劳动者平等就业、同工同酬制度。建立城乡统一的建设用地市场，保障农民公平分享土地增值收益。建立健全有利于农业科技人员下乡、农业科技成果转化、先进农业技术推广的激励和利益分享机制。创新面向“三农”的金融服务，统筹发挥政策性金融、商业性金融和合作性金融的作用，支持具备条件的民间资本依法发起设立中小型银行等金融机构，保障金融机构农村存款主要用于农业农村。加快农业保险产品创新和经营组织形式创新，完善农业保险制度。鼓励社会资本投向农村建设，引导更多人才、技术、资金等要素投向农业农村。

第二节　推进城乡规划、基础设施和公共服务一体化

统筹经济社会发展规划、土地利用规划和城乡规划，合理安排市县域城镇建设、农田保护、产业集聚、村落分布、生态涵养等空间布局。扩大公共财政覆盖农村范围，提高基础设施和公共服务保障水平。统筹城乡基础设施建设，加快基础设施向农村延伸，强化城乡基础设施连接，推动水电路气等基础设施城乡联网、共建共享。加快公共服务向农村覆盖，推进公共就业服务网络向县以下延伸，全面建成覆盖城乡居民的社会保障体系，推进城乡社会保障制度衔接，加快形成政府主导、覆盖城乡、可持续

的基本公共服务体系，推进城乡基本公共服务均等化。率先在一些经济发达地区实现城乡一体化。

第二十一章　加快农业现代化进程

坚持走中国特色新型农业现代化道路，加快转变农业发展方式，提高农业综合生产能力、抗风险能力、市场竞争能力和可持续发展能力。

第一节　保障国家粮食安全和重要农产品有效供给

确保国家粮食安全是推进城镇化的重要保障。严守耕地保护红线，稳定粮食播种面积。加强农田水利设施建设和土地整理复垦，加快中低产田改造和高标准农田建设。继续加大中央财政对粮食主产区投入，完善粮食主产区利益补偿机制，健全农产品价格保护制度，提高粮食主产区和种粮农民的积极性，将粮食生产核心区和非主产区产粮大县建设成为高产稳产商品粮生产基地。支持优势产区棉花、油料、糖料生产，推进畜禽水产品标准化规模养殖。坚持“米袋子”省长负责制和“菜篮子”市长负责制。完善主要农产品市场调控机制和价格形成机制。积极发展都市现代农业。

第二节　提升现代农业发展水平

加快完善现代农业产业体系，发展高产、优质、高效、生态、安全农业。提高农业科技创新能力，做大做强现代种业，健全农技综合服务体系，完善科技特派员制度，推广现代化农业技术。鼓励农业机械企业研发制造先进实用的农业技术装备，促进农机农艺融合，改善农业设施装备条件，耕种收综合机械化水平达到70%左右。创新农业经营方式，坚持家庭经营在农业中的基础性地位，推进家庭经营、集体经营、合作经营、企业经营等共同发展。鼓励承包经营权在公开市场上向专业大户、家庭农场、农民合作社、农业企业流转，发展多种形式规模经营。鼓励和引导工商资本到农村发展适合企业化经营的现代种养业，向农业输入现代生产要素和经营模式。加快构建公益性服务与经营性服务相结合、专项服务与综合服务相协调的新型农业社会化服务体系。

第三节　完善农产品流通体系

统筹规划农产品市场流通网络布局，重点支持重要农产品集散地、优势农产品产地批发市场建设，加强农产品期货市场建设。加快推进以城市便民菜市场（菜店）、生鲜超市、城乡集贸市场为主体的农产品零售市场建设。实施粮食收储供应安全保障工程，加强粮油仓储物流设施建设，发展农产品低温仓储、分级包装、电子结算。健全覆盖农产品收集、存储、加工、运输、销售各环节的冷链物流体系。加快培育现代流通方式和新型流通业态，大力发展快捷高效配送。积极推进“农批对接”、“农超对接”等多种形式的产销衔接，加快发展农产品电子商务，降低流通费用。强化农产品商标和地理标志保护。

第二十二章　建设社会主义新农村

坚持遵循自然规律和城乡空间差异化发展原则，科学规划县域村镇体系，统筹安排农村基础设施建设和社会事业发展，建设农民幸福生活的美好家园。

第一节　提升乡镇村庄规划管理水平

适应农村人口转移和村庄变化的新形势，科学编制县域村镇体系规划和镇、乡、村庄规划，建设各具特色的美丽乡村。按照发展中心村、保护特色村、整治空心村的要求，在尊重农民意愿的基础上，科学引导农村住宅和居民点建设，方便农民生产生活。在提升自然村落功能基础上，保持乡村风貌、民族文化和地域文化特色，保护有历史、艺术、科学价值的传统村落、少数民族特色村寨和民居。

第二节　加强农村基础设施和服务网络建设

加快农村饮水安全建设，因地制宜采取集中供水、分散供水和城镇供水管网向农村延伸的方式解决农村人口饮用水安全问题。继续实施农村电网改造升级工程，提高农村供电能力和可靠性，实现城乡用电同网同价。加强以太阳能、生物沼气为重点的清洁能源建设及相关技术服务。基本完成农村危房改造。完善农村公路网络，实现行政村通班车。加强乡村旅游服务网络、农村邮政设施和宽带网络建设，改善农村消防安全条件。继续实施新农村现代流通网络工程，培育面向农村的大型流通企业，增加农村商品零售、餐饮及其他生活服务网点。深入开展农村环境综合整治，实施乡村清洁工程，开展村庄整治，推进农村垃圾、污水处理和土壤环境整治，加快农村河道、水环境整治，严禁城市和工业污染向农村扩散。

第三节 加快农村社会事业发展

合理配置教育资源，重点向农村地区倾斜。推进义务教育学校标准化建设，加强农村中小学寄宿制学校建设，提高农村义务教育质量和均衡发展水平。积极发展农村学前教育。加强农村教师队伍建设。建立健全新型职业化农民教育、培训体系。优先建设发展县级医院，完善以县级医院为龙头、乡镇卫生院和村卫生室为基础的农村三级医疗卫生服务网络，向农民提供安全价廉可及的基本医疗卫生服务。加强乡镇综合文化站等农村公共文化和体育设施建设，提高文化产品和服务的有效供给能力，丰富农民精神文化生活。完善农村最低生活保障制度。健全农村留守儿童、妇女、老人关爱服务体系。

第七篇 改革完善城镇化发展体制机制

加强制度顶层设计，尊重市场规律，统筹推进人口管理、土地管理、财税金融、城镇住房、行政管理、生态环境等重点领域和关键环节体制机制改革，形成有利于城镇化健康发展的制度环境。

第二十三章 推进人口管理制度改革

在加快改革户籍制度的同时，创新和完善人口服务和管理制度，逐步消除城乡区域间户籍壁垒，还原户籍的人口登记管理功能，促进人口有序流动、合理分布和社会融合。

——建立居住证制度。全面推行流动人口居住证制度，以居住证为载体，建立健全与居住年限等条件相挂钩的基本公共服务提供机制，并作为申请登记居住地常住户口的重要依据。城镇流动人口暂住证持有年限累计进居住证。

——健全人口信息管理制度。加强和完善人口统计调查制度，进一步改进人口普查方法，健全人口变动调查制度。加快推进人口基础信息库建设，分类完善劳动就业、教育、收入、社保、房产、信用、计生、税务等信息系统，逐步实现跨部门、跨地区信息整合和共享，在此基础上建设覆盖全国、安全可靠的国家人口综合信息库和信息交换平台，到2020年在全国实行以公民身份号码为唯一标识，依法记录、查询和评估人口相关信息制度，为人口服务和管理提供支撑。

第二十四章　深化土地管理制度改革

实行最严格的耕地保护制度和集约节约用地制度，按照管住总量、严控增量、盘活存量的原则，创新土地管理制度，优化土地利用结构，提高土地利用效率，合理满足城镇化用地需求。

——建立城镇用地规模结构调控机制。严格控制新增城镇建设用地规模，严格执行城市用地分类与规划建设用地标准，实行增量供给与存量挖潜相结合的供地、用地政策，提高城镇建设使用存量用地比例。探索实行城镇建设用地增加规模与吸纳农业转移人口落户数量挂钩政策。有效控制特大城市新增建设用地规模，适度增加集约用地程度高、发展潜力大、吸纳人口多的卫星城、中小城市和县城建设用地供给。适当控制工业用地，优先安排和增加住宅用地，合理安排生态用地，保护城郊菜地和水田，统筹安排基础设施和公共服务设施用地。建立有效调节工业用地和居住用地合理比价机制，提高工业用地价格。

——健全节约集约用地制度。完善各类建设用地标准体系，严格执行土地使用标准，适当提高工业项目容积率、土地产出率门槛，探索实行长期租赁、先租后让、租让结合的工业用地供应制度，加强工程建设项目用地标准控制。建立健全规划统筹、政府引导、市场运作、公众参与、利益共享的城镇低效用地再开发激励约束机制，盘活利用现有城镇存量建设用地，建立存量建设用地退出激励机制，推进老城区、旧厂房、城中村的改造和保护性开发，发挥政府土地储备对盘活城镇低效用地的作用。加强农村土地综合整治，健全运行机制，规范推进城乡建设用地增减挂钩，总结推广工矿废弃地复垦利用等做法。禁止未经评估和无害化治理的污染场地进行土地流转和开发利用。完善土地租赁、转让、抵押二级市场。

——深化国有建设用地有偿使用制度改革。扩大国有土地有偿使用范围，逐步对经营性基础设施和社会事业用地实行有偿使用。减少非公益性用地划拨，对以划拨方式取得用于经营性项目的土地，通过征收土地年租金等多种方式纳入有偿使用范围。

——推进农村土地管理制度改革。全面完成农村土地确权登记颁证工作，依法维护农民土地承包经营权。在坚持和完善最严格的耕地保护制度前提下，赋予农民对承包地占有、使用、收益、流转及承包经营权抵押、担保权能。保障农户宅基地用益物权，改革完善农村宅基地制度，在试点基础上慎重稳妥推进农民住房财产权抵押、担保、转让，严格执行宅基地使用标准，严格禁止一户多宅。在符合规划和用途管制前提下，允许农村集体经营性建设用地出让、租赁、入股，实行与国有土地同等入市、同权同价。建立农村产权流转交易市场，推动农村产权流转交易公开、公正、规范运行。

——深化征地制度改革。缩小征地范围，规范征地程序，完善对被征地农民合理、规范、多元保障机制。建立兼顾国家、集体、个人的土地增值收益分配机制，合理提高个人收益，保障被征地农民长远发展生计。健全争议协调裁决制度。

——强化耕地保护制度。严格土地用途管制，统筹耕地数量管控和质量、生态管护，完善耕地占补平衡制度，建立健全耕地保护激励约束机制。落实地方各级政府耕地保护责任目标考核制度，建立健全耕地保护共同责任机制；加强基本农田管理，完善基本农田永久保护长效机制，强化耕地占补平衡和土地整理复垦监管。

第二十五章　创新城镇化资金保障机制

加快财税体制和投融资机制改革，创新金融服务，放开市场准入，逐步建立多元化、可持续的城镇化资金保障机制。

——完善财政转移支付制度。按照事权与支出责任相适应的原则，合理确定各级政府在教育、基本医疗、社会保障等公共服务方面的事权，建立健全城镇基本公共服务支出分担机制。建立财政转移支付同农业转移人口市民化挂钩机制，中央和省级财政安排转移支付要考虑常住人口因素。依托信息化管理手段，逐步完善城镇基本公共服务补贴办法。

——完善地方税体系。培育地方主体税种，增强地方政府提供基本公共服务能力。加快房地产税立法并适时推进改革。加快资源税改革，逐步将资源税征收范围扩展到占用各种自然生态空间。推动环境保护费改税。

——建立规范透明的城市建设投融资机制。在完善法律法规和健全地方政府债务管理制度基础上，建立健全地方债券发行管理制度和评级制度，允许地方政府发行市政债券，拓宽城市建设融资渠道。创新金融服务和产品，多渠道推动股权融资，提高直接融资比重。发挥现有政策性金融机构的重要作用，研究制定政策性金融专项支持政策，研究建立城市基础设施、住宅政策性金融机构，为城市基础设施和保障性安居工程建设提供规范透明、成本合理、期限匹配的融资服务。理顺市政公用产品和服务价格形成机制，放宽准入，完善监管，制定非公有制企业进入特许经营领域的办法，鼓励社会资本参与城市公用设施投资运营。鼓励公共基金、保险资金等参与项目自身具有稳定收益的城市基础设施项目建设和运营。

第二十六章　健全城镇住房制度

建立市场配置和政府保障相结合的住房制度，推动形成总量基本平衡、结构基本合理、房价与消费能力基本适应的住房供需格局，有效保障城镇常住人口的合理住房需求。

——健全住房供应体系。加快构建以政府为主提供基本保障、以市场为主满足多层次需求的住房供应体系。对城镇低收入和中等偏下收入住房困难家庭，实行租售并举、以租为主，提供保障性安居工程住房，满足基本住房需求。稳定增加商品住房供应，大力发展二手房市场和住房租赁市场，推进住房供应主体多元化，满足市场多样化住房需求。

——健全保障性住房制度。建立各级财政保障性住房稳定投入机制，扩大保障性住房有效供给。完善租赁补贴制度，推进廉租住房、公共租赁住房并轨运行。制定公平合理、公开透明的保障性住房配租政策和监管程序，严格准入和退出制度，提高保障性住房物业管理、服务水平和运营效率。

——健全房地产市场调控长效机制。调整完善住房、土地、财税、金融等方面政策，共同构建房地产市场调控长效机制。各城市要编制城市住房发展规划，确定住房建设总量、结构和布局。确保住房用地稳定供应，完善住房用地供应机制，保障性住房用地应保尽保，优先安排政策性商品住房用地，合理增加普通商品住房用地，严格控制大户型高档商品住房用地。实行差别化的住房税收、信贷政策，支持合理自住需求，抑制投机投资需求。依法规范市场秩序，健全法律法规体系，加大市场监管力度。建立以土地为基础的不动产统一登记制度，实现全国住房信息联网，推进部门信息共享。

第二十七章　强化生态环境保护制度

完善推动城镇化绿色循环低碳发展的体制机制，实行最严格的生态环境保护制度，形成节约资源和保护环境的空间格局、产业结构、生产方式和生活方式。

——建立生态文明考核评价机制。把资源消耗、环境损害、生态效益纳入城镇化发展评价体系，完善体现生态文明要求的目标体系、考核办法、奖惩机制。对限制开发区域和生态脆弱的国家扶贫开发工作重点县取消地区生产总值考核。

——建立国土空间开发保护制度。建立空间规划体系，坚定不移实施主体功能区制度，划定生态保护红线，严格按照主体功能区定位推动发展，加快完善城镇化地区、农产品主产区、重点生态功能区空间开发管控制度，建立资源环境承载能力监测预警机制。强化水资源开发利用控制、用水效率控制、水功能区限制纳污管理。对不同主体功能区实行差别化财政、投资、产业、土地、人口、环境、考核等政策。

——实行资源有偿使用制度和生态补偿制度。加快自然资源及其产品价格改革，全面反映市场供求、资源稀缺程度、生态环境损害成本和修复效益。建立健全居民生活用电、用水、用气等阶梯价格制度。制定并完善生态补偿方面的政策法规，切实加大生态补偿投入力度，扩大生态补偿范围，提高生态补偿标准。

——建立资源环境产权交易机制。发展环保市场，推行节能量、碳排放权、排污权、水权交易制度，建立吸引社会资本投入生态环境保护的市场化机制，推行环境污染第三方治理。

——实行最严格的环境监管制度。建立和完善严格监管所有污染物排放的环境保护管理制度，独立进行环境监管和行政执法。完善污染物排放许可制，实行企事业单位污染物排放总量控制制度。加大环境执法力度，严格环境影响评价制度，加强突发环境事件应急能力建设，完善以预防为主的环境风险管理制度。对造成生态环境损害的责任者严格实行赔偿制度，依法追究刑事责任。建立陆海统筹的生态系统保护修复和污染防治区域联动机制。开展环境污染强制责任保险试点。

第八篇　规划实施

本规划由国务院有关部门和地方各级政府组织实施。各地区各部门要高度重视、求真务实、开拓创新、攻坚克难，确保规划目标和任务如期完成。

第二十八章　加强组织协调

合理确定中央与地方分工，建立健全城镇化工作协调机制。中央政府要强化制度顶层设计，统筹重大政策研究和制定，协调解决城镇化发展中的重大问题。国家发展改革委要牵头推进规划实施和相关政策落实，监督检查工作进展情况。各有关部门要切实履行职责，根据本规划提出的各项任务和政策措施，研究制定具体实施方案。地方各级政府要全面贯彻落实本规划，建立健全工作机制，因地制宜研究制定符合本地实际的城镇化规划和具体政策措施。加快培养一批专家型城市管理干部，提高城镇化管理水平。

第二十九章　强化政策统筹

根据本规划制定配套政策，建立健全相关法律法规、标准体系。加强部门间政策制定和实施的协调配合，推动人口、土地、投融资、住房、生态环境等方面政策和改革举措形成合力、落到实处。城乡规划、土地利用规划、交通规划等要落实本规划要求，其他相关专项规划要加强与本规划的衔接协调。

第三十章 开展试点示范

本规划实施涉及诸多领域的改革创新，对已经形成普遍共识的问题，如长期进城务工经商的农业转移人口落户、城市棚户区改造、农民工随迁子女义务教育、农民工职业技能培训和中西部地区中小城市发展等，要加大力度，抓紧解决。对需要深入研究解决的难点问题，如建立农业转移人口市民化成本分担机制，建立多元化、可持续的城镇化投融资机制，建立创新行政管理、降低行政成本的设市设区模式，改革完善农村宅基地制度等，要选择不同区域不同城市分类开展试点。继续推进创新城市、智慧城市、低碳城镇试点。深化中欧城镇化伙伴关系等现有合作平台，拓展与其他国家和国际组织的交流，开展多形式、多领域的务实合作。

第三十一章 健全监测评估

加强城镇化统计工作，顺应城镇化发展态势，建立健全统计监测指标体系和统计综合评价指标体系，规范统计口径、统计标准和统计制度方法。加快制定城镇化发展监测评估体系，实施动态监测与跟踪分析，开展规划中期评估和专项监测，推动本规划顺利实施。

后 记

2013 年 7 月，我们受全国政协经济委员会委托，开始组织撰写“中国新型城镇化理论与实践丛书”。在丛书即将付梓之际，我们还有几句话要对读者说一说。

这是一套与《国家新型城镇化规划（2014—2020 年）》相配套的丛书。

为配合这一规划的研究和制定工作，我们于 2013 年 9 月把通过广泛考察所形成的调研报告，特别是关于对新型城镇化六个问题的看法呈报国务院领导同志，国家发改委等部门根据领导同志的批示要求，对这些报告作了认真研究并采纳了其中许多建议。2014 年 3 月《国家新型城镇化规划（2014—2020 年）》正式发布之后，我们又依据规划对丛书作了相应补充完善，进而使丛书内容更加符合规划要求。

这是一套由著名经济学家与实际操作者共同打造的丛书。

著名经济学家厉以宁、艾丰教授和长期从事经济工作的石军同志多次谋划研究丛书构架设计和重要观点，并担任丛书编委会主任。中国社会科学研究院院长王伟光，国务院发展研究中心副主任韩俊、中国经济时报社社长许宝健、国务院发展研究中心金融研究所副所长巴曙松、东方文化与城市发展研究所所长刘锋和杨晓东、中国区域科学协会副会长郝寿义等著名专家和学者，也都出任编委会委员，并分别承担了相关书稿的撰写工作。

国家发展和改革委员会副主任何立峰（天津市原政协主席）、山东省政协副主席陈光、上海市浦东新区政协主席张俭、农业部农村经济体制与经营管理司司长张红宇、上海市浦东新区发展和改革委员会主任管小军、山东省临沂市市委书记张少军和漫园控股有限公司董事长、北京定福庄文化产业促进会常务副会长杨青山以及艾丰经济研究院副院长詹国枢、冉永平等同志应邀担任丛书编委会委员，并亲自组织相关书稿的撰写工作。

这是一套广泛吸纳各地经验和有关同志智慧而创作的丛书。

在撰写过程中，我们参考了全国各地提供的相关资料，并吸收了他们的成功经验和做法。还到北京、上海、天津、江苏、浙江、山东、湖北等省市作了实地考察，采纳了他们提出的诸多建议和意见，并在北京、上海、天津、山东、湖北五省市有关同志的支持下，完成了文化、科技、工业、物流、旅游驱动新型城镇化五本实践专著。吴新民、张金杰、高钰婕、张光源等同志亦对丛书撰写给予了有力指导和支持，在此一并表示感谢。

由于丛书撰写的时间紧、任务重，难免有阐述不到位甚至偏颇之处，敬请各位读者批评指正。

中国新型城镇化理论与实践丛书

编委会

2014 年 9 月

图书在版编目（CIP）数据

中国新型城镇化概论/厉以宁，艾丰，石军著.—北京：中国工人出版社，2014.3
（中国新型城镇化理论与实践丛书/厉以宁，艾丰，石军主编）
ISBN 978-7-5008-5719-8
Ⅰ.①中… Ⅱ.①厉…②艾…③石… Ⅲ.①城市化－研究－中国 Ⅳ.①F299.21
中国版本图书馆CIP数据核字（2014）第049732号

中国新型城镇化概论

出 版 人　李庆堂
责任编辑　姚　远　安　静
责任校对　赵贵芬
责任印制　栾征宇
出版发行　中国工人出版社
地　　址　北京市东城区鼓楼外大街45号　邮编：100120
网　　址　http://www.wp-china.com
电　　话　（010）62350006（总编室）　（010）62005039（出版物流部）
　　　　　（010）62382916（职工教育分社）
发行热线　（010）62005996　（010）82075964（传真）
经　　销　各地书店
印　　刷　北京睿特印刷厂
开　　本　710毫米×1000毫米　1/16
印　　张　22
字　　数　320千字
版　　次　2014年12月第1版　2014年12月第1次印刷
定　　价　65.00元